1781

Andrew J. Bacevich

Grenzen der Macht

Das Ende des amerikanischen Traums?

Aus dem Amerikanischen
von Friedrich Griese

| Hoffmann und Campe |

Die Originalausgabe erschien 2008 unter dem Titel *The Limits of Power: The End of American Exceptionalism* im Verlag Metropolitan Books/ Henry Holt and Company, New York.

1. Auflage 2009

www.hoca.de
Satz: atelier eilenberger, Leipzig
Gesetzt aus der Interstate und der Minion
Druck und Bindung: Friedrich Pustet, Regensburg
Printed in Germany
ISBN 978-3-455-50117-9

HOFFMANN UND CAMPE

Ein Unternehmen der
GANSKE VERLAGSGRUPPE

Inhalt

Dem Andenken an meinen geliebten Sohn
ANDREW JOHN BACEVICH

First Lieutenant der U.S. Army
8. Juli 1979 – 13. Mai 2007

Bestelle dein Haus …

2. Könige, Kapitel 20, Vers 1

Einführung
Krieg ohne Auswege?

Das Ende des Kalten Krieges brachte den Vereinigten Staaten weder eine »Friedensdividende« noch sonst etwas, das auch nur entfernt einem Frieden glich. Auf das, was als historischer Sieg begrüßt worden war, folgten vielmehr fast sofort neuerliche Unruhen und Konflikte. Als das Patt zwischen Ost und West, das einige Historiker als »langen Frieden« bezeichnet haben, 1991 endete, waren die Vereinigten Staaten bereits auf dem Weg in ein Jahrzehnt eines beispiellosen Interventionismus.[1] In der Folgezeit gewöhnten sich die Amerikaner an Meldungen über Einsätze amerikanischer Streitkräfte, die am Persischen Golf kämpften, Bosnien und Haiti besetzten oder Kosovo, Afghanistan und Sudan aus der Luft angriffen. Doch das war, wie sich zeigen sollte, nur ein Vorspiel. Im Jahr 2001 begann das Hauptstück: ein unbefristeter »Globaler Krieg gegen den Terror«, von manchen Kreisen bald als »der lange Krieg« bezeichnet.[2]

Es gab durchaus Anzeichen dafür, dass auf den langen Frieden rasch Verhältnisse folgen würden, die das Gegenteil von Frieden sind, und im Rückblick erkennt man sie überdeutlich. Doch vor dem 11. September 2001 war es schwierig, die Folgen von Vorgängen wie dem Bombenanschlag auf das World Trade Center im Jahr 1993 oder dem Scheitern des amerikanischen Militäreinsatzes in Somalia im selben Jahr richtig einzuschätzen. Das waren ja geringfügige Ereignisse, die nach verbreiteter Ansicht nichts an der bestimmenden Realität der gegenwärtigen Ära änderten: der scheinbar unangefochtenen Vorrangstellung der Vereinigten Staaten.

In den neunziger Jahren gewöhnten sich die Amerikaner auf Drängen von Politikern und Experten an die Vorstellung, dass ihr Land »die unentbehrliche Nation« sei. Mit der Unentbehrlichkeit waren sowohl Aufgaben als auch Vorrechte verbunden.

Die Hauptaufgabe bestand in der Leitung eines großen Projekts der politisch-ökonomischen Konvergenz und Integration, das gemeinhin als Globalisierung bezeichnet wird. Doch in Wirklichkeit diente die Globalisierung nur als Euphemismus für ein mildes, informelles Imperium. Durch den Zusammenbruch der Sowjetunion schien sich eine Chance zu bieten, dieses Imperium auszuweiten und auf Dauer zu stellen und damit so etwas wie eine globale Pax Americana zu schaffen.

Das wichtigste, selbst angemaßte Vorrecht der unentbehrlichen Nation bestand in der Schaffung und Durchsetzung der Normen für die Weltordnung nach dem Ende des Kalten Krieges. Die Kontrolle eines Imperiums ist selbst unter günstigsten Umständen eine anstrengende Aufgabe, die nicht nur beträchtlichen Scharfsinn erfordert, sondern auch ein hohes Maß an Entschlossenheit. Die bevorzugte Methode der Amerikaner war, wo immer möglich, Überzeugungsarbeit. Doch im Notfall zögerte Washington nicht, Gewalt anzuwenden, wie seine zahlreichen militärischen Abenteuer während der neunziger Jahre zeigten.

Für die Führung des Imperiums bedurfte es, gleich, welcher Mittel man sich bediente, unerschöpflicher Reserven von wirtschaftlicher, politischer, kultureller, vor allem aber militärischer Macht. Dass diese Voraussetzung gegeben war, bezweifelte in den ersten Jahren nach dem Ende des Kalten Krieges kaum jemand.[3] Der Status der Vereinigten Staaten als »einzige Supermacht« schien unangreifbar zu sein. Ihre Dominanz war unumstritten und unzweideutig. Dies war kein nationalistisches Brusttrommeln – es war die gängige Meinung.

Wir müssen uns in Erinnerung rufen, wie Washington die Welt nach dem Ende des Kalten Krieges und den Platz der USA in ihr (oder besser: über ihr) sah. Nur dann können wir begreifen, warum es den Politikern nicht gelang, die Terroranschläge vom 11. September 2001 vorherzusehen, durch Abschreckung zu unterbinden oder abzuwenden. Eine politische Elite, die ganz mit der Führung des Imperiums beschäftigt war, schenkte dem Schutz der Vereinigten Staaten wenig Beachtung. Für die Aufgabe der Landesverteidigung war vor dem 11. September praktisch niemand verantwortlich.

Die nominell als Verteidigungsministerium bezeichnete Institution tat faktisch nichts für die Verteidigung; sie hatte sich auf die Machtprojektion spezialisiert. Das Pentagon war im Jahr 2001 auf alle erdenklichen Eventualitäten auf dem Balkan, in Nordostasien oder am Persischen Golf gefasst. Aber es war nicht vorbereitet auf die Abwehr von Gefahren an der Ostküste des eigenen Landes. Gut ausgebildete und ausgerüstete US-Truppen standen bereit, Seoul oder Riad zu verteidigen; Manhattan blieb sich selbst überlassen.

Es mag seltsam klingen, aber in diesen Prioritäten kam ein Kernprinzip der nationalen Sicherheitspolitik zum Ausdruck: Wenn es darum ging, vitale amerikanische Interessen zu verteidigen, hatte die Wahrung der Kontrolle über die Peripherie des Imperiums Vorrang vor dem Schutz der eigenen Grenzen.

Nach dem 11. September bekräftigte die Regierung Bush dieses Kernprinzip. Zwar schusterte sie eine neue Behörde zusammen, die für den »Heimatschutz« sorgen sollte, doch zugleich verdoppelte sie ihre Anstrengungen, die Pax Americana zu stabilisieren, und beauftragte das Verteidigungsministerium, sich vor allem dieser Aufgabe zu widmen. Das bedeutete, mit allen erforderlichen Mitteln – Überzeugungsarbeit, wo möglich, Gewalt, wenn nötig – dafür zu sorgen, dass die islamische Welt sich den vorgeschriebenen amerikanischen Normen fügte. Die Methoden der Führung des Imperiums, bis dahin eher sanft und konsensorientiert, wurden härter und stützten sich mehr auf Zwang.

Nach dem 11. September wurde der Krieg für die Vereinigten Staaten also offenbar zu einem Dauerzustand. Präsident George

W. Bush und Mitglieder seines Kabinetts entwarfen einen Feldzug, der nach ihren Aussagen Jahrzehnte dauern konnte, wenn nicht länger. Diese Aussicht wurde auf der nationalen politischen Ebene von kaum jemandem infrage gestellt. Im Pentagon sprachen führende Militärs von einem »Generationen dauernden Krieg«, der sich sogar über ein Jahrhundert hinziehen könnte.[4] Nur zwei Wochen nach dem 11. September belehrte Verteidigungsminister Donald Rumsfeld die Amerikaner, sie sollten »›Ausstiegsstrategien‹ vergessen; vor uns liegt ein langwieriges Engagement, dessen Ende nicht absehbar ist«.[5]

Die meisten Amerikaner begriffen zunächst nicht, was ein Krieg ohne Ausstieg und ohne absehbares Ende bedeutet. Für frühere Generationen in den USA waren Ländernamen wie Irak und Afghanistan gleichbedeutend gewesen mit europäischer kolonialistischer Unbesonnenheit – mit unbekannten, abweisenden Gegenden, in denen allzu ehrgeizige Herrscher und leicht verrückte Abenteurer ihre Streitigkeiten austrugen. Für die gegenwärtige Generation ist es bereits zu einer Selbstverständlichkeit geworden, dass GIs solche abgelegenen Gegenden unter großen Opfern zu befrieden versuchen. Wenn der Normalbürger in den Abendnachrichten hört, dass US-Soldaten in fernen Landen gefallen sind, ist das für ihn kaum ungewöhnlicher als Meldungen über die Streiche der Parteien auf dem Kapitol oder über Waldbrände, die in Südkalifornien außer Kontrolle geraten sind.

Wie kam es eigentlich dazu, dass der lange Frieden endete und so rasch dem langen Krieg Platz machte? Die Amerikaner, die sich selbst als ein friedliches Volk verstehen, beharren darauf, dass die Konflikte, in die sie sich verwickelt sehen, ohne ihr Zutun entstanden sind – auch der »Globale Krieg gegen den Terror«. Von ihren wohlwollenden Absichten überzeugt, schieben sie die Verantwortung für Kriege reflexartig anderen in die Schuhe – meist finsteren, Hitler-ähnlichen Gestalten, die unerklärlicherweise entschlossen sind, uns den Frieden, den wir aufs Innigste ersehnen, zu verweigern.

Dieses Buch stellt besagte Annahme infrage. Es soll zeigen, dass die Taten von Saddam Hussein und Osama bin Laden, so bösartig sie auch sein mögen, nicht erklären können, warum die Vereinigten Staaten sich in einen scheinbar endlosen Konflikt verstrickt finden. Von Kritikern der amerikanischen Außenpolitik und speziell des Irakkrieges wurde eine Reihe alternativer Erklärungen vorgetragen – so hat man Präsident Bush, Mitglieder seines engeren Kreises, chauvinistische Neokonservative, gierige Erdölbosse oder gar die Israel-Lobby dafür verantwortlich gemacht. Aber auch diese Erklärungen reichen nicht hin. Es steht außer Frage, dass der Präsident und seine Berater wie auch die Neokonservativen (die keine Gelegenheit auslassen, die militärischen Muskeln Amerikas spielen zu lassen) erhebliche Schuld an der misslichen Lage tragen, in der die USA sich derzeit befinden. Doch wer ihnen die vorrangige Verantwortung anlastet, schreibt ihnen eine historische Bedeutung zu, die sie nicht verdient haben. Das wäre so, als würde man Herbert Hoover für die Große Depression verantwortlich machen oder den McCarthyismus gänzlich auf die Possen von Senator Joseph McCarthy zurückführen.

Die Impulse, die die Nation in einen Krieg ohne Auswege und ohne absehbares Ende gestürzt haben, kommen von innen. Seit Jahrzehnten ist die amerikanische Außenpolitik eine nach außen gerichtete Manifestation innerstaatlicher Bestrebungen, Antriebe und Befürchtungen. In der Gegenwart ist sie zunehmend zum Ausdruck innergesellschaftlicher Funktionsstörungen geworden – ein Versuch, mit den Widersprüchen, die dem *American way of life* anhaften, fertig zu werden oder ihre Bewältigung zu vertagen. Ihren höchsten Ausdruck haben diese Widersprüche in dem permanenten Kriegszustand gefunden, unter dem die Vereinigten Staaten heute leiden.

Um ihre Folgen zu ermessen, müssen wir uns ihre Ursache vergegenwärtigen: Diese Widersprüche sind der angehäufte Abfall der Freiheit, Nebenprodukt eines besinnungslosen Strebens nach Leben, Freiheit und Glück. Die Freiheit ist der Altar, vor dem die Amerikaner beten, gleichgültig, welchem religiösen Glauben sie nominell angehören. »Niemand singt Oden an die Freiheit als den höchsten Zweck des Lebens mit größerer Inbrunst als die Amerikaner«, hat der Theologe Reinhold Niebuhr einmal bemerkt.[6] Doch während die Amerikaner die Freiheit feiern, nehmen sie das Objekt ihrer Verehrung von einer kritischen Prüfung aus. Im öffentlichen Diskurs ist die Freiheit nicht so sehr ein Wort oder gar ein Wert als vielmehr eine Beschwörungsformel, deren bloße Erwähnung ausreicht, um Zweifel zu unterdrücken und alle Debatten zu beenden.

Grenzen der Macht will zeigen, dass diese kritiklose Anbetung der Freiheit ein zweifelhafter Segen war. In ihrem Streben nach Freiheit sind die Amerikaner Verpflichtungen eingegangen und haben Schulden angehäuft, deren Erfüllung und Abtragung ihnen zunehmend schwerfällt. Besonders seit den sechziger Jahren des letzten Jahrhunderts hat die Freiheit selbst die Fähigkeit des Landes untergraben, seine Verpflichtungen zu erfüllen. Die Vereinigten Staaten taumeln am Rande der Insolvenz, und in dem verzweifelten Bemühen, die Konten auszugleichen, verlassen sie sich auf ihre vermeintlich unbesiegbaren Streitkräfte. Doch auch damit riskieren sie den Bankrott, denn sie haben ihre militärische Macht überschätzt.

Die USA sehen sich heute von drei ineinandergreifenden Krisen bedroht. Die erste ist eine wirtschaftliche und kulturelle, die zweite eine politische, die dritte eine militärische. Allen drei Krisen ist gemeinsam, dass sie im eigenen Land entstanden sind. Bei der Einschätzung der daraus resultierenden Lage nehmen die Amerikaner eine, wie man sagen könnte, Niebuhr'sche Perspektive ein. Reinhold Niebuhr hat diese Lage vor Jahrzehnten mit unheimlicher Genauigkeit und verblüffendem Scharfsinn vorhergesehen. Vielleicht kann er deshalb eher als jede andere Persönlichkeit unserer jüngeren Geschichte helfen, einen Ausweg zu finden.

Als Pastor, Lehrer, Aktivist, Theologe und fruchtbarer Autor war Niebuhr von den Dreißigern bis in die sechziger Jahre des vorigen Jahrhunderts eine überragende Erscheinung des amerikanischen Geisteslebens. Als der hellsichtigste der amerikanischen Propheten verdient er noch heute Anerkennung. Aus der Vergangenheit zu uns sprechend, trägt er Wahrheiten vor, die für die Gegenwart von größter Bedeutung sind. Niebuhr sprach von »unseren Träumen, zu Herren der Geschichte zu werden«, geboren aus einer eigentümlichen Mischung von Arroganz und Narzissmus, und als Prophet warnte er davor, dass sie zu einer tödlichen Gefahr für die Vereinigten Staaten werden könnten.[7] Heute ignorieren wir diese Warnung – auf eigene Gefahr.

Über die Natur des Menschen, die Möglichkeiten der Politik oder die Formbarkeit der Geschichte machte Niebuhr sich keine Illusionen. Weltwirtschaftskrise, totaler Krieg, Genozid, Totalitarismus und Kernwaffenarsenale, die die gesamte Zivilisation vernichten können – das alles sah er mit einem unerschrockenen Blick, der keinen Raum ließ für Heuchelei, Schwindel oder Selbsttäuschung. Realismus und Demut, beide von tiefem christlichem Empfinden durchdrungen, prägten sein Weltbild.

Der so verstandene Realismus enthält die Verpflichtung, die Welt so zu sehen, wie sie ist, und nicht so, wie wir sie gerne hätten. Der Feind des Realismus ist die Hybris, die sich in Niebuhrs Zeit wie in unserer Gegenwart in einem übermäßigen Vertrauen äußert, die Macht Amerikas könne ein wirksames Instrument zur Umgestaltung der globalen Ordnung sein.

Die Demut erlegt den Amerikanern eine andere Verpflichtung auf. Sie verlangt von ihnen, sich selbst ohne Scheuklappen zu sehen. Der Feind der Demut ist die Scheinheiligkeit, aus der die

Überzeugung erwächst, die amerikanischen Werte und Glaubensvorstellungen seien universal und die Nation selbst diene Zwecken, die ihr von der Vorsehung zugewiesen sind. Diese Überzeugung äußert sich in einer Entschlossenheit, die Welt nach dem Bilde Amerikas zu formen.

In unserer Gegenwart hat sich gezeigt, dass Realismus und Demut Mangelware sind. Eine Aussage Niebuhrs nach dem Ende des Zweiten Weltkrieges hat sich nach dem Ende des Kalten Krieges als noch zutreffender erwiesen: Glück und scheinbare Überlegenheit, schrieb er, setzten die Vereinigten Staaten »den schwersten Versuchungen der Selbstbeweihräucherung« aus.[8] Diesen Versuchungen haben sich die Amerikaner bereitwillig hingegeben. Hybris und Scheinheiligkeit sind die Hauptmerkmale der US-Außenpolitik. Sie haben nach dem 11. September die Regierung Bush zu dem Krieg ohne Auswege und ohne absehbares Ende getrieben.

Präsident Bush hat den heutigen Krieg gegen den sogenannten »Islamofaschismus« mit dem Krieg Amerikas gegen Nazideutschland verglichen – als einen großen Kampf für die Freiheit. Dass Bush seinen »Globalen Krieg gegen den Terror« begann, um die Freiheit Amerikas zu bewahren, trifft zweifellos zu. Dieses Engagement, mag es auch gut gemeint sein, lässt einige weiter gehende Fragen offen: Wie wird Freiheit heute verstanden und erlebt? Was ist ihr Inhalt? Welche Kosten entstehen durch die Ausübung der Freiheit? Wer zahlt?

Das sind grundlegende Fragen, die man nicht mit einer vielsagenden Geste abtun kann. Bedeutende Kriegspräsidenten – man denke vor allem an Abraham Lincoln und seine Rede in Gettysburg – haben sich nicht gescheut, solche Fragen direkt anzusprechen. Dass Präsident Bush von ihnen gar nichts zu wissen schien, war nur ein Symptom seiner Defizite als Staatsmann.

Freiheit ist nichts Feststehendes, und sie ist auch nicht unbedingt gutartig. Sie ist vielmehr in ständiger Entwicklung begriffen, schafft fortwährend neue Bedingungen und beseitigt überkommene Beschränkungen. Das allgemeine Verständnis von Freiheit, das im Dezember 1941 herrschte, als die Vereinigten Staaten in den Krieg gegen das kaiserliche Japan und Nazideutschland eintraten, ist längst obsolet geworden. In mancher Hinsicht ist das unbedingt zu begrüßen, in anderer Hinsicht mag man es bedauern.

Die Veränderungen waren sowohl qualitativer als auch quantitativer Natur. In vielerlei Hinsicht sind die Amerikaner heute freier als jemals zuvor. Doch besonders seit den sechziger Jahren hat die Umdeutung der Freiheit Kultur und Gesellschaft verändert. Die Folge dieser Veränderung ist eine widersprüchliche Hinterlassenschaft. Unsere Wünsche und Erwartungen sind exponentiell gewachsen, soweit es um uns als Individuen geht. Niebuhr hat einmal missbilligend über die Amerikaner geschrieben, ihre Kultur sei »schwächlich und ordinär, weil sie Vergnügen mit Glück und Glück mit Annehmlichkeit gleichsetzt«.[9] Wenn Niebuhr heute noch lebte, würde er dieses Urteil vermutlich abändern, weil die Amerikaner Annehmlichkeit zunehmend mit Genusssucht gleichsetzen.

Die Fähigkeit der amerikanischen Volkswirtschaft, diese Begierden zu befriedigen, hat mit der Nachfrage nicht Schritt gehalten. Die Fortsetzung des Strebens nach Leben, Freiheit und Glück ist zunehmend von Bedingungen jenseits der nationalen Grenzen abhängig. Ob es um Erdöl, Kredit oder die Verfügbarkeit billiger Konsumgüter geht – wir erwarten, dass die Welt dem *American way of life* entgegenkommt.

Das daraus resultierende Anspruchsdenken hat weitreichende Folgen für die Außenpolitik. Um es auf den Punkt zu bringen: Nicht nur das Freiheitsverlangen der Amerikaner ist gewachsen, sondern auch ihr Hang zum Imperium. Zwischen diesen beiden Tendenzen besteht ein kausaler Zusammenhang. Früher haben die Amerikaner das Imperium als Antithese zur Freiheit verstanden. Unter Präsident Bush ist das Imperium – nehmen wir nur die Bemühungen seiner Regierung um Vorherrschaft am erdölreichen Persischen Golf – anscheinend zu einer Voraussetzung der Freiheit geworden.

Es gibt einen weiteren Widerspruch: Die Art und Weise, wie die Amerikaner von ihrer Freiheit Gebrauch machen, trägt nicht mehr zur Gewährleistung jener Macht bei, derer es bedarf, um eine imperiale Ordnung zu errichten und zu erhalten. Eher trifft das Gegenteil zu: Dem Konsum und der individuellen Autonomie dienend, trägt der Gebrauch der Freiheit zur allmählichen Erosion der nationalen Macht bei. Genau in dem Moment, da die Fähigkeit zur Ausübung von Macht – speziell von militärischer Macht – zur unerlässlichen Bedingung für die Bewahrung der amerikanischen Freiheit geworden ist, gehen die Machtreserven der Nation zur Neige.

Man sieht das zum Beispiel an der Aushöhlung des Inhalts von Staatsbürgerschaft durch die gestiegenen Ansprüche auf individuelle Autonomie. Aus den Verpflichtungen des Bürgers von gestern sind Optionen des Bürgers geworden. Was einst als Pflicht galt – dass man sich etwa in Zeiten großer Gefahr zur Verteidigung des Landes meldete –, ist heute der persönlichen Entscheidung anheimgestellt. Als Individuen erwarten die Amerikaner ständig mehr. Als Mitglieder einer Gemeinschaft, speziell einer nationalen Gemeinschaft, ziehen sie es vor, weniger beizutragen.

Derweil erwies sich die politische Führung Amerikas – besonders auf der nationalen Ebene – als unfähig (oder nicht willens), das Problem anzugehen, dass wir uns mehr wünschen, als wir uns leisten können. Eine Regierung nach der anderen hat mit Unterstützung des Kongresses durch ungebremste Ausgaben eine sich anbahnende Krise der Verschuldung und der Abhängigkeit vertieft. Auf den Hinweis, dass Steuersenkungen möglicherweise nicht mit der Invasion im Irak zusammenpassen, erklärte Bushs Vizepräsident Dick Cheney, der sich selbst einen Konservativen nennt: »Defizite spielen keine Rolle.«[10] Politiker beider Parteien verhalten sich selbstverständlich so, als spielten sie tatsächlich keine Rolle.

Erwartungen, dass die Außenwelt dem *American way of life* dienstbar sein sollte, sind an sich nicht neu. Doch seit dem 11. September wurden die Forderungen der Vereinigten Staaten dringlicher. In dieser Hinsicht hatte der neokonservative Schriftsteller Robert Kagan sicherlich recht mit der Bemerkung, dass »Amerika sich am 11. September nicht geändert hat. Es ist nur mehr es selbst geworden.«[11] Nach den Anschlägen auf das World Trade Center und das Pentagon verteidigte Washington nur noch entschiedener den Standpunkt, dass nichts das Streben des einzelnen Amerikaners nach Leben, Freiheit und Glück stören dürfe. Diese Haltung äußerte sich in der Mit-uns-oder-gegen-uns-Rhetorik der Regierung Bush, in ihrer Geringschätzung der Vereinten Nationen und der traditionellen Verbündeten Amerikas, in der Missachtung des Völkerrechts und vor allem in ihrer Bejahung des Präventivkrieges.

In seiner zweiten Antrittsrede erklärte Bush, dass das »Überleben der Freiheit in unserem Land zunehmend vom Erfolg der Freiheit in anderen Ländern abhängt«. Damit reklamierte er für die USA als Hauptvertreter der Freiheit faktisch das Vorrecht, Krieg zu führen, wann und wo immer sie es für angebracht hielten – schließlich würden diese Kriege ja ausdrücklich im Namen der Freiheit geführt. So verstanden, konnte der »lange Krieg« tatsächlich als ein Krieg gelten, der für die Bewahrung des *American way of life* (im Sinne eines bestimmten Freiheitsbegriffs) geführt wurde, und zugleich als ein Krieg zur Erweiterung des amerikanischen Imperiums (im Sinne der Träume von einer nach dem Bilde Amerikas umgestalteten Welt). Dabei wurde weithin vorausgesetzt, dass das Erste das Zweite bedingt.

Doch wie die Ereignisse zeigten, waren die Vereinigten Staaten schlecht darauf vorbereitet, einen globalen Krieg ohne Auswege und ohne absehbares Ende zu führen. Der einzigen Supermacht fehlten die wirtschaftlichen, politischen und militärischen Ressourcen, um einen großangelegten Konflikt längere Zeit durchzuhalten, ohne sich zumindest schweren wirtschaftlichen und politischen Schaden zuzufügen. Die Macht Amerikas hat Grenzen, und für aus Hybris und Scheinheiligkeit erwachsene Ambitionen reicht sie nicht aus.

Dies war der zentrale Widerspruch der Bush-Ära: Während es die Verteidigung der amerikanischen Freiheit zu erfordern schien, dass amerikanische Soldaten in Ländern wie Irak und Afghanistan kämpfen, untergrub der Gebrauch dieser Freiheit daheim die Kampffähigkeit des Landes. Ein großer Basar ist keine ausreichende Basis, um darauf ein ausgedehntes Imperium zu errichten.

Ein hartnäckiges Bestreben, die Sache militärisch durchzuziehen, setzte jedoch die Freiheit daheim aufs Spiel. Da die Amerikaner selbst in Kriegszeiten nicht bereit waren, ihre Ansprüche zu zügeln, verschärfte der »lange Krieg« die wirtschaftlichen Widersprüche, die fortwährend Schulden und Abhängigkeit hervorbrachten. Ein permanenter Notstand der nationalen Sicherheit verschlimmerte überdies die Störungen unseres politischen Systems, weil er der Exekutive erlaubte, immer mehr Kompetenzen zu Lasten des Kongresses an sich zu ziehen und die Verfassung zu untergraben. Insofern war der »lange Krieg« selbstschädigend und irrational.

Niebuhr hat einmal geschrieben: »Es gehört zu den bedrückendsten Aspekten der menschlichen Geschichte, dass jede Zivilisation sich genau dann auf die anmaßendste Weise darstellt, ihre partiellen und universalen Werte auf die überzeugendste Weise vorträgt und für ihre endliche Existenz Unsterblichkeit beansprucht, wenn der Niedergang, der zum Tode führt, bereits eingesetzt hat.«[12] Künftige Generationen von Historikern könnten den Ausspruch Niebuhrs dereinst als bündige Erklärung für die Torheit anführen, die die Vereinigten Staaten in den »langen Krieg« trieb.

Die Last dieser Torheit hatte ganz unmittelbar der Soldat zu tragen. US-Soldaten in Kampfanzug und Panzerweste, von den Amerikanern angeblich bewundert und unterstützt, zahlten den Preis für die kollektive Weigerung des Landes, sich mit der Funktionsstörung seines politischen Systems auseinanderzusetzen. Diese Störung wird nirgendwo so deutlich wie im heutigen Zustand des Militärs. Nach sieben Jahren der Konfrontation mit dem radikalen Islam sehen sich die Vereinigten Staaten mit zu viel Krieg für zu wenige Krieger konfrontiert – und es besteht keine Aussicht, die zusätzlich erforderlichen Soldaten aufzubieten, um die Lücke zu schließen. Zu der wirtschaftlichen und der politischen Krise, welche die Amerikaner so geflissentlich zu ignorieren versuchten, gesellt sich jetzt nämlich eine heraufziehende militärische Krise.

Der Irakkrieg verdient volle Aufmerksamkeit als die klarste Manifestation dieser drei Krisen: An ihm zeigt sich, dass sie unauflöslich miteinander verquickt sind und sich gegenseitig verstärken. Dieser Krieg war von Anfang an überflüssig. Er ist seit langem eine vergebliche Mühe; nur die Verblendeten und die Unredlichen wollen das nicht sehen. Was aber von noch größerer Bedeutung ist: Er ist kontraproduktiv und aussichtslos.

Doch ironischerweise könnte sich noch herausstellen, dass der Irak der Anfang der Rettung Amerikas war. Für die Nation wird durch den andauernden Krieg deutlich, dass sie ihr Haus in Ordnung bringen muss. Der Irakkrieg hat gezeigt, dass ihre verschwenderischen Gewohnheiten nicht durch militärische Macht aufrechtzuerhalten sind. Der Tag der Abrechnung rückt näher. Das Leben von noch mehr amerikanischen Soldaten aufs Spiel zu setzen, nur um diesen Tag hinauszuschieben, wäre grundfalsch. Über ein Volk, das an der Aussicht auf einen endlosen bewaffneten Konflikt so lange nichts auszusetzen hat, wie es selbst von den Auswirkungen verschont bleibt, wird die Geschichte nicht freundlich urteilen. Und sie wird nicht wohlwollend über eine Wählerschaft richten, die die politische Macht einer Führung anvertraute, die sich keine Alternative zum permanenten Krieg vorzustellen vermochte.

Statt darauf zu bestehen, dass die Welt den Vereinigten Staaten gefällig zu sein hat, müssen die Amerikaner ihr Schicksal wieder in die eigenen Hände nehmen; sie müssen ihre Abhängigkeit beenden und ihre imperialen Wahnvorstellungen aufgeben. Sie müssen – und das wird ihnen noch schwerer fallen – die wirtschaftliche, politische und militärische Krise zum Anlass nehmen, genau zu überprüfen, was Freiheit eigentlich heißt. Soldaten können diese Aufgaben nicht erfüllen, und auch von den Politikern sollten wir das nicht erwarten. Es sind die Bürger selbst, denen die Last der Verantwortung zufällt.

1. Die Krise der Verschwendungssucht

Was Jefferson 1776 in der Unabhängigkeitserklärung der Vereinigten Staaten festschrieb, nämlich ein Recht auf Leben, Freiheit und das Streben nach Glück, steht auch heute noch im Zentrum von Amerikas Zivilreligion. Diese Trinität fasst das gemeinsame Erbe der Amerikaner zusammen, sie definiert ihre Bestrebungen, und sie ist der Maßstab für ihre Einflussnahme jenseits der nationalen Grenzen.

Wenn Amerikaner noch immer die Empfindungen teilen, die in Jeffersons Text ihren Niederschlag fanden, so hat sich ihr Verständnis dieser »unveräußerlichen Rechte« mit der Zeit doch radikal verändert. Einzelne Amerikaner nutzen ihre Freiheit heute für viele vernünftige Tätigkeiten. Die einen lesen, schreiben, malen, schaffen Skulpturen, komponieren und spielen Musik. Andere bauen, restaurieren und bewahren. Wieder andere besuchen Theaterstücke, Konzerte und Sportereignisse, gehen in ihr örtliches Multiplex, schicken einander eine SMS nach der anderen und nehmen teil an »Gemeinschaften« von Gleichgesinnten in einer stetig wachsenden Vielfalt virtueller Welten. Daneben verfolgen sie unzählige Hobbys, gehen zur Kirche, zahlen ihren Zehnten und kümmern sich in löblich großer Zahl um die Bedürfnisse derer, die weniger Glück gehabt haben. Doch all das allein definiert nicht das Wesen des US-Amerikaners im 21. Jahrhundert.

Müsste man diese Identität durch ein einzelnes Wort charakterisieren, so wäre es das Wort *mehr*. Das Wesen von Leben, Freiheit und Streben nach Glück besteht heute für die meisten Amerikaner in einem unablässigen persönlichen Streben nach Erwerb, Konsum, Genuss und dem Abwerfen aller Fesseln, die dabei hinderlich sein könnten. Ein Autoaufkleber, eine sarkastische Devise und ein Slogan der Woodstock-Generation haben Jeffersons Trinität in die moderne Umgangssprache übersetzt: »Sieger ist, wer die meisten Spielsachen mit ins Grab nimmt«; »Kauf ein bis zum Umfallen!«; »Tu, was dir gefällt«.

Es wäre irreführend zu behaupten, jeder Amerikaner habe vor dieser Ethik der Selbstbefriedigung kapituliert. Noch gibt es Widerstand gegen ihre Forderungen, und zwar in den unterschiedlichsten Formen. Doch die Andersdenkenden, die gegen den Hang der Amerikaner zu Konsum und Maßlosigkeit anzukämpfen versuchen, führen ein Nachhutgefecht, tapfer, aber ohne Aussicht, die Tendenz umzukehren. Die Ethik der Selbstbefriedigung hat sich als bestimmendes Merkmal des *American way of life* fest etabliert. Diese Tatsache muss man einfach anerkennen, gleichgültig, ob man sie bedauert oder bejubelt.

Die kulturellen und darüber hinaus moralischen Folgen dieser Entwicklung sind von anderen beschrieben, analysiert und in der Regel beklagt worden.[1] Doch kaum jemand hat sich der Frage gewidmet, wie sich die Gier der Amerikaner nach »mehr« auf die Beziehungen der Vereinigten Staaten zur übrigen Welt ausgewirkt hat. Dabei hat unsere gegenwärtige Neigung zu Konsum und Maßlosigkeit fast nur negative außenpolitische Folgen. Das Bemühen, eine ständig steigende Verbrauchernachfrage zu befriedigen, hat in den letzten sechzig Jahren eine tiefe Abhängigkeit erzeugt. Die USA mögen zwar noch der mächtigste Staat sein, den die Welt je gesehen hat, doch die Amerikaner sind nicht mehr Herren ihres eigenen Schicksals.

Die Ethik der Selbstbefriedigung gefährdet das Wohl der Vereinigten Staaten. Nicht etwa deshalb, weil die Amerikaner den Bezug zur legendären puritanischen Tradition von harter Arbeit und Selbstverleugnung verloren hätten. Das Problem ist, dass diese Ethik uns kostspielige Engagements im Ausland aufbürdet, die aufrechtzuerhalten wir immer schlechter gerüstet sind, wobei uns daraus Gefahren entstehen, auf die wir keine fertige Antwort haben. Die Erfordernisse des *American way of life* sind in einem Maße gewachsen, dass wir sie mit den verfügbaren Mitteln nicht mehr erfüllen können. Eine frühere Generation sorgte sich um angebliche Bomber- und Raketenlücken, bis sich zeigte, dass sie frei erfunden waren. Die heutige Kluft zwischen den Voraussetzungen und den Mitteln zu ihrer Erfüllung ist weder erfunden noch eingebildet. Sie ist real, und sie wächst. Diese Kluft kennzeichnet die Krise der amerikanischen Verschwendungssucht.

Macht und Wohlstand

Aus historischer Perspektive betrachtet, ist der Triumph dieser Ethik der Selbstbefriedigung kaum überraschend. Das rastlose Streben nach Geld und die rücksichtslose Ausschaltung von allem und allen, die dem im Wege standen, waren lange zentrale Eigenschaften des amerikanischen Charakters. Alexis de Tocqueville, der in den dreißiger Jahren des 19. Jahrhunderts die Vereinigten Staaten bereiste, vermerkte als scharfsinniger Beobachter der jungen Republik, wie »fieberhaft« ihre Bürger nach Wohlstand streben. Der typische Amerikaner, schrieb der Franzose, »greift nach allen Gütern dieser Welt, doch ohne sie zu umklammern, und er lässt sie bald fahren, um nach neuen Genüssen zu jagen«. Mochte sein Besitz auch noch so üppig sein, der Amerikaner hungerte nach mehr – eine Obsession, die ihn mit »Unruhe, Furcht und Bedauern« erfüllt und »sein Gemüt in einer Art ständiger Erregung« hält.[2]

Schon zu Zeiten von Tocqueville hatten die Befriedigung solcher Sehnsüchte und die Beschwichtigung der von ihnen ausgelösten Ängste und Befürchtungen gewichtige politische Folgen. Um ihre Leidenschaft zu stillen, richteten die Amerikaner ihren Blick nach außen und suchten den Einflussbereich der amerikanischen Macht zu erweitern. Das Streben nach »neuen Genüssen« äußerte sich in einem kollektiven Drang zur territorialen und kommerziellen Expansion. Dieses Expansionsprojekt hatte längst begonnen, als Tocquevilles berühmtes Buch *Über die Demokratie in Amerika* erschien; vor allem durch Jeffersons Erwerb des Territoriums von Louisiana im Jahr 1803 sowie durch die hartnäckigen Bemühungen, die amerikanischen Ureinwohner zu verdrängen (oder schlicht zu beseitigen) – ein Unternehmen, das sich während des ganzen 19. Jahrhunderts fortsetzte.

Da die Amerikaner ein anderes Bild ihrer gemeinsamen Geschichte bevorzugen, lassen sie sich ihre Vergangenheit gern von Politikern schönreden. Als George W. Bush in seiner Antrittsrede von 2005 die Verbreitung der Freiheit zu der »Mission« erklärte, »die unsere Nation schuf«, schlugen die Herzen der Neokonservativen sicherlich ein wenig schneller – was gewiss auch der Fall war, als er dann verkündete, dass die »große Befreiungstradition« Amerikas es jetzt erforderlich mache, sich um die »Beendigung der Tyrannei in unserer Welt« zu kümmern. Dabei umschrieb Bush lediglich eine althergebrachte Überzeugung, laut der die Vereinigten Staaten ein Land mit einzigartigem Charakter und einzigartiger Mission sind. Seit seiner Gründung hat Amerika durch sein Verhalten und seine Entwicklung demonstriert, dass sein geschichtliches Ziel durch die Vorsehung bestimmt ist. Dieser Tradition eines amerikanischen Exzeptionalismus Ehrerbietung zu erweisen und sie damit zu erneuern, gehört seit langem zu den vornehmsten nicht in der Verfassung vorgesehenen Pflichten der Präsidentschaft.

Viele Amerikaner sind von solchen Ansichten sehr angetan. Doch wenn man den Vereinigten Staaten bescheinigt, sie besäßen eine »Befreiungstradition«, dann kann man auch über Hollywood sagen, es habe eine »Tradition vorzüglicher künstlerischer Leistungen«. Das Filmgeschäft ist nichts anderes als eben – ein Geschäft. Sein Zweck ist, Geld zu verdienen. Wenn ein Studio hin und wieder einen Film von ästhetischem Wert produziert, dann mag das ein Grund zum Feiern sein, aber der Zweck des Unternehmens ist und bleibt der Profit, nicht die Vergegenwärtigung des Wahren und Schönen.

Etwas Ähnliches kann man über das Unternehmen sagen, das am 4. Juli 1776 gestartet wurde. Die eigensinnigen Anwälte, Händler, Farmer und sklavenhaltenden Plantagenbesitzer, die sich in jenem Sommer in Philadelphia versammelten, hatten nicht vor, eine Kirche zu schaffen. Sie gründeten eine Republik. Ihr Ziel war nicht, die Menschheit zu retten. Vielmehr wollten sie sicherstellen, dass Menschen wie sie ungehinderten Zugang zu Jeffersons Trinität genossen.

In der Folgezeit haben die USA diese Ziele sehr erfolgreich angesteuert. Doch im Laufe des Wandels von einer kleinen zu einer großen Macht haben die Vereinigten Staaten nicht ein einziges Mal versucht, andere zu befreien – außer wenn weitreichende Sicherheits- oder Wirtschaftsinteressen des Landes auf dem Spiel standen.

So ist es hin und wieder – wenn auch nicht annähernd so häufig, wie wir es gern sähen – einigen der Unglücklichen dieser Welt gelungen, der Knechtschaft zu entrinnen. Der amerikanische Bürgerkrieg zum Beispiel hat die Emanzipation der Schwarzen gebracht. Doch den Flächenbrand von 1861 bis 1865 zu einer Reaktion auf die Notlage versklavter Afroamerikaner zu erklären wäre, gelinde gesagt, eine maßlose Vereinfachung. Kurz vor Ende des Zweiten Weltkrieges haben GIs in der Tat überlebende Insassen von Nazi-Todeslagern befreit. Doch für diejenigen, die den amerikanischen Kriegseinsatz von 1941 bis 1945 leiteten, spielte das Schicksal der europäischen Juden nur eine untergeordnete Rolle.

Den Vereinigten Staaten eine »große Befreiungstradition« zugute zu halten, ist eine Verzerrung der Vergangenheit, und es verschleiert die treibenden Kräfte hinter der amerikanischen

Politik und der US-Außenpolitik. Wer der Geschichte nachträglich eine Moral unterschiebt, schafft nur eine Rechtfertigung für jene, die sich vor einer ernsten moralischen Prüfung drücken wollen. Der Hinweis, dass die Befreiung anderer nie mehr als ein sekundäres Motiv der amerikanischen Politik war, ist nicht zynisch – er ist eine Vorbedingung der Selbsterkenntnis.

Wenn die jungen Vereinigten Staaten eine Mission hatten, dann war es nicht die Befreiung, sondern die Expansion. »Selbstverständlich«, sagte Theodore Roosevelt 1899, so als müsse er den Begriffsstutzigen das Offensichtliche erklären, »war die ganze Geschichte unseres Landes eine Geschichte der Expansion.« Das entsprach der Wahrheit. Stillstand war für die Gründer gleichbedeutend mit Selbstmord. Die Amerikaner offenbarten von Anfang an einen Drang, Territorien zu erwerben und ihren wirtschaftlichen Einflussbereich auf das Ausland auszudehnen.

Wie wurde die Expansion erreicht? In diesem Punkt sind die historischen Dokumente unzweideutig: mit allen erforderlichen Mitteln. Je nach den Umständen bedienten sich die Vereinigten Staaten der Diplomatie, der harten Verhandlungen, der Drohung, der Täuschung, der Einschüchterung oder nackter Gewalt. Die Amerikaner sind in Gebiete eingesickert, die ihren Nachbarn gehörten, und haben sie dann dreist zu ihren eigenen erklärt. Sie haben Schikane und Obstruktion betrieben, und wenn nötig, sind sie in großem Stil zur Invasion übergegangen. Sie haben ethnische Säuberung betrieben. Bisweilen haben sie darauf bestanden, dass Verträge als sakrosankt zu gelten haben. Bei anderen Gelegenheiten haben sie feierliche Vereinbarungen, nachdem sie ihren Zweck erfüllt hatten, unbekümmert über Bord geworfen.

So wie die Methoden wechselten auch die Begründungen, mit denen sie ihr Handeln gerechtfertigt haben. Sie haben mit ihrem Status als das neue auserwählte Volk Gottes geprahlt, das »eine Stadt auf einem Hügel« errichtet, die der ganzen Welt als leuchtendes Beispiel dienen soll. Sie haben auf Geheiß der göttlichen Vorsehung gehandelt oder dem gehorcht, was ihre »offenkundige Bestimmung« von ihnen verlangte. Sie haben ihre Pflicht beteuert, das Evangelium von Jesus Christus zu verbreiten oder »den kleinen braunen Bruder aufzurichten«. Sie haben mit Woodrow Wilson als ihrem Lehrer die Aufgabe übernommen, »den Nationen der Welt zu zeigen, wie sie auf den Pfaden der Freiheit wandeln werden«.[3] Es gab Kritiker, die solche Behauptungen als Blödsinn verspottet haben – der junge Lincoln während des Krieges mit Mexiko, Mark Twain nach den imperialen Abenteuern von 1898, Senator Robert La Follette mitten im »Krieg zur Beendigung aller Kriege« (dem Ersten Weltkrieg). Sie haben zwar Punkte gemacht, konnten sich aber nicht durchsetzen. Immer wieder überarbeitet und aufpoliert, hat der amerikanische Exzeptionalismus (der außergewöhnliche amerikanische Vorrechte einschloss) nur an Boden gewonnen.

Wenn es darum ging, zu handeln, statt zu reden, blieben selbst jene Politiker, die als die größten Idealisten galten, auf ein übergeordnetes Ziel fixiert: den Einfluss, den Reichtum und die Macht Amerikas zu mehren. Die Dokumente zu den amerikanischen Außenbeziehungen – von den ersten Begegnungen der Kolonisten mit Indianern bis zum Ende des Kalten Krieges – zeugen weder ausschließlich von Edelmut noch ausschließlich von Heuchelei und Ausbeutung. Insofern ist die Deutung der amerikanischen Vergangenheit, die George W. Bush vortrug, ebenso weit von der Wahrheit entfernt wie die Interpretation von Osama bin Laden. Als aufsteigende Macht hielten sich die Vereinigten Staaten an die ehernen Gesetze der internationalen Politik, die für Altruismus wenig Raum lassen. Wenn die Geschichte der amerikanischen Expansion überhaupt eine moralische Lehre enthält, so ist diese notgedrungen mehrdeutig.

Der Aufstieg der Vereinigten Staaten vollzog sich gewiss nicht ohne Fehltritte: operettenhafte Einfälle nach Kanada; die unkluge Annexion der Philippinen durch William McKinley; die aktive Beteiligung an der Ausplünderung Chinas in seinem »Jahrhundert der Demütigung«; die verheerende Wirtschaftspolitik nach dem Ersten Weltkrieg, die der Großen Depression den Weg ebnete; Harry Trumans Entscheidung von 1950, in Korea nördlich des 38. Breitengrades amerikanische Truppen einzusetzen. Die meisten dieser Irrungen und Dummheiten haben die Amerikaner längst achselzuckend abgetan. Andere wie etwa Vietnam können sie einfach nicht vergessen, obwohl sie ihre Lehren beharrlich missachten.

So peinlich diese Fehltritte auch sein mögen, sie verblassen gegenüber den Meisterstücken präsidialer Staatskunst. Thomas Jefferson mag die Grenzen seiner Befugnisse überschritten haben, als er den Franzosen Louisiana abkaufte, und James Polk mag einen Eroberungskrieg geführt haben, um Mexiko Kalifornien zu entreißen; doch dadurch stellten die beiden sicher, dass die Vereinigten Staaten eines Tages zu einer Großmacht werden würden. Zur Sicherung der Landenge von Panama fädelte Theodore Roosevelt einen dreisten Schwindel ein. Der Kanal, den er dort baute, festigte Amerikas Herrschaft über die Hemisphäre. Als Franklin Delano Roosevelt mit Josef Stalin kollaborierte, machte er gemeinsame Sache mit einer unbestreitbar üblen Gestalt. Doch dieser Pakt mit dem Teufel vernichtete den mörderischen Hitler und bescherte den Vereinigten Staaten die unangefochtene wirtschaftliche Vorherrschaft über die Welt. Eine Kollaboration ähnlichen Zuschnitts, die Richard Nixon mit dem mörderischen Mao Zedong schmiedete, trug zum Sturz des Sowjetimperiums bei. Die Folge war, dass die Vereinigten Staaten zur »einzigen Supermacht« aufstiegen – ein Status, den sie sich selbst zuschrieben.

Die Erfolge dieser bemerkenswerten amerikanischen Staatsmänner basierten nicht darauf, dass sie alle einer Befreiungstradition huldigten, sondern auf einer Kühnheit, die sich nicht durch übertriebene Skrupel fesseln ließ. Ungeachtet der üblichen hochtönenden Erklärungen aus dem Weißen Haus und dem State Department war die amerikanische Außenpolitik, wenn sie ihre größten Erfolge erzielte, nicht von Idealismus geprägt – sondern von einem Pragmatismus, zu dem sich oft nur der engste Seelenverwandte des Pragmatismus, der Opportunismus, gesellte.

Was in selbstgefälligen Lehrbüchern früher als Amerikas »Aufstieg zur Macht« bezeichnet wurde, folgte nicht einer vorgefassten Strategie zur Erlangung der globalen Vorherrschaft. So etwas wie ein geheimes Konzept oder einen Masterplan hat es nie gegeben. Die Politik ließ sich nicht von festgelegten Prinzipien leiten, sondern von einem wachen Blick für die beste Gelegenheit. Zwar bediente man sich nicht immer der feinsten Methoden, aber die Ergebnisse waren oft umwerfend, und der Gewinn für das amerikanische Volk war enorm.

Die Expansion machte die Vereinigten Staaten zum »Land der unbegrenzten Möglichkeiten«. Aus der Expansion entsprang Wohlstand. Aus dem Wohlstand entsprang reale Freiheit. Die in Philadelphia verfassten Dokumente verhießen Freiheit. Um diese Verheißungen zu erfüllen, brauchte man eine Volkswirtschaft, die es erleichterte, Reichtümer ungeheuren Ausmaßes zu schaffen.

Der Historiker Frederick Jackson Turner traf vor über hundert Jahren den Nagel auf den Kopf, als er schrieb, dass »nicht die Verfassung, sondern kostenloses Land und ein Reichtum an Naturschätzen, die einem tüchtigen Volk zu Gebote standen«, die amerikanische Demokratie ermöglichten.[4] Ein halbes Jahrhundert später entdeckte der Historiker David Potter eine ähnliche Symbiose zwischen Wohlstand und Freiheit. »Eine Politik des Wohlstands« habe, behauptete er, den *American way of life* geschaffen: »eine Politik, die sowohl jenen zulächelte, die den Wohlstand als ein Mittel zur Sicherung der Freiheit schätzten, als auch jenen, die die Freiheit als eine Hilfe zur Sicherung des Wohlstands schätzten«.[5] William Appleman Williams, ein anderer Historiker, entdeckte einen noch engeren Zusammenhang: Für die Amerikaner, bemerkte er, »war Freiheit Wohlstand, und Wohlstand war Freiheit«.[6]

Kurz, die Expansion förderte den Wohlstand, der wiederum das Umfeld schuf, in dem die Amerikaner ihre Träume von Freiheit verfolgten – während sie sich darum stritten, wer das Recht habe, an diesem Traum teilzuhaben. Die Verheißung – und die Realität – ständig wachsenden materiellen Wohlstands hielt den Streit in Grenzen. Mit dem Beginn der industriellen Revolution erhofften sich die Amerikaner, dass ein immer größer werdender wirtschaftlicher Kuchen die Unruhestifter besänftigen und Spannungen abbauen werde, die mit Klasse, Ethnie und Religion zusammenhingen. Geld wurde zum bevorzugten Schmiermittel, um soziale und politische Friktionen in erträglichen Grenzen zu halten. Die Amerikaner, bemerkte Reinhold Niebuhr einmal, »suchen eine Lösung für praktisch jedes Problem des Lebens auf der quantitativen Ebene«, weil sie glaubten, dass mehr besser sei.[7]

Dieses wechselseitige Verhältnis zwischen Expansion, Wohlstand und Freiheit erreichte unmittelbar nach dem Zweiten Weltkrieg seine Apotheose. Das brudermörderische Verhalten der traditionellen europäischen Mächte in zwei Weltkriegen wie auch die verwegene, im Angriff auf Pearl Harbor kulminierende Politik der Japaner führten dazu, dass die Vereinigten Staaten zur globalen Supermacht aufstiegen, während das amerikanische Volk einen Lebensstandard genoss, der es zum Neidobjekt der ganzen Welt machte. Das »amerikanische Jahrhundert«, das Henry Luce, der Herausgeber von *Time-Life*, nur vier Jahre zuvor prophezeit hatte, schien 1945 auf wundersame Weise zur greifbaren Realität geworden zu sein. Die Vereinigten Staaten waren das stärkste, das reichste und – zumindest in den Augen ihrer weißen Mehrheit – das freieste Land der Welt.

In der ganzen Geschichte ist kein Volk jemals zu solchen Höhen aufgestiegen. Um den anschließenden Abstieg zu ermessen – als der Zusammenhang zwischen Expansion, Wohlstand und Freiheit sich lockerte –, ist es hilfreich, an die Vorteile zu erinnern, die sich die Vereinigten Staaten verschafft hatten.

Am Ende des Zweiten Weltkrieges verfügte das Land über annähernd zwei Drittel der Goldreserven der Welt und über 50 Prozent der gesamten Industrieproduktion.[8] 1947 bestritten die Vereinigten Staaten ein Drittel der Weltexporte.[9] Ihre Handelsbilanz befand sich sicher in den schwarzen Zahlen. Wertmäßig betrugen die Ausfuhren mehr als das Doppelte der Einfuhren.[10] Durch das System von Bretton Woods, das 1944 geschaffene internationale Währungsregime, hatte der Dollar das britische Pfund Sterling als Weltreservewährung abgelöst; die Vereinigten Staaten waren zum Währungsmanager der Welt geworden. Das Land war selbstverständlich Nettogläubiger. In der Erzeugung von Erdöl, Stahl, Flugzeugen, Automobilen und Elektronik war es weltweit führend. »Ökonomisch gesehen«, schrieb der Historiker Paul Kennedy, »war die Welt nun Washingtons Auster.«[11]

Und das war erst der Anfang. Militärisch besaßen die Vereinigten Staaten die unangefochtene See- und Luftherrschaft, die bis August 1949 noch durch ein absolutes Kernwaffenmonopol unterstrichen und hernach durch einen dauernden, unbestrittenen Vorsprung in militärischer Technologie bekräftigt wurde. Die unmittelbaren Nachbarn waren schwach und stellten keine Gefahr dar. Die Gegner des Landes waren weit weg und besaßen nur begrenzte Reichweite.

Für den amerikanischen Durchschnittshaushalt hatte der Zweite Weltkrieg endlich die Jahre der Depression beendet. Befürchtungen, dass die vom Krieg angefachte Prosperität sich bei Kriegsschluss in nichts auflösen würde, erwiesen sich als unbegründet. Vielmehr löste der Übergang zum Frieden einen beispiellosen wirtschaftlichen Aufschwung aus. Das amerikanische Pro-Kopf-Einkommen war 1948 viermal so hoch wie das Pro-Kopf-Einkommen von Großbritannien, Frankreich, Westdeutschland und Italien zusammengenommen.[12] Das kriegsbedingte Wirtschaftswachstum – das Bruttoinlandsprodukt wuchs zwischen 1939 und 1945 um 60 Prozent – hatte sogar die wirtschaftliche Ungleichheit verringert.[13] Höhere Einkommen und aufgestaute Nachfrage sorgten jetzt zusammen für einen gewaltigen Binnenmarkt, der die amerikanischen Fabriken auf Hochtouren laufen ließ und gute Arbeitsplätze schuf. So wurde die unmittelbare Nachkriegszeit zum goldenen Zeitalter der amerikanischen Mittelschicht.

Nachkriegsamerika war beileibe kein Utopia. Auch in einer Zeit des Überflusses kannte ein erheblicher Teil der Bevölkerung, vor allem Afroamerikaner, weder Freiheit noch Wohlstand. Doch unmittelbar hinter der amerikanischen Expansion nach außen vollzog sich eine zweite Expansion im Inneren. Es ist die Geschichte jener Amerikaner, die ihren Anspruch auf volle Bürgerrechte anmeldeten und ihn durchsetzten, sodass die Freiheit im Laufe der Zeit aus einem Privileg der Wenigen zum Geburtsrecht der Vielen wurde. Auch sie ist eine dramatische, wenn auch zwiespältige Erfolgsgeschichte.

Wer verdient die Privilegien der Bürgerschaft? Die Antwort von 1776 – weiße männliche Grundeigentümer – war nie befriedigend. Die Unabhängigkeitserklärung hatte – mit einem Federstrich Jeffersons – eine derart enge Definition unhaltbar gemacht. Bald darauf wurden Forderungen laut, dieses eingeschränkte Konzept der Bürgerschaft zu ändern.

Bis zum Zweiten Weltkrieg erreichte man an dieser Front reale, aber doch unbeständige Fortschritte. Die Schleusentore öffneten sich während der Hochkonjunktur der Nachkriegsjahre, besonders in den Sechzigern. Barrieren fielen. Der Radius der Freiheit erweiterte sich beträchtlich. Der Anteil der Amerikaner, die als »Bürger zweiter Klasse« an den Rand gedrängt wurden, schrumpfte.

Viele Amerikaner erinnern sich an die sechziger Jahre als das Jahrzehnt der Freiheit – und dies mit gutem Grund. Die moderne Bürgerrechtsbewegung ist zwar älter, aber ihre großen Durchbrüche erzielte die Kampagne für Rassengleichheit in jener Zeit, beginnend mit dem Marsch auf Washington und der »I have a dream«-Rede von Martin Luther King. Frauen und Schwule zogen nach. 1966 wurde mit der Gründung der National Organization for Women der Kampf für die Rechte der Frauen neu belebt. Der sogenannte Stonewall-Aufstand in New York City markierte 1969 den Beginn der Schwulenbewegung.

Das politische Verdienst für diesen Erfolg liegt eindeutig bei der Linken. Der Wohlstand, der in nicht geringem Maße von der Anmaßung einer »Weltführerschaft« Amerikas nach dem Krieg getragen wurde, ermöglichte die Ausweitung der Freiheit daheim. Die Zurückweisung sowjetischer Vorwürfe des Rassismus und der Heuchelei verlieh der Förderung der Freiheit im Inneren eine strategische Dimension. Doch zur Realität wurde das Mögliche erst durch den politischen Aktivismus der Progressiven.

Welche Gruppe man auch nimmt – Schwarze, Juden, Frauen, Asiaten, Hispanics, Arbeiter, Schwule oder Behinderte –, in allen Fällen ging der Anstoß für die Gewährung gleichen Zugangs zu den verfassungsmäßigen Rechten von Sozis, Linken, Liberalen und mitfühlenden Sympathisanten aus. Zur Sicherung einer fairen Chance für jeden Amerikaner hat der moderne Konservatismus praktisch nichts beigetragen. Wäre Martin Luther King, als er in den fünfziger und sechziger Jahren den Kampf gegen die Rassentrennung aufnahm, auf William E. Buckley und die *National Review* angewiesen gewesen, wäre die Rassendiskriminierung noch heute gängige Praxis.

Den traditionell Benachteiligten Zugang zur Freiheit zu gewähren ist seit dem Zweiten Weltkrieg ein zentrales Thema der amerikanischen Politik. Es schmälert nicht das Verdienst derjenigen, die diesen Fortschritt erwirkten, wenn man feststellt: Ihr Erfolg beruhte teilweise darauf, dass die Vereinigten Staaten gleichzeitig ihren Anspruch auf unumstrittene weltweite Vorrangstellung geltend machten.

Vom Ende des Zweiten Weltkrieges bis in die sechziger Jahre hinein bedeutete mehr Macht im Äußeren mehr Wohlstand im Inneren, der wiederum größerer Freiheit den Weg ebnete. Die Reformer, die auf Rassengleichheit und Frauenrechte pochten, taten dies in einem stillschweigenden Bündnis mit den Politikern, die eine Rehabilitierung der einstigen Kriegsgegner Deutschland und Japan anstrebten, mit den Chefs der Ölkonzerne, die darauf drangen, den Persischen Golf in den Einflussbereich Amerikas zu bringen, und mit Rüstungslieferanten, die die Beschaffung kostspieliger neuer Waffensysteme forderten.

Dass bis zu den fünfziger Jahren ein informelles amerikanisches Imperium von globalen Ausmaßen entstand, war nicht das Ergebnis einer Verschwörung zum Nutzen der Wenigen. Die Außenpolitik der Nachkriegszeit wurde legitimiert durch die weithin geteilte Vorstellung, dass Macht nach außen hin ausgeübt wurde, um die Schaffung einer besseren Gesellschaft im Inneren zu erleichtern. General Curtis LeMays Nuklearstreitmacht, das Strategic Air Command (SAC), trug in diesem Sinne – als Manifestation amerikanischer Macht und zugleich als zentraler Bestandteil des nach dem Krieg entstandenen militärisch-industriellen Komplexes – dazu bei, die Bedingungen zu schaffen, durch die Betty Friedans National Organization for Women möglich wurde.

Nicht weniger, sondern mehr

Die ersten zwei Jahrzehnte nach dem Zweiten Weltkrieg bildeten den Höhepunkt dessen, was der Historiker Charles Maier das »Imperium der Produktion« genannt hat.[14] Die unbestrittene wirtschaftliche Überlegenheit verlieh den Vereinigten Staaten in diesen Jahren ein hohes Maß an strategischer Autarkie, aus dem wiederum eine bemerkenswerte Handlungsfreiheit erwuchs. George Washington hatte in seiner Abschiedsrede von dem Tag geträumt, an dem die Vereinigten Staaten über jene Kräfte verfügen würden, »die für die Beherrschung unserer eigenen Geschicke notwendig sind«. Stärke, so der erste Präsident, würde der Nation wahre Unabhängigkeit ermöglichen und sie befähigen, »zwischen Krieg und Frieden zu wählen, je nachdem, was unser durch Gerechtigkeitssinn bestimmter Vorteil dabei ist«. Nach dem Zweiten Weltkrieg war dieser Moment eindeutig gekommen.

Er ging rasch vorbei. Schon vor 1950 hatten die Vereinigten Staaten damit begonnen, ausländisches Öl zu importieren. Die Mengen waren zunächst unbedeutend. Mit der Zeit wuchsen sie. Das war ein ökonomisches Warnsignal. Doch es wurde zwanzig Jahre lang missachtet.

Das Imperium der Produktion stieß weiterhin eine unendliche Fülle von Waren aus – seine Vorrangstellung schien auf Dauer gestellt und unanfechtbar. In Europa und Ostasien bewiesen die Vereinigten Staaten eine lobenswerte Schläue, als sie wirtschaftliche Überlegenheit in einen strategischen Vorteil ummünzten. In den zwanzig Jahren nach dem Sieg über Japan, schrieb Maier, »tauschten die Amerikaner Wohlstand gegen Überlegenheit ein«, indem sie den zerstörten Volkswirtschaften Westeuropas und Ostasiens Hilfe zum Wiederaufbau leisteten und den heimischen Markt für ihre Produkte öffneten.[15] Amerikas Nachkriegsstellung als Führungsmacht der freien Welt wurde in Washington erkauft und bezahlt.

Doch in den sechziger Jahren begann das Imperium der Produktion sich aufzulösen. Nochmals zwanzig Jahre später war es erloschen – eine Folge von permanent negativen Handelsbilanzen, einer vernichtenden Niederlage in Vietnam, von Ölschocks, »Stagflation« und der Zerstörung eines moralischen Konsenses, der den Angriffen von Elvis Presley, »der Pille« und der Gegenkultur sowie den wiederholten Nachrichten, Gott sei tot, nicht standzuhalten vermochte. An seine Stelle trat, so Maier, ein neues »Imperium des Konsums«. Hatte der Fabrikarbeiter mit Henkelmann das Imperium der Produktion in seiner Glanzzeit verkörpert, so wurde nun der Teenager, mit Papas Kreditkarte in der Jeanstasche auf dem Weg zur Mall, zur emblematischen Figur des Imperiums des Konsums. Der böse Geist des Imperiums der Produktion war Henry Ford. Sein Pendant im Imperium des Konsums war Walt Disney.

Wir können den Umkipppunkt exakt bestimmen. Er lag zwischen 1965, als Präsident Lyndon Baines Johnson amerikanische Kampftruppen nach Südvietnam beorderte, und 1973, als Präsident Richard M. Nixon schließlich das direkte amerikanische Engagement in diesem Krieg beendete. Bemühungen, die Macht der USA auszuweiten, um den Wohlstand der USA zu fördern, hatten sich vor dem Vietnamkrieg in der Regel als förderlich für die amerikanische Freiheit erwiesen. Auch nach Vietnam wurden diese Bestrebungen fortgesetzt, doch die Folgen für den Wohlstand und die Freiheit erschienen zunehmend fraglich.

Im Rückblick muten die ökonomischen Indikatoren, die eine Erosion der Vorherrschaft signalisierten, eindeutig an. Die Kosten des Vietnamkrieges und Präsident Johnsons Versuch, sie bei der Werbung für seine Vision einer »*Great Society*« zu verschleiern, destabilisierten die Wirtschaft; das zeigte sich in den Defiziten, der Inflation und einem schwächelnden Dollar. Im August 1971 erkannte Nixon die wirtschaftliche Zerrüttung stillschweigend an, indem er den Dollar abwertete und seine Konvertierbarkeit in Gold aufhob.

Das war natürlich erst der Anfang. Vor den siebziger Jahren hatten amerikanische Ölfirmen den Weltmarktpreis für Öl bestimmt, weil die Vereinigten Staaten seit langem der größte Erdölproduzent der Welt waren. 1972 hatte die inländische Ölförderung ihren Höhepunkt erreicht; danach begann sie, unaufhaltsam und unwiderruflich zu sinken.[16] Im Jahr zuvor war das Vorrecht, den Preis von Rohöl festzusetzen, an eine neue Gruppe von Ölproduzenten übergegangen: die Organisation Erdöl exportierender Länder (OPEC).[17]

Mit der stetig wachsenden Nachfrage nach Öl wuchs auch die Importabhängigkeit Amerikas insgesamt. Gleichzeitig vollzog sich ein Wandel in den Handelsbeziehungen. Die Handelsbilanz der Vereinigten Staaten, seit Jahrzehnten in den schwarzen Zahlen, wurde 1971 negativ. 1973 und noch einmal 1975 übertrafen die Ausfuhren wertmäßig die Einfuhren. Von da an schrieb man nur noch rote Zahlen – nie wieder sollten die amerikanischen Ausfuhren den Einfuhren gleichkommen. Die Kluft zwischen den beiden Größen wuchs sogar in einem sich von Jahr zu Jahr beschleunigenden Tempo.[18] Die klarste und schmerzlichste Bestätigung der plötzlichen wirtschaftlichen Verwundbarkeit des Landes kam mit dem »Ölschock« von 1973, der eine vierzigprozentige Erhöhung des Benzinpreises, lange Schlangen vor den Tankstellen und schmerzhafte Engpässe mit sich brachte.

In den späten siebziger Jahren, einer Zeit geringen Wachstums und hoher Inflation, verursachte die noch im Entstehen begriffene Krise der Verschwendungssucht bereits ernste Nöte in amerikanischen Haushalten. Der erste lange andauernde Wirtschaftsabschwung seit dem Zweiten Weltkrieg stellte die Amerikaner vor eine grundlegende Entscheidung. Sie konnten entweder ihre Ansprüche zügeln und lernen, mit ihren Mitteln auszukommen, oder sie konnten die schwindenden amerikanischen Machtreserven einsetzen, um andere zu nötigen, ihrem Hang zu demonstrativem Konsum entgegenzukommen. Zwischen Juli 1979 und März 1983, einer schicksalhaften Zeitspanne, an deren Anfang und Ende zwei denkwürdige Reden von Präsidenten standen, optierten sie eindeutig für das Letztere.

Hier liegt der eigentliche Dreh- und Angelpunkt der jüngeren amerikanischen Geschichte, der für die missliche Lage der USA weit bedeutsamer ist als angeblich so einschneidende Ereignisse wie der Fall der Berliner Mauer oder der Zusammenbruch der Sowjetunion. Zwischen dem Sommer 1979 und dem Frühjahr 1983 machte die »globale Führung« – der Anspruch, mit dem die amerikanische Außenpolitik auftrat – einen subtilen Bedeutungswandel durch. Zwar wurde der Anschein, als käme der Rest der Welt ohne Führung und Schutz der Vereinigten Staaten nicht zurecht, noch aufrechterhalten, aber die Führung, vorher ein offenes Angebot, wurde nun zu einem zwingenden Imperativ. Die Erosion der bislang führenden wirtschaftlichen Stellung sollte durch Ausübung einer globalen Vorrangstellung wettgemacht werden. Doch gleichgültig, wie viel Gefolgschaft Washington auch einzufordern vermochte – es ließ sich nicht verdecken, dass die Vereinigten Staaten selbst in wachsendem Maße anderen verpflichtet waren. Führung hatte nun einen Beigeschmack von Abhängigkeit.

Am 15. Juli 1979 hielt Jimmy Carter die erste der zwei erwähnten Reden von zentraler Bedeutung. Heute gilt Carter weithin als ein gescheiterter, glückloser Präsident, doch zumindest in diesem Fall bewies er bemerkenswerten Weitblick. Er erkannte nicht nur die sich abzeichnenden Folgen der Abhängigkeit, sondern sah auch voraus, wie sich dieser Zustand weiterentwickeln würde, wenn man ihn vor sich hinschwären ließ.

Die Umstände, unter denen Carter seine Rede hielt, waren alles andere als angenehm. Im Sommer 1979 verstärkte sich die allgemeine Unzufriedenheit mit seiner Präsidentschaft auf bedrohliche Weise. Die Wirtschaft war in einer erschreckenden Verfassung. Die Inflation war auf elf Prozent gestiegen. Die Arbeitslosenquote betrug sieben Prozent. Die *prime rate*, der Zinssatz für erstklassige Adressen, stand bei fünfzehn Prozent und stieg weiter. Nach den üblichen Maßstäben der Nachkriegszeit waren alle diese Zahlen unannehmbar hoch, wenn nicht sogar beispiellos. Hinzu kam, dass iranische Revolutionäre im Januar 1979 den Schah von Persien, einen langjährigen amerikanischen Verbündeten, vertrieben hatten, was einen zweiten »Ölschock« auslöste. In den Vereinigten Staaten schnellten die Benzinpreise in die Höhe – was nicht durch einen aktuellen Mangel, sondern durch Panikkäufe bedingt war. Die nächste Präsidentenwahl stand vor der Tür. Wenn Carter wiedergewählt werden wollte, musste er rasch eine Wende herbeiführen.

Ursprünglich hatte der Präsident am 5. Juli sprechen wollen, und zwar ausschließlich zur Energiefrage. Dann entschloss er sich in letzter Minute, die Rede zu verschieben. Er zog sich für zehn Tage nach Camp David zurück, um, wie er sagte, »Kontakt aufzunehmen und auf die Stimmen Amerikas zu hören«. Auf seine Einladung hin versammelten sich in dem Refugium des Präsidenten Politiker, Wissenschaftler, Unternehmens- und Gewerkschaftsführer, Geistliche und Privatpersonen, um ihre Ansicht darüber vorzutragen, was mit Amerika los war und was Carter tun musste, um die Dinge in Ordnung zu bringen. Heraus kam so etwas wie ein Seminar, verbunden mit einer Übung in Selbstgeißelung.

Zurück im Weißen Haus, hielt Carter dann eine Rede, die keinerlei Ähnlichkeit mit dem hatte, was er zehn Tage zuvor hatte sagen wollen. Eingangs erklärte er, er wolle sich nicht nur mit der Energiefrage befassen, weil »die wahren Probleme unseres Landes viel tiefer reichen«. Die Energiekrise von 1979 war nach seiner Meinung nur ein Symptom einer sehr viel größeren Krise. »Deshalb möchte ich heute Abend zu Ihnen zunächst über ein Thema sprechen, das noch ernster ist als Energie oder Inflation. Ich möchte zu Ihnen jetzt sofort über eine fundamentale Bedrohung für die amerikanische Demokratie sprechen.«

Carter brauchte nicht lange, um jede Aussicht auf seine Wiederwahl zu zerstören. Fundamentale Bedrohungen sind im politischen Diskurs Amerikas stets Bedrohungen von außen. Nazideutschland, das kaiserliche Japan oder der internationale Kommunismus konnten die Vereinigten Staaten bedrohen – ebenso wie die islamischen Revolutionäre, die 1979 im Iran an die Macht gelangt waren. Der Hinweis, dass eine vergleichbare Bedrohung von der Handlungsweise normaler Amerikaner ausgehen könnte, grenzte an Häresie. Dennoch wagte Carter die Behauptung, die amerikanische Demokratie sei in Wirklichkeit von innen bedroht.

Das ganze Land, verkündete er, erlebe eine »Vertrauenskrise«. »Es ist eine Krise, von der das Herz und die Seele und der Geist unseres nationalen Strebens betroffen sind. Wir erkennen diese Krise in dem wachsenden Zweifel am Sinn unseres Lebens und dem Verlust eines gemeinsamen Ziels für unser Land.« Diese Erosion des Vertrauens drohe »das soziale und politische Gefüge der USA zu zerstören«.

Die Amerikaner seien vom rechten Weg abgekommen. »In einem Land, das stolz war auf harte Arbeit, starke Familien, eng verbundene Gemeinschaften und unseren Glauben an Gott«, fuhr der Präsident fort, »huldigen zu viele der Maßlosigkeit und dem Konsum. Die menschliche Identität hängt nicht mehr davon ab, was einer tut, sondern davon, was einer besitzt. Doch wir haben erkannt, dass das Besitzen und Konsumieren unser Streben nach Sinn nicht befriedigt. Wir haben gelernt, dass das Anhäufen materieller Güter die Leere eines Lebens ohne Vertrauen und Ziele nicht ausfüllen kann.«

Mit anderen Worten, die wachsende amerikanische Vertrauenskrise war eine äußere Manifestation einer tiefer liegenden

Wertekrise. Mit dem Hinweis auf das, was »wir erkannt haben« und was »wir gelernt haben«, deutete Carter an, dass er lediglich Sorgen vortrug, die seine Zuhörer bereits teilten: dass normale Amerikaner ihr Dasein von leeren, unbefriedigenden Kaufritualen ausgefüllt sahen und sich nach etwas Sinnvollerem sehnten.

Es sei unrealistisch, von Washington eine Antwort auf diese Sorgen zu erwarten, erklärte er. Die Regierung sei zu »einer Insel« geworden, isoliert vom Volk. Ihre wichtigsten Institutionen seien gelähmt und korrupt. Man habe »ein offenbar handlungsunfähiges Regierungssystem«. Über den Kongress sagte Carter, er werde »von Hunderten finanzstarker und einflussreicher Lobbyistengruppen manipuliert und in die verschiedensten Richtungen gezerrt«. Gewöhnlich triumphiere der Parteigeist über die Sorge um das Gemeinwohl: »Es gibt immer die eine oder andere unnachgiebige Gruppe, die selbst die extremste Auffassung bis zur letzten Stimme, ja beinahe bis zum letzten Atemzug verteidigt.«

»Wir stehen an einem Wendepunkt unserer Geschichte«, stellte Carter fest. »Wir müssen uns zwischen zwei Wegen entscheiden. Der eine Weg, vor dem ich heute gewarnt habe, führt zu Zersplitterung und Selbstsucht. Diesem Weg liegt ein falsches Freiheitsverständnis zugrunde, das Recht, uns gegenüber anderen einen Vorteil zu verschaffen. Dieser Weg des ständigen Konflikts zwischen engstirnigen Interessen würde in Chaos und Unbeweglichkeit enden.«

Diesem falschen Freiheitsverständnis weiterhin zu folgen sei »ein sicherer Weg zum Scheitern«. Die Alternative, ein Kurs im Einklang mit »all den Traditionen unserer Vergangenheit und all den Lehren aus unserem Erbe«, verweise auf »einen anderen Weg, den Weg des gemeinsamen Ziels und der Wiederherstellung amerikanischer Werte«. Am Ende dieses Weges, erklärte der Präsident, liege »wahre Freiheit für unser Land und für uns selbst«.

Das falsche Freiheitsverständnis, so Carter, stütze sich auf Quantität, drehe sich um das endlose Streben nach mehr und verherrliche das engstirnige Eigeninteresse. Die wahre Freiheit dagegen stelle die Qualität in den Vordergrund und bedeute ein Leben im Einklang mit bleibenden Werten. Das hieß zumindest indirekt, sich mit weniger zu begnügen.

Der Präsident war überzeugt, dass der Umgang der Amerikaner mit dem Energieproblem darüber entscheiden werde, welches Freiheitsverständnis sich durchsetzen würde. »Die Energiefrage wird der erste Prüfstein für unsere Fähigkeit sein, dieses Land zu einen, und sie kann zugleich das Feldzeichen sein, um das wir uns scharen.« Mit dem Aufrichten dieses Feldzeichens, so Carter, »können wir unser gemeinsames Schicksal wieder in die eigenen Hände nehmen«. In diesem Sinne umriss Carter ein Sechspunkteprogramm mit dem Zweck, »diese unerträgliche Abhängigkeit von ausländischem Öl« zu beenden. Er stellte Maßnahmen in Aussicht, um Erdölimporte innerhalb von zehn Jahren auf die Hälfte zu reduzieren. Kurzfristig wollte er Quoten festsetzen, um die eingeführten Ölmengen zu senken. Er rief zu einer gemeinsamen Anstrengung auf, alternative Energiequellen zu entwickeln, und schlug gesetzliche Regelungen zur Verringerung der für die Stromerzeugung eingesetzten Ölmenge vor. Er befürwortete die Schaffung einer neuen Bundesbehörde, »die mit dem Papierkrieg, den Verzögerungen und den endlosen Behinderungen aufräumen sollte, die der Vollendung wichtiger Energieprojekte im Wege stehen«. Und schließlich forderte er das amerikanische Volk zum Energiesparen auf: »keine unnötigen Fahrten, wo immer es möglich ist, Fahrgemeinschaften bilden und öffentliche Verkehrsmittel benutzen; das Auto jede Woche einen Tag stehen lassen; Tempolimits beachten und die Heizung so einstellen, dass Energie gespart wird«.

Carter gab sich zuversichtlich, dass die Vereinigten Staaten eines Tages ihre Energieunabhängigkeit wiedererlangen würden, gestand aber ein, dass es »kurzfristig unmöglich ist, Opfer zu vermeiden«. Tatsächlich lag Carters Rede unausgesprochen der Gedanke zugrunde, dass Opfer etwas Gutes sein könnten. Für den Sünder ist eine gewisse Buße notwendige Voraussetzung der Erlösung.

Die Reaktion auf diese Rede, die sogleich als »Malaise«-Rede abgestempelt wurde, obwohl Carter dieses Wort nicht benutzt hatte, war bestenfalls lau. Carter hatte Religiosität und Populismus in einer Weise vermengt, die manche abstoßend fanden. Francis X. Clines schrieb in der *New York Times* von einer »*cross-of-malaise*«, in abschätziger Anspielung auf die berühmte »*cross-of-gold*«-Rede, durch die William Jennings Bryan viele Jahrzehnte zuvor zu politischer Bedeutung gelangt war.[19] Andere bemängelten einen Hang zu gequältem Moralisieren und eine Neigung, überall Fehler zu finden, nur nicht im Weißen Haus. Im *New York Times Magazine* spottete Professor Eugene Kennedy über »Carter-Agonisten« und beschrieb den Präsidenten als einen »gepeinigten Engel, der über uns alle Gericht hält und feierlich nicht von Blut und Schweiß spricht, sondern von Öl und Sünde«.[20]

Als ein Versuch, der Politik eine neue Richtung zu geben, war Carters Appell ein kompletter Fehlschlag. Für die vom Präsidenten propagierte Art von Freiheit, in der etwas von tugendhafter Enthaltsamkeit mitschwang, konnten sich die Amerikaner nicht erwärmen. Angesichts der Alternative quantitativer Lösungen, des Strebens nach »mehr«, schlugen sie das Angebot aus. Da ihnen die Botschaft nicht gefiel, wurde der Bote kurzerhand abserviert. Vor die Wahl gestellt, erschien ihnen *mehr* immer noch als *besser*.

Carters Rede von der Vertrauenskrise erfreute sich eines langen und fruchtbaren Lebens – vor allem als gefundenes Fressen für seine politischen Gegner. Der beeindruckendste von ihnen, 1980 Spitzenkandidat der Republikaner, war Ronald Reagan, der ehemalige Gouverneur von Kalifornien. Reagan bezeichnete sich selbst als Konservativen. In Wahrheit war er der moderne Prophet der Verschwendungssucht, der Politiker, der das Imperium des Konsums moralisch sanktionierte. Der falsche Konservative, der seine Mitbürger mit seinen »*Morning in America*«-Reden betörte, ergänzte Amerikas Zivilreligion um zwei wichtige Glaubenssätze: Der Kredit hat keine Grenzen, und die Rechnungen werden niemals fällig werden. Stimme deine Bücher ab, bezahle sofort, lege etwas für schlechte Zeiten zurück – diese alten Volksweisheiten wurden von Reagan für ungültig erklärt. Mit ebenso nachhaltigen Folgen für die moralische Verfassung Amerikas wie *Sex, Drugs and Rock'n'Roll.*

Reagan trug seine erste Antwort auf Carter am 13. November 1979 vor, dem Tag, an dem er offiziell seine Bewerbung um die Präsidentschaft bekannt gab. Was das Vertrauen betraf, ließ der ehemalige Gouverneur wissen, dass er eine Menge davon habe. Mit einem Seitenhieb gegen Carter sprach er von jenen, »die uns glauben machen wollen, dass die Vereinigten Staaten wie andere große Zivilisationen der Vergangenheit den Zenit ihrer Macht erreicht hätten« und die »uns sagen, wir müssten lernen, mit weniger auszukommen«. Diese Vorschläge wies Reagan zurück. Er prophezeite eine Zukunft, in der die Vereinigten Staaten noch mehr Macht erlangen und die Amerikaner noch mehr Wohlstand genießen würden, wobei eines das andere verstärken würde. Das einzige Hindernis für all das sei die Regierung, die er als unfähig, arrogant und konfiskatorisch bezeichnete. Als Lösung schlug er vor, den Beamtenapparat abzubauen, die öffentlichen Ausgaben zu reduzieren und die Steuern zu senken.

Wenn es eine Energiekrise gab, so war auch daran die Regierung schuld. Nur in einem Punkt stimmte Reagan mit Carter überein: »Um uns von der monopolistischen Preisfestsetzung der OPEC zu befreien, gibt es nur einen Weg: unsere Abhängigkeit von äußeren Energiequellen zu verringern.« Doch an einer

Förderung der Energieunabhängigkeit durch Senkung des Verbrauchs hatte Reagan kein Interesse. »Die Antwort, die für jeden auf der Hand liegt, außer für die Mitglieder der Regierung, ist eine Erhöhung der inländischen Öl- und Gasförderung.« Im Hinblick auf die Energie erklärte er nachdrücklich: »Wir müssen beschließen, dass ›weniger‹ nicht genug ist.«

Reagan ist als leidenschaftlicher Kalter Krieger in die Geschichte eingegangen. Doch als er seine Kandidatur bekannt gab, widmete er der Sowjetunion erstaunlich wenig Aufmerksamkeit. In Bezug auf den Kreml gebrauchte er maßvolle, keineswegs kriegerische Worte. Er prangerte die Sowjets nicht als »böse« an. Von einem Rollback des Kommunismus war keine Rede. Er pries auch nicht den amerikanischen Soldaten, der an den Grenzen der freien Welt Wache hält. Er äußerte kein Wort über eine dringende Notwendigkeit, Amerikas Verteidigung auszubauen. Bei der Darstellung seiner außenpolitischen Absichten hob er besonders seine Vision eines »nordamerikanischen Abkommens« hervor, einer Wirtschaftsunion, die die Vereinigten Staaten, Kanada und Mexiko verbinden sollte. »Wir sollten unsere nächsten Nachbarn nicht länger als Ausländer betrachten«, erklärte er.

Wie so oft benutzte Reagan reichlich Zuckerguss, um etwaige Mängel des Kuchens auszugleichen. In seiner Rede zitierte er zustimmend Thomas Paines Ansicht, die Amerikaner seien fähig, »mit der Welt noch einmal von vorn zu beginnen«. Er pflichtete der Meinung von John Winthrop bei, dass Gott den Amerikanern befohlen habe, »eine Stadt auf einem Hügel« zu errichten. Und er zitierte, ohne diesen namentlich zu erwähnen, Franklin D. Roosevelts dringende Bitte, dass seine amerikanischen Zeitgenossen an ihrem »Rendezvous mit dem Schicksal« festhalten sollten. Für Reagan wies der Bogen von Amerikas Zukunft ebenso wie der Bogen der amerikanischen Vergangenheit (zumindest soweit er sie kannte) immer nach oben. Alles in allem war sein Auftritt ein Bravourstück.

Und er wirkte. Reagan sprach zweifellos aus innerer Überzeugung, doch seine eigentliche Gabe war das Talent, den Amerikanern das zu erzählen, was die meisten hören wollten. Als Kandidat für das Weiße Haus forderte Reagan nicht die Amerikaner auf, den Gürtel enger zu schnallen. Er sah keine Notwendigkeit für Opfer oder Entsagung. Carters Trennung zwischen Quantität und Qualität wies er zurück. Vor allem versicherte er seinen Landsleuten, dass sie mehr haben könnten. Dies blieb in seiner gesamten Kampagne ein Schlüsselthema.

Den Hintergrund des Wahlkampfs bildete die anhaltende Geiselkrise: Mehrere Dutzend amerikanische Diplomaten und Soldaten wurden im Iran gefangen gehalten. Dies machte unmissverständlich klar, was passierte, wenn die Vereinigten Staaten zögerten, sich in diesem Teil der Welt Geltung zu verschaffen. Die Lehre schien eindeutig: Wenn sich Entwicklungen am Persischen Golf negativ auf den Lebensstandard der Amerikaner auswirken konnten, dann war die Kontrolle über diese Region durch jemand anderen als die Vereinigten Staaten nicht mehr hinnehmbar. Carter selbst hatte als Erster diese Feststellung getroffen, als er im Januar 1980 die Carter-Doktrin verkündete und gelobte, »alle erforderlichen Mittel einschließlich militärischer Gewalt« einzusetzen, um zu verhindern, dass eine feindliche Macht die Region beherrschte.

Carters Kampfeslust im letzten Moment kam zu spät, um seine Präsidentschaft zu retten. Die Wahl von 1980 bestätigte die anhaltende amerikanische Präferenz für quantitative Lösungen. Die Vorteile des Amtsinhabers bewahrten Carter nicht vor einer vernichtenden Niederlage. Reagan gewann in allen Bundesstaaten bis auf vier und erzielte bei den Wählerstimmen einen Vorsprung von über acht Millionen. Es war ein Erdrutsch und ein Menetekel.

Am 20. Januar 1981 wurde Ronald Reagan Präsident. Die Antrittsrede bot ihm Gelegenheit, diverse konservative Binsenweisheiten vorzutragen. Theatralisch verdammte er die Verschwendungssucht der jüngsten Vergangenheit. »Jahrzehntelang haben wir Defizit auf Defizit gehäuft, haben unsere Zukunft und die Zukunft unserer Kinder für die flüchtige Bequemlichkeit der Gegenwart verpfändet. Eine Fortsetzung dieser langjährigen Entwicklung würde uns mit Sicherheit schwerwiegende soziale, kulturelle, politische und wirtschaftliche Turbulenzen bescheren.« Er gelobte, das ökonomische Haus Amerikas in Ordnung zu bringen. »Sie und ich können als Einzelpersonen durch Kreditaufnahme über unsere Verhältnisse leben, aber nur für begrenzte Zeit. Was bringt uns dann zu der Annahme, dass wir kollektiv als Nation nicht derselben Beschränkung unterliegen?« Reagan wiederholte das oft gegebene Versprechen, »die Aufblähung des Regierungsapparates zu überprüfen und zu revidieren«.

Nichts davon sollte er wahr machen. Er tat sogar in allen Fällen das genaue Gegenteil. Während der Carter-Jahre hatte das jährliche Defizit des Bundes durchschnittlich 54,5 Milliarden Dollar betragen. In der Reagan-Ära stiegen die Defizite sprunghaft an: Während seiner beiden Amtszeiten beliefen sie sich auf durchschnittlich 210,6 Milliarden Dollar im Jahr. Die Bundesausgaben verdoppelten sich nahezu: Von 590,9 Milliarden Dollar im Jahr 1980 wuchsen sie auf 1,14 Billionen Dollar im Jahr 1989.[21] Die Bundesregierung wurde nicht verkleinert, im Gegenteil: Während Reagan im Weißen Haus saß, schwoll der Beamtenapparat um fast fünf Prozent an.[22] Seine Unterstützer hatten zwar versprochen, unwichtige staatliche Programme abzuschaffen und Behörden aufzulösen, aber das erwies sich als leeres Gerede.

Wer Reagan einen Schwindler oder Heuchler nennt, verkennt ihn. Die Reagan-Revolution, die in seiner Amtszeit stattfand, zielte nie auf eine verantwortliche Haushaltspolitik oder ein Abspecken des Staatsapparats. Ziel der Übung war, den Leuten das zu geben, was sie wollten: Nur so konnte der Präsident seine Wiederwahl im Jahr 1984 sichern und die Machtstellung der

Republikaner in Washington konsolidieren. Reagan hatte sehr viel genauer als Jimmy Carter erfasst, wie die Amerikaner tickten: Ihnen stand der Sinn nicht nach Selbstverleugnung, sondern nach Selbstbefriedigung. Wohl achtete er darauf, seine Reden stets mit inspirierenden Moralpredigten und anerkennenden Worten über altmodische Tugenden auszuschmücken, aber das Wesentliche war, der Selbstgefälligkeit der Leute zu schmeicheln.

Die Regierungszeit Reagans war eine Ära der protzigen Zurschaustellung von Reichtum und Überfluss. Kernstücke seiner Wirtschaftspolitik waren Steuersenkungen und eine beispiellose Steigerung der Militärausgaben in Friedenszeiten; Erstere wurden mit Theorien der angebotsorientierten Wirtschaftspolitik, Letztere mit einem vermeintlichen Zwang begründet, auf Aufrüstung und Abenteurerpolitik der Sowjets zu reagieren. Mit seiner Erklärung, dass »Verteidigung kein Haushaltstitel ist«, löste Reagan die Militärausgaben aus dem Kontext aller sonstigen fiskalischen und politischen Erwägungen – eine Haltung, die von George W. Bush nach dem 11. September 2001 wieder aufgegriffen wurde.

Das alles soll nicht heißen, dass es falsch wäre, von einer Reagan-Revolution zu sprechen. Es gab in der Tat eine Revolution, nur hatte sie wenig mit den plakatierten Grundsätzen des Konservatismus zu tun. Ihre wahre Natur wird erst im Rückblick erkennbar. Reagan enthüllte sie in einer Rede am 23. März 1983, in der er klar aussprach, worin seine Alternative zu dem nicht eingeschlagenen Weg Carters bestand.

In dieser historischen Rede verkündete der Präsident seine Strategische Verteidigungsinitiative (SDI), einen futuristischen, »undurchdringlichen« Abwehrschirm gegen Interkontinentalraketen, durch den Atomwaffen »wirkungslos und obsolet« werden sollten. Kritiker verspotteten das Projekt als »Star Wars«, eine Bezeichnung, die der Präsident sich schließlich zu eigen machte.

(»Sie werden mir bitte verzeihen, wenn ich einen Filmtitel klaue – *The Force Is With Us*.«) Doch in Reagans Bemerkungen steckten zwei entschieden radikale Behauptungen. Erstens: Es sei eine Mindestvoraussetzung für die Sicherheit der Vereinigten Staaten, einen Status zu erreichen, der der Unverwundbarkeit gleichkomme. Zweitens: Dieses scheinbar utopische Ziel sei dank der modernen Technik erreichbar. Mit einem Wort: Star Wars führte in den politischen Mainstream die Idee ein, dass die Amerikaner sich nur dann wirklich sicher fühlen konnten, wenn die USA so etwas wie permanente, globale militärische Überlegenheit genossen. Das war Reagans Antwort auf die Krise, die Jimmy Carter im Juli 1979 erkannt hatte. Erneut begegnen wir hier wieder den strategischen Überlegungen, mit denen George W. Bush nach dem 11. September den »Globalen Krieg gegen den Terror« untermauerte. Hinter beidem, der Strategischen Verteidigungsinitiative und dem Krieg gegen den Terror, steckte die Annahme, militärische Macht sei das geeignete Mittel gegen die Ungewissheiten und Ängste in einer Welt, die nicht ganz den amerikanischen Präferenzen entsprach.

Hatte Präsident Carter die Amerikaner aufgefordert, sich zu bessern, was die Notwendigkeit einer kritischen Selbsterkenntnis einschloss, so umging Präsident Reagan die Frage der Gewissenserforschung, indem er seine Landsleute einlud, so weiterzumachen wie bisher. Für Carter setzte die Beendigung der amerikanischen Abhängigkeit von ausländischem Öl eine moralische Erneuerung voraus. Wie er beklagten auch Reagan und seine Nachfolger die wachsende Energieabhängigkeit des Landes. Doch praktisch taten sie so gut wie nichts, um diese Abhängigkeit zu verringern. Stattdessen versuchten sie mit militärischen Mitteln, den Zugang zum Öl zu sichern, in der Hoffnung, dadurch den Aufschwung des Imperiums des Konsums zu verlängern. Carter hatte einen grundsätzlichen Widerspruch zwischen Quantität (der Beschäftigung der Amerikaner mit dem

»Anhäufen materieller Güter«) und Qualität (der wahren Freiheit, wie er sie verstand) gesehen. Reagan brachte das, was für Carter zunehmend unvereinbar war, unter einen Hut. Nach seiner Ansicht konnte Qualität (Spitzentechnologie, die von fähigen, hochqualifizierten Soldaten militärisch eingesetzt wurde) die Quantität (eine Konsumentenökonomie, die auf der Verfügbarkeit von billigem Kredit und billigem Öl basierte) stützen.

Die Tragweite von Star Wars wurde durch Beteuerungen harmloser Absichten verschleiert. Skeptikern, zum Beispiel Nuklearstrategen, die befürchteten, dass strategische Abwehrmaßnahmen sich als »destabilisierend« erweisen könnten, antwortete Reagan mit kategorischen Versicherungen: »Die Verteidigungspolitik der Vereinigten Staaten beruht auf einer einfachen Prämisse: Die Vereinigten Staaten beginnen keine Kämpfe. Wir werden nie ein Aggressor sein. Wir erhalten unsere Stärke aufrecht, um Aggressoren abzuschrecken und uns gegen Aggressionen zu verteidigen, um Frieden und Freiheit zu bewahren.« Der Einsatz amerikanischer Streitkräfte für etwas anderes als Verteidigungszwecke war laut Reagan einfach unvorstellbar. »Alle Posten in unserem Verteidigungsbudget – unsere Schiffe, unsere Panzer, unsere Flugzeuge, unsere Mittel für Ausbildung und Ersatzteile – sind für einen einzigen, essenziellen Zweck bestimmt: den Frieden zu erhalten.«

Reinhold Niebuhr hat einmal bemerkt: »Das bedeutsamste moralische Merkmal einer Nation ist ihre Heuchelei.«[23] In der internationalen Politik ist das Gefährlichste an der Heuchelei, dass sie die Selbstverständigung beeinträchtigt. Der Heuchler macht am Ende vor allem sich selbst etwas vor.

Ob Ronald Reagan 1983 ehrlich glaubte, dass »die Vereinigten Staaten keine Kämpfe beginnen« und ihrem Wesen nach keinen Aggressionsakt begehen können, lässt sich nicht sagen. Er wäre sicherlich nicht der erste Politiker gewesen, der schließlich an das glaubte, was für ihn nützlich war. Mit Sicherheit können wir jedoch sagen, dass die Ereignisse der vergangenen Jahre, vor allem der Irakkrieg, Reagans Zusicherungen widerlegt haben – mit verhängnisvollen Folgen.

Die Illusionen über militärische Macht, die zuerst von Reagan genährt wurden, überdauerten seine Präsidentschaft. Eindeutige globale militärische Überlegenheit wurde zu einem dauerhaften Ziel; für das Pentagon galt alles, was hinter einer unzweifelhaften Überlegenheit zurückblieb, nun als gefährlich unzureichend. Der Glaube, dass Spitzentechnologie bislang ungeahnte militärische Optionen ermöglichen würde, war in den neunziger Jahren vom Himmel auf die Erde herabgestiegen.

Die Grundlage eines neuen Konsenses zur nationalen Sicherheit war nun die Überzeugung, dass das amerikanische Militär den Planeten beherrschen könne, so wie Reagan sich vorgenommen hatte, den Weltraum zu beherrschen. Der Glaube, dass ein hochkarätiges Militär, geschickt eingesetzt, die Vereinigten Staaten (die natürlich nur edle Absichten verfolgten) befähigen könne, die Welt nach ihren Vorstellungen zu organisieren, war in Washington faktisch zu einer unumstößlichen Gewissheit geworden. Reagans Vermächtnis besteht letztlich in dieser fatalen Zuversicht – und nicht in irgendwelchen konservativen Idealen, deretwegen man ihn nachträglich verehrt.

Den Sprung wagen

Vom Talmiglanz der Reagan-Jahre dürftig verdeckt, ging es mit der Wirtschaft der Vereinigten Staaten weiter bergab. Ungeachtet der Versprechen des Präsidenten, die Energieunabhängigkeit wiederherzustellen, stiegen die Ölimporte rapide an. Am Ende seiner Präsidentschaft stammten 41 Prozent des verbrauchten Öls aus dem Ausland. Während seiner ersten Amtszeit kam es durch die wachsende Nachfrage nach chinesischen Waren erstmals zu einer negativen Handelsbilanz mit diesem Land. Gleichzeitig nahm Washington – und das amerikanische Volk insgesamt – seine Zuflucht zur Kreditaufnahme. Dank des Wirtschaftswachstums in den siebziger Jahren hatten die Vereinigten Staaten den Anteil der – überwiegend während des Zweiten Weltkrieges aufgehäuften – Staatsschulden am Bruttosozialprodukt reduzieren können. Am Beginn der Reagan-Präsidentschaft beliefen sie sich auf relativ bescheidene 31,5 Prozent am BSP – der niedrigste Stand seit 1931. Dieser Trend wurde durch Reagans gewaltige Defizite umgekehrt.

Die Vereinigten Staaten hatten sich lange Zeit etwas auf ihren Status als Gläubigernation zugutegehalten und darin ein Symbol wirtschaftlicher Stärke gesehen. Auch das endete in der Reagan-Ära. Die internationale Nettoanlagenposition der Vereinigten Staaten wurde 1986 negativ; amerikanische Anlagen in der Hand von Ausländern überstiegen die Summe der Anlagen von Amerikanern im Ausland. Dieses Ungleichgewicht ist danach immer weiter gewachsen.[24] Während die Schulden der Vereinigten Staaten in die Billionen gingen, schwand bei den Bürgern die Neigung zu sparen. In der Nachkriegszeit hatten sich die persönlichen Ersparnisse durchweg auf stabile acht bis zehn Prozent des verfügbaren Einkommens belaufen. 1985 begann diese Zahl nach und nach auf null zu sinken.[25] Gleichzeitig wuchs die Verschuldung der Verbraucher, und am Ende des vorigen Jahrhunderts überstieg die Haushaltsverschuldung die Haushaltseinkommen.[26]

Die Verschwendungssucht der Amerikaner während der achtziger Jahre wirkte sich stark auf die Außenpolitik aus. Der Effekt zeigte sich in zweierlei Form. Auf der einen Seite trug Reagans Bereitschaft zu unbegrenzten Ausgaben dazu bei, den Kalten Krieg friedlich zu beenden. Auf der anderen Seite verstrickte die von Reagan geförderte Neigung der Amerikaner zu demonstrativem Konsum die Vereinigten Staaten immer tiefer in die Probleme der islamischen Welt – sie bürdete einem hochverschuldeten und energieabhängigen Land Verpflichtungen auf, die es weder abschütteln noch dauerhaft erfüllen konnte. Mit gewaltigen Ausgaben für ein Arsenal von Hightech-Waffen brachte Reagan den Kreml zu der Einsicht, dass die Sowjetunion nicht mehr mit dem Westen Schritt zu halten vermochte. Er tat jedoch nichts, um die Abhängigkeit von ausländischem Öl zu verringern, und stellte dadurch eine Falle, in die seine Nachfolger hineinstolpern sollten. Wenn Reagan für das Erstere Beifall verdient, muss er auch für das Letztere verantwortlich gemacht werden.

Daraus darf man jedoch nicht schließen, dass es zwei Reagans gegeben hat – einen weitsichtigen Staatsmann, der den Kalten Krieg gewann, und einen Tölpel, der die Beziehungen der Vereinigten Staaten zur islamischen Welt verpfuschte. Der Kalte Krieg und die erweiterte Nahostregion waren keine getrennten Politikbereiche – sie hingen vielmehr, wenn auch auf vertrackte Weise, eng miteinander zusammen. Norman Podhoretz und andere Neokonservative haben den Kalten Krieg und den »Globalen Krieg gegen den Terror« als Nachfolger des Ersten und des Zweiten Weltkrieges bezeichnet. Wenn man in diesem Bild bleiben will, kann man sagen, dass die Anstrengungen, die in der Reagan-Ära unternommen wurden, um den »Dritten Weltkrieg« zu gewinnen, ungewollt den Weg für den »Vierten Weltkrieg« bereiteten, dabei aber die Vereinigten Staaten in einer merklich schwächeren Kampfposition zurückließen.

Der Zusammenhang zwischen dem »Dritten« und dem »Vierten Weltkrieg« wird deutlich, wenn man sich an Reagans Politik gegenüber Afghanistan und dem Irak erinnert – die eine ein scheinbar glänzender Erfolg, der sich innerhalb von zehn Jahren in einen Morast verwandelte, die zweite ein zynischer Schachzug, der fehlschlug und eine Folge von Ereignissen auslöste, die in eine ungeheure Katastrophe mündete.

Der Untersuchungsausschuss zu den Terroranschlägen am 11. September (National Commission on Terrorist Attacks upon the United States) hält in seinem Abschlussbericht fest: »Ein zehnjähriger Konflikt in Afghanistan, von 1979 bis 1989, verschaffte islamistischen Extremisten einen Sammel- und Übungsplatz.«[27] Die Kommission untertreibt. In Afghanistan hatten es Dschihad-Krieger mit einer Supermacht, der Sowjetunion, aufgenommen und gesiegt. Das Selbstvertrauen und der Ehrgeiz dieser Kräfte, deren Kampf überwiegend vom amerikanischen Steuerzahler finanziert wurde, nahmen dadurch gewaltig zu.

Die Milliarden, die Reagan ausgab, um die afghanischen Mudschaheddin mit Waffen, Munition und sonstigen Dingen zu unterstützen, waren nichts im Vergleich zu den 1,2 Billionen Dollar, die er für die Modernisierung der amerikanischen Streitkräfte aufwendete. Doch die amerikanische Politik in Afghanistan während der achtziger Jahre veranschaulichte die Reagan-Doktrin in ihrer reinsten Form. Reagans Bewunderer sahen in ihr sein Meisterstück: einen kühnen und gelungenen Versuch, das sowjetische Imperium zurückzudrängen. Die Heldentaten des afghanischen »Widerstands« entflammten die Phantasie des Präsidenten, und er bot den Dschihad-Partisanen begeistert unbegrenzte Unterstützung an. Er erklärte den 21. März 1982 zum »Afghanistan-Tag« und verkündete bei dieser Gelegenheit: »Die Freiheitskämpfer von Afghanistan verteidigen Prinzipien der Unabhängigkeit und Freiheit, welche die Grundlage der weltweiten Sicherheit und Stabilität bilden.«[28]

Tatsächlich waren diese »Freiheitskämpfer« an weltweiter Sicherheit und Stabilität überhaupt nicht interessiert. Reagans Darstellung ihrer Ziele stellte die Wahrheit auf den Kopf, wie sich kurz darauf zeigen sollte. Kaum waren die Sowjets aus Afghanistan abgezogen, kam es zu einem brutalen Bürgerkrieg, aus dem die Islamisten – die Taliban – siegreich hervorgingen, und die boten wiederum al-Qaida Unterschlupf. Im von den Taliban beherrschten Afghanistan plante Osama bin Laden seinen heiligen Krieg gegen die Vereinigten Staaten. Nach den

Anschlägen vom 11. September 2001 entdeckten die USA Afghanistan wieder, stürzten die Herrschaft der Taliban und blieben im Lande, um einen mit dem Westen verbündeten Staat zu schaffen. Nur zwölf Jahre nachdem der Kreml das Handtuch geworfen hatte, befanden sich die amerikanischen Soldaten in einer ähnlichen Lage wie die sowjetischen Truppen in den achtziger Jahren – als Außenseiter, die einer widerspenstigen Bevölkerung, deren Abneigung gegen fremde Besatzer geradezu pathologisch war, eine politische Ordnung aufzuzwingen versuchten.

Solange Afghanistan nur zur Peripherie des sowjetischen Einflussbereichs gehörte, stellte es keine Gefahr für die Vereinigten Staaten dar – ebenso wenig wie die fünf zentralasiatischen Sowjetrepubliken, die nördlich von Afghanistan einen Halbmond bildeten, vor 1980 vom Pentagon (oder vom amerikanischen Bewusstsein) als strategische Prioritäten wahrgenommen wurden. Das alles begann sich zu ändern, als die Sowjets 1989 aus Afghanistan vertrieben wurden und zwei Jahre später die Sowjetunion selbst zusammenbrach. Nach den in Afghanistan geplanten Anschlägen vom 11. September »wurde Zentralasien für die Vereinigten Staaten plötzlich zu einer wertvollen Immobilie«.[29] In einer Art umgekehrter Dominotheorie wuchs mit der Wichtigkeit, die jetzt Afghanistan zugeschrieben wurde, die Bedeutung der ganzen Region. Nach dem September 2001 begannen amerikanische Politiker und Analytiker Wörter wie *strategisch*, *wichtig* und *ausschlaggebend* zu benutzen, wenn von Zentralasien die Rede war. Hier war ein weiteres gewaltiges Gebiet, wo es nun amerikanische Interessen zu verteidigen galt. Die Wellen, die Reagan mit seiner Afghanistanpolitik erzeugt hatte, breiteten sich also weiter aus.

Abgelenkt durch den »großen Krieg« im Irak und den »kleineren Krieg« in Afghanistan, haben die Amerikaner dieser Geschichte erstaunlich wenig Aufmerksamkeit geschenkt. Dabei wird an der Entwicklung der Militärpolitik in Bezug auf die

»-stans« der ehemaligen Sowjetunion deutlich, wie eine außenpolitische Tradition des reflexartigen Expansionismus fortleben kann, obwohl sie ihren Sinn längst verloren hat.

In den Clinton-Jahren zeigte das Pentagon bereits Interesse an Zentralasien, indem es in den ehemaligen Sowjetrepubliken »Übungen zur Friedenssicherung« durchführte und Austauschprogramme zwischen den Streitkräften schuf. Im Jahr 2001 intensivierte die Bush-Regierung im Zusammenhang mit dem amerikanischen Einmarsch in Afghanistan ihre Bemühungen, die Machtstellung Amerikas in Zentralasien zu sichern.

Die Unternehmungen des Pentagon in der Region laufen noch immer unter dem offiziellen Titel *Engagement.* Diese nichtssagende Bezeichnung umfasst eine Fülle von Aktivitäten, zu denen seit 2001 regelmäßige Schulungsprogramme, Manöver und Planspiele gehören, ferner routinemäßige Besuche von höheren Offizieren und Zivilisten des Verteidigungsministeriums und großzügige Subventionen für die Ausbildung und Ausrüstung örtlicher Streitkräfte unter dem Motto »Sicherheitsunterstützung«. Das »Engagement« soll vor allem den amerikanischen Einfluss auf die regionalen Sicherheitsdienste stärken, den US-Streitkräften den Zugang zur Region erleichtern und dadurch die Grundlage für künftige Interventionen schaffen. Im Hinblick darauf hat das Pentagon Überflugrechte ausgehandelt und sich die Erlaubnis zur Nutzung örtlicher Einrichtungen in mehreren zentralasiatischen Republiken gesichert. Im kirgisischen Manas unterhalten die Vereinigten Staaten einen im Dezember 2001 geschaffenen ständigen Flugzeugstützpunkt.

An der amerikanischen Militärpräsenz in Zentralasien wird laufend gearbeitet. Sie hatte neben Erfolgen auch Rückschläge zu verzeichnen, darunter den Rauswurf aus Usbekistan. Die Debatte der Analytiker über die nächsten Schritte ist höchst aufschlussreich. Über die optimale Größe des amerikanischen »Fußabdrucks« in der Region mag es unterschiedliche Meinungen geben, doch es herrscht in Washington nach wie vor Einigkeit darüber, dass eine langfristige Präsenz wichtig ist. Beobachter diskutieren über die relativen Vorteile von ständigen Stützpunkten gegenüber solchen, die nur bei Bedarf aktiviert werden; aber die Fähigkeit der US-Streitkräfte, in der ganzen Region zu operieren, wird als selbstverständlich vorausgesetzt.

Das alles haben wir schon einmal erlebt. Nachdem die USA 1889 Kuba befreit und in ein Protektorat verwandelt hatten, gingen sie daran, die gesamte Karibik in einen »amerikanischen Binnensee« umzuwandeln. So wie führende amerikanische Politiker vor hundert Jahren ihre Sorge um das Wohlergehen der Haitianer, Dominikaner und Nicaraguaner zum Ausdruck brachten, so betonen führende amerikanische Politiker heute ihren Einsatz für »Wirtschaftsreformen, demokratische Reformen und Menschenrechte« in Zentralasien.[30]

Aber das ist nur Tarnung. In Wahrheit geht es den Vereinigten Staaten darum, diese Region in die Pax Americana einzubeziehen. Doch während die Expansion in die Karibik vor hundert Jahren sich wirtschaftlich ausgezahlt und die Sicherheit Amerikas erhöht hat, sind vergleichbare Vorteile bei dem »Engagement« in Zentralasien kaum zu erwarten. Es wird weit mehr kosten, als es jemals einbringen wird.

Die afghanischen Warlords und Aufständischen mag man heute wohl nicht mehr als »Freiheitskämpfer« bezeichnen, doch tatsächlich kämpfen die US- und NATO-Truppen in Afghanistan heute überwiegend gegen die Nachkommen der Dschihad-Krieger, die Reagan in den achtziger Jahren so freigebig unterstützte. Weil die Amerikaner die Geschichte gern in einen Abschnitt vor dem 11. September und einen nach dem 11. September einteilen, bemerken sie nicht, dass das alles eine Folge der Zusammenarbeit von Ronald Reagan mit den Mudschaheddin ist. Selten hat eine scheinbar erfolgreiche Partnerschaft so rasch giftige Früchte getragen. Die Folgen der Befreiung Afghanistans

1989 bestätigen den allgemeingültigen Charakter der Weltsicht Reinhold Niebuhrs. Zur Situation in Afghanistan nach dem Rückzug der Sowjets passt die Beobachtung, die er vor langer Zeit formulierte: »Es zeigte sich, dass die Wege des Fortschritts … verschlungener und unvorhersehbarer sind, als die vermeintlichen Lenker der Geschichte zu erkennen vermochten.«[31]

Am Persischen Golf zeigte sich Reagans Verschwendungssucht in anderer Form. In einer bislang beispiellosen Weise führte Reagan die Vereinigten Staaten am Persischen Golf ins Verderben. Die Geschichte wird in erster Linie George W. Bush für den verheerenden Irakkrieg von 2003 verantwortlich machen. Wenn dieser Krieg aber einen Paten hatte, dann war es Ronald Reagan.

Auf quantitative Lösungen fixiert, stellte Reagan nie die Ansicht infrage, dass der *American way of life* immer größere Mengen von Energie erfordert, insbesondere Erdöl. Weil die Befriedigung des amerikanischen Bedarfs durch Steigerung der inländischen Ölförderung nie etwas anderes war als eine Fata Morgana, ersann Reagan Mittel, welche die mit der Abhängigkeit verbundenen Risiken verringern sollten. Um zu verhindern, dass die Ölschocks von 1973 und 1979 sich jemals wiederholen würden, leitete er Bestrebungen ein, die amerikanische Vorherrschaft über den Persischen Golf sicherzustellen. Eine stark aufgebauschte, tatsächlich aber schwindende sowjetische Bedrohung lieferte Reagan die Begründung für die Aufrüstung der achtziger Jahre. Doch ironischerweise wurde die glänzende Armee, die Reagan zu schaffen half, schließlich nicht eingesetzt, um den Westen gegen den Totalitarismus zu verteidigen, sondern bei dem vergeblichen Versuch, am Persischen Golf ein amerikanisches Imperium zu errichten.

Es ginge zu weit, Reagan als Vater einer regelrechten Strategie für den Persischen Golf zu bezeichnen. Tatsächlich führte die unmittelbare Reaktion seiner Regierung auf die verschiedenen Krisen in der Region zu einem heillosen Durcheinander. Bei einem Einsatz im Libanon, für den es bis heute keine schlüssige Erklärung gibt, kamen 1983 214 Marinesoldaten ums Leben. Nachdem ein Selbstmordattentäter einen mit Sprengstoff beladenen Lkw in das Hauptquartier der Marines gesteuert und dieses zum Einsturz gebracht hatte, zog Reagan die US-Truppen so überstürzt aus Beirut ab, dass sich die Frage stellte, weshalb man sie eigentlich dorthin geschickt hatte.

Dabei erscheint Reagans gescheiterte Intervention im Libanon noch vergleichsweise logisch, wenn man seine vollkommen widersprüchliche Politik gegenüber dem Iran und dem Irak betrachtet. Saddam Hussein löste mit dem Angriff auf den Iran einen grausamen Krieg aus, der sich über die gesamte Präsidentschaft Reagans hinzog. Als ein Sieg der islamischen Republik immer wahrscheinlicher wurde, »neigte sich« Reagan bekanntlich dem Irak zu und versorgte ihn mit nachrichtendienstlichen Informationen, Kreditgarantien und anderen Unterstützungsmaßnahmen – wobei er vor Saddams Verbrechen die Augen verschloss. Doch trotz der amerikanischen Unterstützung konnte Saddam den Iran nicht niederringen – sie verlängerte nur den Krieg. Etwa zur gleichen Zeit lieferten Mitarbeiter des Weißen Hauses im Rahmen der sogenannten Iran-Contra-Affäre heimlich und illegal Waffen an Saddams Feinde, die im Iran herrschenden Ajatollahs, die man sonst als eine schlimme Bedrohung für die nationale Sicherheit Amerikas betrachtete.

Diese Missgeschicke zogen schließlich die allgemeine Aufmerksamkeit auf sich, lenkten aber nur davon ab, dass sich die Stoßrichtung von Reagans Politik am Persischen Golf geändert hatte. Hinter den offiziellen Verlautbarungen verbarg sich eine strategische Neuorientierung: Während der achtziger Jahre begann das Pentagon, sich für groß angelegte und langfristige militärische Operationen in der Region zu rüsten.

Diese Neuorientierung setzte eigentlich schon in der Endphase der Regierung Carter ein – mit der öffentlichen Erklärung des Präsidenten, die Kontrolle über den Persischen Golf sei von vitalem Interesse für die USA. Seit der Tonkin-Resolution hat es keine politische Grundsatzerklärung mehr gegeben, die größeren Schaden angerichtet hätte. Für Reagan und alle seine Nachfolger blieb die Carter-Doktrin sakrosankt: Nie wurde sie infrage gestellt oder einer Revision unterzogen. Seit fast dreißig Jahren liefert sie die übergreifende Rechtfertigung der ständig wachsenden militärischen Aktivitäten am Persischen Golf.

Dabei besaßen die amerikanischen Streitkräfte im Januar 1981, als Reagan Carter ablöste, nur die allerrudimentärste Fähigkeit, am Golf zu intervenieren. Als er acht Jahre später aus dem Amt schied, waren die Vereinigten Staaten in der Lage, ihre klare militärische Überlegenheit in der Region zur Geltung zu bringen. Das zeigte sich in Planspielen und Manövern. Man hatte neue Kommandostrukturen geschaffen, die notwendige Infrastruktur aufgebaut, Rüstungsdepots angelegt, Stützpunkte errichtet und sich Überflugrechte gesichert.[32] Vor 1981 lag der Persische Golf in der Rangordnung der strategischen Prioritäten des Pentagons hinter Westeuropa und Nordostasien. 1989 hatte er gleichgezogen. Kurz darauf erhielt er oberste Priorität.

Die von Reagan durchgeführte strategische Neuorientierung stärkte den Glauben, dank militärischer Macht lasse sich Amerikas verschwenderischer Energieverbrauch endlos fortsetzen. Die Vereinigten Staaten würden sich, einfach ausgedrückt, auf ihr militärisches Potenzial stützen, um die Ordnung am Golf aufrechtzuerhalten und eine stetige Versorgung mit Öl zu sichern. Man glaubte, auf diese Weise ließen sich die Folgen der Energieabhängigkeit mildern. Als Reagan aus dem Amt schied, war dies zur Grundlage der nationalen Sicherheitsstrategie in der Region geworden.

Reagan selbst hatte diese neue Strategie einem gewissen Probelauf ausgesetzt. Die amerikanische Beteiligung am sogenannten Tankerkrieg – heute nahezu vergessen – war ein Vorbote der kommenden Ereignisse. Als flankierende Maßnahme ihres Abnutzungskrieges hatten Iran und Irak die gegnerische Schifffahrt im Golf unter Beschuss genommen. Bald wurden auch neutrale Schiffe angegriffen, weil beide Länder entschlossen waren, die Ölausfuhr des Gegners zu unterbinden.

Um den Ölfluss aufrechtzuerhalten, verstärkte Reagan die Flottenpräsenz in der Region. In den Gewässern des Golfs wurde es zunehmend eng. Dann schlug im Mai 1987 eine irakische Rakete in die Fregatte USS *Stark* ein und tötete 37 Matrosen. Saddam Hussein bezeichnete den Angriff als ein Versehen und entschuldigte sich. Reagan nahm seine Erklärung großmütig entgegen und machte den Iran für die Eskalation der Gewalt verantwortlich.

Noch im selben Jahr billigte Washington ein Ersuchen Kuwaits, die US-Marine möge seine Tankerflotte schützen. Als die im Geleitschutz eingesetzte USS *Samuel B. Roberts* im April 1988 auf eine iranische Mine lief und schwer beschädigt wurde, erhöhte Reagan den Einsatz. Jetzt begannen amerikanische Streitkräfte mit Angriffen auf iranische Kriegsschiffe, Marineanlagen und Ölbohrplattformen, die für militärische Operationen genutzt wurden. Bald darauf stellte der Iran seine Marineoperationen im Golf ein – allerdings erst nachdem ein amerikanisches Kriegsschiff versehentlich ein iranisches Zivilflugzeug abgeschossen hatte, wobei fast dreihundert Zivilisten ums Leben kamen.

Die Regierung Reagan beglückwünschte sich selbst zu ihrem schönen Sieg. Mit einer relativ bescheidenen »Investition« – die 37 toten Seeleute der *Stark* waren fast ebenso rasch vergessen wie die unglücklichen Passagiere auf dem Iran-Air-Flug 655 – hatten die Vereinigten Staaten scheinbar ihre Fähigkeit bewiesen, die Erdöl-Lebensader der Welt offen zu halten. Doch hinter diesem vermeintlichen Erfolg verbarg sich eine komplexere Realität. Saddam Hussein war von Anfang an der Haupttäter des Tankerkrieges gewesen. Reagans Leistung bestand im Wesentlichen darin, Saddam geholfen zu haben – mit erheblichen moralischen Kosten für die Vereinigten Staaten.

Der eigentliche »Erfolg« des Präsidenten am Persischen Golf bestand darin, dass er eine Anzahlung leistete auf ein Unternehmen, das neben Hunderten Milliarden von Dollars Zehntausende von Menschenleben (viele davon Amerikaner, viele andere nicht) verschlingen sollte. Dies war der Gipfel amerikanischer Verschwendungssucht, zumindest bis heute.

Alle Nachfolger Reagans haben unabhängig von ihrer Weltanschauung oder Parteipräferenz an der inzwischen geheiligten Tradition festgehalten, die Energieabhängigkeit Amerikas zu beklagen. Einen Höhepunkt erreichte dieses Ritual im Jahr 2006, als George W. Bush verkündete: »Amerika ist süchtig nach Öl.« Doch bis zum Ende der Regierung Bush hat keiner von Reagans Nachfolgern etwas Sinnvolles gegen diese Sucht unternommen. Alle haben sie stillschweigend gebilligt und damit im Grunde akzeptiert, dass die Abhängigkeit zu einem integralen Bestandteil des amerikanischen Lebens geworden war. Die drängenden Fragen nach dem Preis dieser Abhängigkeit haben Reagan und alle seine Nachfolger übergangen.

Dass die Amerikaner mit dieser gewohnten Praxis brechen und sich für einen anderen Kurs entscheiden könnten, bleibt auch heute noch eine Option, die kaum ernsthaft erwogen wird. Schließlich hatte George H. W. Bush 1992 erklärt: »Der *American way of life* ist nicht verhandelbar.« Da es nichts zu verhandeln gab, erzeugte die Abhängigkeit eine weitere Abhängigkeit, die neue, bösartige Formen annahm. Um diesen Lebensstil zu bewahren, verließen sich die Nachfolger Reagans bis hin zu George W. Bush in zunehmendem Maße auf militärische Macht. Die unausgesprochene Annahme war, dass der verschwenderische Verbrauch von Energie und Importgütern sich durch verschwenderische Ausgaben für die »Verteidigung« aufrechterhalten lasse, wie die Politiker es euphemistisch nannten. Durch beispiellose militärische Macht würde man den Tag der Abrechnung endlos hinausschieben können – so hoffte man zumindest.

Dank der Großzügigkeit, die Reagan während der achtziger Jahre bei den Militärausgaben walten ließ, gab es unzählige Gelegenheiten, diese These zu erproben. Erst Bush senior, dann Bill Clinton und schließlich Bush junior nutzten diese Gelegenheiten – auch wenn es immer schwieriger wurde, die angeblich »defensiven« militärischen Operationen zu rechtfertigen. Entgegen Reagans Beteuerungen war es gegen Ende des 20. Jahrhunderts eine Tatsache, dass die Vereinigten Staaten »Kämpfe begannen« – und sie schienen auf dem besten Wege zu sein, daraus so etwas wie einen Nationalsport zu machen.

Als George Bush senior im Januar 1989 Reagan ablöste, hatte die Nützlichkeit Saddam Husseins für die Vereinigten Staaten bereits nachgelassen. Als Saddam seine Armee im August 1990 nach Kuwait schickte, um die Ölressourcen dieses Landes an sich zu reißen, büßte er den geringen Wert ein, den er in den Augen Washingtons noch besaß.

Die Folge war die »Operation Desert Storm«. Seit Commodore George Deweys Geschwader 1898 die in der Bucht von Manila ankernde spanische Flotte vernichtete, hat es für amerikanische Streitkräfte keinen ähnlichen, scheinbar historischen Sieg mit derart magerem Ergebnis gegeben.

Deweys umjubelter Triumph trug ihm vergänglichen Ruhm ein, bewirkte sonst aber kaum etwas – abgesehen davon, dass er den USA den Weg zur Annexion der Philippinen ebnete, ein strategischer Schnitzer erster Ordnung. Mit dem Sieg in der »Mutter aller Schlachten« wiederholte General H. Norman Schwarzkopf, der »Wüstensturm«-Kommandeur, Deweys Erfolg. Auch er erntete kurzlebigen Ruhm. Bei genauerer Betrachtung zeigte sich jedoch, dass seine Großtat längst nicht so glanzvoll war, wie behauptet wurde. Die »Operation Desert Storm« hätte eine gezielte Demonstration militärischer Überlegenheit sein können – nach dem Motto: »Zeigt ihnen, wer das Sagen hat.« Stattdessen führte sie nur zu neuen Verwicklungen und Verpflichtungen.

Eine Folge des »Sieges« war eine problematische, dauerhafte, ausgedehnte Militärpräsenz der USA am Persischen Golf, die dafür sorgen sollte, Saddam in Schach zu halten und die Verbündeten in der Region zu beruhigen. Vor der »Operation Desert Storm« hatten die Vereinigten Staaten kaum Truppen in der Golfregion stationiert: Sie hatten es vorgezogen, ihre Kräfte »hinter dem Horizont« zu halten. Nach dem »Wüstensturm« wurden die Vereinigten Staaten zu einer Besatzungsmacht, zumindest in den Augen vieler Muslime. Die Anwesenheit von US-Truppen in Saudi-Arabien, dem Hort der heiligsten Stätten des Islam, rief große Bestürzung hervor. Es zeigte sich, dass Schwarzkopfs Sieg – wie schon der von Commodore Dewey – weder so eindeutig noch so billig errungen war, wie man anfangs glaubte. Nach außen hin schien die amerikanische Position nach der »Operation Desert Storm« unangreifbar zu sein. Tatsächlich war sie prekär.

Dies war die Lage, die Präsident Bill Clinton im Januar 1993 antraf. Unter den letzten Präsidenten war er der Einzige, der zumindest gelegentlich einen ausgeglichenen Bundeshaushalt vorlegen konnte. Doch in seiner Begeisterung für die Globalisierung verschärfte der zweiundvierzigste Präsident die tieferen Widersprüche der amerikanischen Wirtschaft. Während der Clinton-Ära stiegen die Ölimporte um über fünfzig Prozent.[33] Das Leistungsbilanzdefizit vervierfachte sich nahezu.[34] Die Staatsverschuldung wuchs um 1,5 Billionen Dollar.[35] Doch für derlei Dinge interessierte sich in den hippen Jahren der Dotcom-Blase kaum ein Amerikaner.

Am Persischen Golf nahmen Clintons Bemühungen um eine Verstärkung der amerikanischen Hegemonie die Form eines »*dual containment*« an – einer Eindämmung sowohl des Iran als auch des Irak. Im Hinblick auf den Iran bedeutete das, die islamische Republik diplomatisch und wirtschaftlich noch mehr zu isolieren, um sie am Wiederaufbau ihrer dezimierten Streitkräfte zu hindern. Im Hinblick auf den Irak Saddam Husseins bedeutete es praktisch das Gleiche – hinzu kamen aber noch scharfe UN-Sanktionen und ein Programm militärischer Schikanen.

In seinem ersten Regierungsjahr entwickelte Clinton einen erstaunlichen Hang zum Bombardieren – und aufgrund des demütigenden Scheiterns in Somalia mit dem anschließenden Rückzug (»*Black Hawk Down*«) eine ebenso starke Abneigung gegen den Einsatz von Bodentruppen. Seinen Hang zum Einsatz der Luftwaffe konnte Clinton besonders im Irak ausleben, den er regelmäßig mit Präzisionslenkbomben und Marschflugkörpern angriff. Mit dem Waffenstillstand, der die »Operation Desert Storm« im Februar 1991 beendete, war der Golfkrieg nämlich noch nicht zu Ende. Nach einer kurzen Pause wurden die Feindseligkeiten wieder aufgenommen. Immer häufiger führten die Vereinigten Staaten ohne Anlass Strafaktionen in Form von Luftschlägen durch.

Hielt Clinton sich beim Einsatz amerikanischer Soldaten zurück, so setzte er Fernwaffen ungehemmt ein. Während seiner Präsidentschaft führten Marine und Luftwaffe zig Tausende von Einsätzen im irakischen Luftraum durch, warfen Tausende von Bomben ab und starteten Hunderte von Marschflugkörpern. Dieses Feuerwerk kostspieliger Waffen legte vereinzelt militärische und staatliche Einrichtungen in Schutt und Asche, richtete aber sonst kaum etwas aus. Da die US-Truppen keinerlei Verluste erlitten, interessierte sich kaum ein Amerikaner dafür, was die Waffen kosteten und wo sie landeten. Denn gleichgültig, wie viele Bomben auch abgeworfen wurden, stets waren weitere in einem scheinbar unerschöpflichen Vorrat verfügbar.

Trotz dieser Anstrengungen vermochte Saddam Hussein sich zu halten, obwohl die einzige Supermacht der Welt ihn zum Teufel wünschte. Dies brachte viele in Washington zur Raserei –

Republikaner wie Demokraten, Politiker wie Experten. Die erhitzten Gemüter empfanden Saddams Widerstand als eine existenzielle Bedrohung, sein bloßes Überleben als eine unerträgliche Kränkung.

Die Anti-Saddam-Lobby erreichte 1998, dass der Kongress den »Iraq Liberation Act« beschloss. Dieses »Gesetz zur Befreiung des Irak« erklärte es zur »Politik der Vereinigten Staaten, das Regime Saddam Husseins von der Macht im Irak zu entfernen und durch eine demokratische Regierung zu ersetzen«. Es wurde im Senat einstimmig und im Repräsentantenhaus mit einer Mehrheit von 360 Stimmen bei 38 Nein-Stimmen beschlossen; für die Erreichung dieses Ziels wurde die fürstliche Summe von 100 Millionen Dollar bewilligt. Am 31. Oktober setzte Clinton das Gesetz mit seiner Unterschrift förmlich in Kraft und erklärte, er mache sich die Sache der Freiheit für alle Iraker zu eigen. »Argumente, dass dies wegen der Geschichte des Irak oder seiner ethnischen und religiösen Zusammensetzung unerreichbar sei, weise ich entschieden zurück«, verkündete der Präsident. »Die Iraker verdienen und ersehnen Freiheit wie jeder andere auch.«

Das alles – der willkürliche Luftkrieg ebenso wie das absurde und leichtfertige Gesetz – war bloß Theater. Die Realität am Boden sah anders aus. Ein von der UNO genehmigtes, aber von den Vereinigten Staaten und ihren Verbündeten durchgesetztes Regime erdrückender Sanktionen machte Saddam das Leben schwer und schränkte den Verkauf von irakischem Erdöl ein; aber seine Hauptwirkung bestand darin, dass sich das Elend der irakischen Bevölkerung noch weiter verschlimmerte. In einem Bericht der UNICEF von 1996 hieß es, dass bis zu einer halben Million irakischer Kinder infolge der Sanktionen gestorben waren. Um eine Stellungnahme gebeten, äußerte die US-Botschafterin bei den Vereinten Nationen, Madeleine Albright, keinerlei Zweifel an dieser Zahl. Sie erwiderte vielmehr: »Ich denke, dies ist eine sehr schwere Entscheidung, aber der Preis – wir meinen, dass der Preis es wert ist.«

Zweifellos hat Albright ihre dumme Bemerkung später bedauert. Sie verriet aber etwas Wesentliches über die amerikanische Politik am Persischen Golf zu einer Zeit, da das Vertrauen in die Macht der USA seinen Höhepunkt erreicht hatte. Indem die Vereinigten Staaten der irakischen Bevölkerung große Leiden auferlegten, agierten sie faktisch als Bündnispartner Saddams. Doch die Amerikaner daheim erlebten damals ein Jahrzehnt des Überflusses – die Verbraucher durften sich während der Clinton-Ära über niedrige Benzinpreise freuen und konnten von den billigen asiatischen Importen nicht genug bekommen. Daher war ihnen der Preis, den andere möglicherweise bezahlten, gleichgültig.

Bill Clintons Irakpolitik war sowohl strategisch unsinnig als auch moralisch unhaltbar; sie war ebenso unklug wie John Kennedys Subversions- und Sabotagekampagne gegen Kuba in den sechziger Jahren und ebenso verwerflich wie Richard Nixons illegale Bombenangriffe auf Laos und Kambodscha in den späten Sechzigern und Siebzigern. Doch während diese Aktionen heimlich durchgeführt wurden, spielte sich die US-Politik gegenüber dem Irak in den Neunzigern vor den Augen aller Amerikaner ab. Es wäre grob übertrieben, würde man sagen, dass diese Politik auf begeisterte Zustimmung stieß. Aber nur wenige Amerikaner erhoben entschiedene Einwände – gegen die Bombardements, gegen das Getue im Kongress oder gegen die brutalen Sanktionen. Die große Mehrheit schenkte den Ereignissen kaum Beachtung, stimmte also stillschweigend zu und machte sich dadurch mitschuldig.

Amerikanische Freiheit, irakische Freiheit

Die Kritiker Bill Clintons hatten im Hinblick auf seine Irakpolitik höchstens zu beanstanden, dass die US-Streitkräfte nicht genug Bomben abwarfen. Die militanten Konservativen, auf ihre quantitativen Lösungen fixiert, forderten eine Verschärfung der Gewaltmaßnahmen. Wenn das Überleben Saddams für die amerikanische Hegemonie am Golf einen Affront darstellte, musste Saddam ausgeschaltet werden. Bei den neo-reaganitischen Republikanern war es lange vor dem 11. September zum Glaubensartikel geworden, dass mit der Beseitigung Saddams alles in Ordnung kommen würde. Robert Kagan, ein führender Neokonservativer, drängte im Februar 1998 im *Weekly Standard* auf eine großangelegte Invasion. Die Beseitigung des Regimes der Baath-Partei, so versprach er, werde »den Weg freimachen für einen neuen Irak nach Saddam, von dem man getrost annehmen kann, dass er wohlwollende Absichten verfolgen wird«.[36]

Die Möglichkeit, dass eine militärische Eskalation das Dilemma der Amerikaner am Persischen Golf verschärfen könnte, wurde dagegen kaum in Betracht gezogen. Dass die Bürger der Vereinigten Staaten selbst durch eine Änderung ihres Verhaltens das Dilemma verringern könnten – dass das Heilmittel für ihre Beschwerden bei ihnen und nicht am anderen Ende der Welt liegen könnte –, wurde überhaupt nicht in Betracht gezogen.

Diese Einstellung wurde durch die Ereignisse des 11. September 2001 nur noch verfestigt. Die Falken sahen ihre Überzeugung bestätigt, dass Dominanz am Golf ein kategorischer Imperativ sei. Verteidigungsminister Donald Rumsfeld fasste die herrschende Ansicht im Oktober 2001 treffend zusammen: »Wir haben zwei Optionen. Wenn wir nicht unsere Art zu leben ändern, müssen wir ihre Art zu leben ändern. Wir ziehen das Letztere vor.«[37] Diese Schwarzweißperspektive erscheint uns heute äußerst schlicht, doch zwischen 2002 und 2004 hatte kein Politiker von nationalem Format den Scharfsinn oder den Mut, eine gegenteilige Ansicht zu äußern.[38]

Die Regierung Bush stellte sich also darauf ein, »ihre« Lebensart zu ändern, und als bevorzugtes Mittel dafür betrachtete sie die amerikanischen Streitkräfte. Die Vereinigten Staaten würden, so Bush und seine Chefberater, in erster Linie auf Zwang setzen, um die Kontrolle über den Persischen Golf zu festigen. Vor dem, was sie jetzt für notwendig hielten, war Präsident Bush senior 1991 zurückgeschreckt, nämlich auf Bagdad zu marschieren und das Regime Saddam Husseins zu »enthaupten«. Clinton war in der Folgezeit einer Entscheidung ausgewichen. Jetzt wurden die Samthandschuhe abgestreift – wobei der Irak Saddams das erste, aber keineswegs das letzte Ziel war.

Durch einen Befreiungskrieg wollten die Vereinigten Staaten aus dem Irak »die erste arabische Demokratie« machen, wie es der stellvertretende Verteidigungsminister Paul Wolfowitz formulierte.[39] Doch während sie sich auf eine letzte Machtprobe mit Saddam vorbereiteten, blickten Wolfowitz und andere Regierungsmitglieder bereits über Bagdad hinaus. Für sie war der Irak nur ein vorläufiges Ziel, eine bloße Zwischenstation in einem sehr viel ehrgeizigeren Unternehmen.

Das letzte Ziel dieser Übung war die Veränderung eines großen Teils der islamischen Welt, die sich von Marokko über Pakistan und Zentralasien bis nach Indonesien und zu den südlichen Philippinen erstreckte. Der Journalist Mark Danner hatte es in der *New York Times* vom 9. Oktober 2002 richtig erkannt. Die von der Regierung Bush nach dem 11. September ersonnene Strategie war »allumfassend, visionär [und] evangelikal«. Sie beruhte auf der Annahme, dass der größte Teil der islamischen Welt »erneuert« werden müsse, »um die Übel des Terrors zu besiegen«. Das letzte Ziel dieser Strategie bestand in nichts Geringerem als der »Umgestaltung der Welt« oder zumindest des Gebiets, das die Regierung als erweiterte Nahostregion bezeichnete.[40]

Das war eine imperiale Vision von wahrhaft kolossalem Zuschnitt, würdig des Erbes früherer Verkündigungen, laut denen es die »offenkundige Bestimmung« Amerikas war, »die Welt sicher für die Demokratie zu machen«. Die »Freiheitsagenda« von Präsident Bush baute auf dieser Tradition auf und aktualisierte sie.

Man hätte meinen können, die Verwirklichung einer solchen Vision verlange das langfristige und umfassende Engagement des ganzen Landes. Doch bald nach dem 11. September kehrte das amerikanische Volk zur Tagesordnung zurück – es wurde vom Präsidenten selbst dazu aufgefordert. »Krieg kostet Geld«, hatte Franklin D. Roosevelt seinen Landsleuten nach Pearl Harbor eingeschärft. »Das bedeutet Steuern und Anleihen und Anleihen und Steuern. Es bedeutet den Verzicht auf Luxusgüter und andere nicht lebensnotwendige Dinge.«[41] Als die Regierung Bush ihren »Krieg gegen den Terror« begann, sah sie die Dinge anders. Obwohl die Vereinigten Staaten sich auf einen globalen Konflikt einließen, der vermutlich Jahrzehnte dauern würde, ließ Bush es sich angelegen sein, die Steuern zu senken. Statt die Bürger aufzurufen, ihren Appetit auf Luxusgüter zu zügeln, forderte er sie auf, weiterzumachen, als wäre nichts geschehen. Knapp zwei Wochen nach dem Einsturz des World Trade Center spornte der Präsident seine Mitbürger an: »Nehmen Sie das Flugzeug und machen Sie Ihre Geschäfte. Fliegen Sie zu Amerikas großen Sehenswürdigkeiten. Fliegen Sie hinunter nach Florida und besuchen Sie Disney World.«

Die Ereignisse vom 11. September hatten die Amerikaner für kurze Zeit in ihren Konsumgewohnheiten gestört: Unmittelbar nach dem 11. September strömten die Leute nicht in Scharen zu Disney World in Florida, und die Fluggesellschaften befanden sich am Rande der Pleite. Diese plötzliche Zurückhaltung drohte das Imperium des Konsums zum Einsturz zu bringen. Daher die dringliche Aufforderung des Präsidenten: »Nehmen Sie Ihre

Familie und genießen Sie das Leben, wie man es genießen sollte.« Auf dieses Thema kam Bush immer wieder zurück. Selbst im Dezember 2006, als die Lage im Irak düster aussah, ermahnte der Kriegspräsident seine Landsleute, ihre Gelüste nicht zu zügeln, sondern ihnen nachzugeben. Befriedigt vermerkte er, dass der alljährliche Kaufrausch vor Weihnachten »einen guten Start« hatte. Die Amerikaner müssten sich jedoch noch mehr anstrengen, verlangte er: »Ich fordere Sie alle auf, noch mehr einkaufen zu gehen.«

Früher hatte Krieg immer bedeutet, dass man auf manches verzichten oder zumindest den Gürtel enger schnallen musste. Im Zweiten Weltkrieg hatte die Rationierung ein gewisses Unbehagen hervorgerufen – keinen wirklichen Mangel, aber zumindest wurden die Amerikaner an der Heimatfront täglich daran erinnert, dass das Land sich im Krieg befand. In dem Krieg von Präsident Bush sollte das amerikanische Volk so tun, als existierte der Konflikt gar nicht. Trotz der Behauptungen, sein Kampf werde sich über Generationen hinziehen, erwog der Präsident nie, die Wehrpflicht wieder einzuführen. Ebenso wenig dachte er daran, die Streitkräfte aufzustocken. Damit stand fest, dass die nur aus Freiwilligen bestehenden Streitkräfte die Hauptlast aller Opfer tragen würden. Die Kritiker stellten nur ein kleines Häuflein dar. 99,5 Prozent der Amerikaner stimmten dieser Lastenverteilung bereitwillig zu.

Es war vorhersehbar, dass mit dem Umfang der militärischen Operationen besonders nach dem Einmarsch in den Irak im März 2003 auch die Militärausgaben stiegen. Während der Bush-Jahre wuchs das jährliche Budget des Pentagons auf mehr als das Doppelte an und erreichte im Jahr 2008 700 Milliarden Dollar. Im Unterschied zur »Operation Desert Storm«, bei der Deutschland, Japan und befreundete Golfstaaten Dutzende Milliarden Dollar zahlten, um die Kosten der US-Operationen zu decken, musste Washington diesmal ganz allein für den Krieg aufkommen.

Nicht ganz so vorhersehbar, aber auch nicht überraschend stiegen in den Jahren nach den 11. September auch die Ausgaben im Sozialbereich. Vom Kongress angestiftet, führte die Regierung Bush einen Krieg unter dem Motto »Kanonen *und* Butter«, mit enormen Ausgabensteigerungen für Medicare und Sozialversicherung. Der Bundeshaushalt geriet wieder in die roten Zahlen, aus denen er nicht mehr herauskam.

Im Namen der Erhaltung des *American way of life* schworen Präsident Bush und seine Helfer das Land auf ein atemberaubend ehrgeiziges Projekt ein: die nahezu unumschränkte Vorherrschaft in der Welt. Eine mindestens bis zu Jefferson zurückreichende Tradition umstoßend, gedachten sie, zur Förderung der Sache der amerikanischen Freiheit die Macht der USA auszuweiten. Freiheit setzte Wohlstand voraus. Wohlstand erforderte scheinbar den Zugang zu großen Mengen billigen Öls. Um den Zugang zu diesem Öl zu sichern, mussten die Vereinigten Staaten zweifelsfrei klarstellen, wer am Persischen Golf das Sagen hatte. Das hieß, Ölkriege zu führen.

Doch diese seit mindestens zwei Generationen auf einer Ethik von Selbstbefriedigung und Verschwendung beruhende Lebensweise reduzierte drastisch die Mittel, die für ein solch umfassendes imperiales Unternehmen zur Verfügung standen. Von Präsident Bush ermuntert, sich ihren persönlichen Prioritäten zu widmen, rückten die Amerikaner umgehend von dem Krieg ab, den er begonnen hatte. Statt sich auch nur marginal zu engagieren, verharrten die meisten in einer Zuschauerrolle. Bush und andere Mitglieder seiner Regierung erklärten wiederholt, die Vereinigten Staaten seien eine »Nation im Krieg«. Washington mag geglaubt haben, sich im Krieg zu befinden – die Nation tat es mit Sicherheit nicht.

Während die Soldaten kämpften, widmete sich das Volk dem Konsum. Da die Vereinigten Staaten weniger als drei Prozent der bekannten Ölvorkommen der Welt besitzen und die Amerikaner ein Viertel des weltweit geförderten Erdöls verbrennen, erreichte der Anteil der Importe am täglichen Bedarf 60 Prozent, und er stieg weiter.[42] Die persönliche Sparquote sank und sank, bis sie 2005 auf unter null fiel und dort blieb. Die Amerikaner insgesamt gaben jetzt mehr aus, als sie verdienten.[43] Das jährliche Handelsbilanzdefizit erreichte im Jahr 2006 kolossale 818 Milliarden Dollar.[44] Im Jahr darauf überstieg die Gesamtverschuldung neun Billionen Dollar, fast 70 Prozent des Bruttosozialprodukts.[45]

Viele Amerikaner genossen das Leben tatsächlich »so, wie man es genießen sollte« – zumindest so, wie man Genuss in den ersten Jahren des 21. Jahrhunderts definiert hatte. Im Februar 2006 stellte ein Artikel im *New York Times Magazine* die provokative Frage: »Ist Freiheit nur ein anderes Wort dafür, sich viele Dinge zu kaufen?«[46] Zig Millionen Amerikaner beantworteten die Frage durch ihr Verhalten mit Ja – nach dem 11. September ebenso wie davor.

Angesichts des Ausmaßes, in dem die Konsumneigung zum Motor der globalen Wirtschaft geworden war, begrüßte die Regierung Bush den Hang des Normalbürgers, den Krieg zu ignorieren und wieder ins Einkaufszentrum zu gehen. Nachdem der Irakkrieg jedoch gezeigt hatte, dass »Schock und Einschüchterung« nicht die gewünschte Wirkung erzielten, war nicht ersichtlich, auf welche Weise das Imperium des Konsums in ein Imperium der globalen Befreiung verwandelt werden sollte. Die Zahl der jungen Männer und Frauen, die nach dem 11. September zu den Fahnen eilten, blieb sehr begrenzt. Eltern waren nicht gerade erpicht darauf, ihre Söhne und Töchter für Bushs Krieg zu opfern. Ungeachtet der Schrecken des 11. September vertraten die meisten Amerikaner einen Patriotismus mit beschränkter Haftung: Man griff lieber zu Autoaufklebern, als einen Rucksack zu schultern.

Hätte die Regierung im Irak einen raschen Sieg erzielt, hätte sie vielleicht die Krise der Verschwendungssucht eine Zeit lang ausgetrickst. Doch der Krieg folgte, gelinde gesagt, nicht dem dafür vorgesehenen Drehbuch.

Zwischen dem 28. April 2003 und dem 22. Februar 2006 geriet die Lage im Irak aus den Fugen. In diesem Zeitraum wurden die negativen außenpolitischen Folgen der amerikanischen Verschwendungssucht unübersehbar deutlich. Am erstgenannten Datum schossen nervöse amerikanische Soldaten in Falludscha in eine Menge von Demonstranten und töteten dabei über ein Dutzend Iraker. Wenn der Aufstand einen Auslöser hatte, dann war es dieses Ereignis. Am letztgenannten Datum sprengten Terroristen die Goldene Moschee in Samarra und lösten einen bereits schwelenden Bürgerkrieg zwischen Sunniten und Schiiten aus. Vor dem Zwischenfall in Falludscha konnte die Regierung sich noch einreden, dass ihre Großstrategie nach wie vor plausibel sei. Sogar noch einen Monat später prahlten arrogante Sprecher des Weißen Hauses: »Nach Bagdad gehen kann jeder. Echte Männer gehen nach Teheran.« Nach dem Bombenanschlag in Samarra waren solche Phantastereien widerlegt. Echte Männer hatten sich mittlerweile in der schwer befestigten Grünen Zone von Bagdad verschanzt.

Je mehr sich die Lage im Irak verschlimmerte, desto deutlicher wurde die Kluft zwischen Anspruch und Fähigkeit. Eine einzige Generation, geprägt von Verschwendungssucht, hatte den strategischen Bankrott herbeigeführt. Die Regierung hatte darauf gesetzt, dass die qualitative Überlegenheit der US-Truppen ihre begrenzte Zahl wettmachen würde. Nur spielte dabei der Feind nicht mit.

Die Vereinigten Staaten sind zwar ein reiches Land mit über 300 Millionen Einwohnern, doch alle Versuche, die Lücke zwischen Mitteln und Zwecken zu schließen, fruchteten wenig. Das war im Februar 2005 so offenkundig, dass der Kolumnist Max Boot in der *Los Angeles Times* vorschlug, die Armee sollte »von

Budapest bis Bangkok, von Kapstadt bis Kairo, von Montreal bis Mexiko-Stadt Anwerbestellen einrichten«. Boots Anregung, die Regierung Bush möge eine »Freiheitslegion« aus ausländischen Söldnern aufstellen, machte ungewollt die Schwere des Problems deutlich.[47] Wenn das Pentagon die Straßen von Kapstadt und Kairo durchkämmen musste, um seine Reihen aufzufüllen, war die Lage wirklich schlimm.

Den Vereinigten Staaten fehlten die Soldaten, und es mangelte ihnen an Geld. Je länger sich die Kriege im Irak und in Afghanistan hinzogen, desto kostspieliger wurden sie. Im Jahr 2007 verbrauchte das US-Kommando in Bagdad zur Aufrechterhaltung seiner Operationen wöchentlich drei Milliarden Dollar. Im selben Jahr überstiegen die Gesamtkosten des Irakkrieges die 500-Milliarden-Marke, und einige schätzen schon, dass die Schlussrechnung sich auf mindestens zwei Billionen Dollar belaufen könnte.[48]

Obwohl diese Zahlen allgemein verbreitet wurden, zeitigten sie in Washington fast keine politische Wirkung – ein Zeichen dafür, wie tief die Verschwendungssucht mittlerweile verwurzelt ist. Der Kongress reagierte auf Haushaltsdefizite nicht etwa mit der Kürzung von Ausgaben oder der Erhöhung von Einnahmen, sondern mit der heimlichen und wiederholten Anhebung der Schuldenobergrenze – zwischen 2002 und 2006 stieg sie um 3,015 Billionen Dollar.[49] Die Begleichung der Rechnungen überließ man künftigen Generationen.

All diese roten Zahlen führten zu ängstlichen Spekulationen über einen zu erwartenden wirtschaftlichen Zusammenbruch, dessen Schwere mit der Weltwirtschaftskrise von 1929 zu vergleichen wäre.[50] Man mag von solchen Sorgen halten, was man will – uns interessiert hier nicht, was noch mit der amerikanischen Wirtschaft passieren könnte, sondern das, was mit der amerikanischen Außenpolitik bereits passiert ist.

Im Jahr 2007 wurden die Soldaten knapp; das Geld war den

USA bereits ausgegangen. Nach gängiger Meinung gab es bezüglich des Irak »keine guten Optionen«. Doch die Bandbreite der möglichen Optionen hatten die Amerikaner eingeengt, indem sie stur darauf beharrten, dass die Lösung der Probleme des Landes am Persischen Golf liegen müsse und nicht bei ihnen daheim. Die leiseste Andeutung, dass die Vereinigten Staaten sich weniger um ausländische Belange kümmern sollten als vielmehr darum, das eigene Haus in Ordnung zu bringen, löste bei der politischen Elite – Republikanern ebenso wie Demokraten – den Schreckensruf »Isolationismus« aus: die größte vorstellbare Sünde, zu der die Amerikaner angeblich neigen. Würden wir aber anfangen, unser Haus in Ordnung zu bringen, erschlössen sich ganz neue Optionen – was wiederum den Vereinigten Staaten erlauben würde, »zwischen Krieg und Frieden zu wählen, je nachdem, was unser durch Gerechtigkeitssinn bestimmter Vorteil dabei ist«.

Die Amerikaner sind es seit langem gewöhnt, in ihrem Land eine Supermacht zu sehen. Nun müssen sie begreifen, dass sie durch eigene Schuld nicht mehr Herren ihres Schicksals sind. Das Wechselverhältnis zwischen Expansionismus, Wohlstand und Freiheit – wobei das eine das andere verstärkte – existiert nicht mehr. Vielmehr ist es genau umgekehrt: Der Expansionismus verschleudert Wohlstand und Macht und setzt dabei die Freiheit aufs Spiel. Dadurch ist die traditionelle Strategie, der Thomas Jefferson und James Knox Polk, Abraham Lincoln und William McKinley, Theodore Roosevelt und Franklin Delano Roosevelt anhingen, nicht nur obsolet, sondern schädlich geworden.

Statt sich dieser Realität offen zu stellen, war die amerikanische Großstrategie seit der Reagan-Ära und besonders während der gesamten Regierungszeit George W. Bushs von dem Bemühen geprägt, die Realität fortzuwünschen. Die Politiker haben sich faktisch auf ein Schneeballsystem eingelassen, um die Kreditlinie Amerikas endlos zu verlängern. Wozu das führt, zeigen das Fiasko des Irakkrieges und die quasi dauerhafte amerikanische Besatzung Afghanistans. Beides lässt ahnen, was die Nation noch erwartet, falls die Krise der amerikanischen Verschwendungssucht unvermindert anhält.

2. Die politische Krise

Im Sommer 1940 begann Franklin D. Roosevelt, die Vereinigten Staaten für den totalen Krieg zu mobilisieren. Im Frühling 1947, nur achtzehn Monate nach dem Sieg über Japan, leitete Harry S. Truman eine Reihe von Maßnahmen ein, die das Land wieder in den Kriegszustand versetzten. Dabei sollte es jahrzehntelang bleiben.

Diese beiden Mobilisierungen – die eine für den Zweiten Weltkrieg, die andere für den Kalten Krieg – beseitigten das traditionelle politische System Amerikas und ersetzen es durch etwas ganz Neues. Die Vorgänger Roosevelts waren Führer einer Republik gewesen. Ein wesentliches Funktionselement dieser Republik war ein System der gegenseitigen Kontrolle, das eine Konzentration politischer Macht begrenzen sollte. Trumans Nachfolger waren Führer eines Systems, das definiert war durch die Konzentration der Macht sowohl in Washington als auch – innerhalb Washingtons – in der Exekutive. Das Ergebnis als eine Republik zu bezeichnen hieße, das Wesen der Sache zu verkennen.

Schein und Wirklichkeit klaffen im heutigen politischen System Amerikas auseinander. Zwar hat sich am Text der Verfassung seit Roosevelts Zeiten nur wenig geändert, doch das von den Verfassungsvätern entworfene Regierungssystem – eine föderative Republik, die ihre Autorität vom Volk herleitet und in der die Zentralregierung nur begrenzte und klar umrissene Befugnisse ausübt – hat keine Geltung mehr. Angewidert von dem ständigen Chaos in Washington, sehnen sich die Bürger nach der Wiederherstellung einer mythischen Alten Republik. Doch ebenso gut können sie auf die Wiederbelebung des untergegangenen bäuerlichen Betriebs hoffen – oder auf Ärzte, die wieder Hausbesuche machen.

Niebuhr schrieb: »Die demokratischen Verfahren der freien Gesellschaft beschränken die Macht des Oberhaupts und Verwalters, um zu verhindern, dass sie unerträglich wird.«[1] Falls dies eine treffende Definition der Demokratie ist, ist die amerikanische Demokratie in unserer Zeit ziemlich heruntergekommen. Die Beschränkungen der Macht des Oberhaupts sind weitgehend ausgehöhlt – mit häufig ärgerlichen Folgen.

Seit 1940 hat eine Reihe von echten und eingebildeten Bedrohungen der nationalen Sicherheit der Bundesregierung erlaubt, vielfältige neue Zuständigkeiten an sich zu ziehen – auf Kosten der Bundesstaaten und Kommunen.[2] Im Zuge dieser Veränderungen und beträchtlich unterstützt durch eine Atmosphäre der anscheinend permanenten Krise hat die Präsidentschaft stark erweiterte Vollmachten angehäuft. Beginnend mit der Wahl von John F. Kennedy im Jahr 1960 wurde aus dem Bewohner des Weißen Hauses eine Mischung aus Halbgott, Vaterfigur und – unvermeidlich – Verräter überhöhter Hoffnungen. Papst, Popstar, Hausdrachen, Prügelknabe, Krisenmanager, Oberbefehlshaber, Themensetzer, Moralphilosoph, Verkörperung des Charismas des Landes, Gegenstand der Verehrung und Zielscheibe von Witzen – der Präsident ist ungeachtet seiner persönlichen Eigenschaften und Fähigkeiten notgedrungen das alles zugleich.

Oft beklagen Kritiker des jeweiligen Bewohners des Weißen Hauses lebhaft die daraus erwachsende »imperiale Präsidentschaft«. Das kann man als bloßes Gewäsch bewerten. Tatsächlich ist es für Mitglieder der politischen Klasse zu einer Hauptbeschäftigung geworden, dem imperialen Präsidenten (oder seinem Nachfolgeaspiranten) zu dienen, Zugang zu ihm zu erlangen, über ihn zu berichten, vorherzusagen, was er tun wird, oder über ihn zu klatschen.

Es gäbe die imperiale Präsidentschaft nicht, hätte der Kongress nicht bereitwillig Befugnisse an die Exekutive abgetreten – besonders in Dingen, die zumindest entfernt mit der nationalen Sicherheit zu tun hatten. Während der Präsident die beherrschende Stellung erlangte, verlor die Legislative nicht nur an Einfluss, sondern machte sich nach und nach zum Objekt der Lächerlichkeit. David Addington, Stabschef des Vizepräsidenten Dick Cheney, brachte die Philosophie der Regierung Bush treffend auf den Punkt: »Wir werden so lange vorwärtsdrängen, bis eine überlegene Macht sich uns in den Weg stellt.«[3] Doch selbst als die Demokraten die Mehrheit im Kongress hatten, bestand nicht die geringste Gefahr, dass sich diese überlegene Macht im Kapitol bilden würde.

Niemand glaubt heute ernsthaft, dass das Handeln der Legislative von der gemeinsamen Entschlossenheit beseelt ist, dem Gemeinwohl zu dienen. Deshalb sind gelegentliche Versuche des Kongresses, Fälle von Machtmissbrauch durch den Präsidenten einzudämmen, in der Regel Schauveranstaltungen, die nur der eigenen Partei Vorteile bringen sollen.

Die wichtigste Funktion, die dem Kongress noch bleibt, ist die Sicherung der Wiederwahl seiner Mitglieder, die man am besten durch schamlose Wahlkreisschiebungen, die Verteilung imposanter Wahlgeschenke und das Bemühen um die Protektion bestimmter Interessengruppen erreicht. Die spektakuläre Wirksamkeit dieser Verfahren wird dadurch belegt, dass von den Senatoren und Abgeordneten, die sich 2006 um die Wiederwahl bewarben, 93 Prozent Erfolg hatten.[4] Die Vereinigten Staaten sind faktisch zu einem Einparteienstaat geworden, in dem die Legislative permanent von der Partei des jeweiligen Amtsinhabers kontrolliert wird.

Es gibt zwar nur wenige offenkundig unredliche Abgeordnete, die Schmiergelder oder Provisionen annehmen, doch ist sowohl der Senat als auch das Repräsentantenhaus von einer subtileren Form der Korruption durchdrungen. Der Kongress mag vielleicht kein Sündenpfuhl sein, aber er ist ein Sammelbecken von narzisstischen Schlaumeiern, denen die eigenen Interessen und die Selbsterhaltung wichtiger sind als die ernsthafte Beschäftigung mit ernsten Problemen.

Wenn man nur nach den leidenschaftlichen Reden urteilen würde, die auf dem Kapitol zu hören sind, so könnte man zu einem anderen Urteil gelangen. Doch während die beiden Parteien einander attackieren, arbeiten sie stillschweigend Hand in Hand an der Bewahrung eines Status quo, den beide ausgesprochen befriedigend finden. Gewiss fehlt es nicht an treuen Parteisoldaten und Ideologen unterschiedlicher Couleur, die den Anschein aufrechterhalten, als würde um Fragen von entscheidender Bedeutung gerungen. Da werfen Rechtskonservative den Liberalen mit ihrem angeblichen Hang zu Steuererhöhungen und Staatsausgaben vor, Sozialisten oder noch Schlimmeres zu sein. Da bezichtigen selbst ernannte Progressive die Konservativen, Frauen, die eine unerwünschte Schwangerschaft beenden wollen, wieder zur illegalen Abtreibung zu zwingen. Aber das alles ist bloß Theater.

Ein verabscheuungswürdiges Beispiel für politisches Theater bietet das Verhalten der Demokratischen Partei in Sachen Irak. Bei den Zwischenwahlen im November 2006, von vielen als ein Referendum über den Krieg verstanden, ergab sich eine demokratische Mehrheit in beiden Häusern des Kongresses. Harry Reid, der neue Mehrheitsführer im Senat, und Nancy Pelosi, die neue Sprecherin des Repräsentantenhauses, behaupteten, ihre Partei habe ein Mandat, den Kurs zu ändern. »Bei der Wahl im letzten Herbst«, verkündete Pelosi Anfang 2007, »hat das amerikanische Volk klargemacht, dass es im Irak einen Richtungswechsel wünscht.« Sie versprach, »strenge Rechenschaft zu verlangen, die zu einer verantwortbaren Umgruppierung unserer Truppen führen wird«.[5]

Das erwies sich jedoch als ein leeres Versprechen. Reid und

Pelosi prangerten zwar wie üblich den Krieg als einen scheußlichen Irrtum an, doch ihre Zusage, einen Politikwechsel zu erzwingen, trat zurück hinter ihrer Sorge um die Erhaltung der demokratischen Mehrheit. Hätte man es bei der Frage der Finanzierung des Krieges auf eine echte Machtprobe mit dem Weißen Haus ankommen lassen, wäre diese Mehrheit womöglich gefährdet gewesen. So bekam Präsident Bush das Geld, das er brauchte. Der Krieg, für dessen Beendigung Amerikaner die Demokraten gewählt hatten, ging weiter. Das Referendum vom November 2006 spielte keine Rolle.

Immer wieder hat man händeringend den Aufstieg der imperialen Präsidentschaft und den Niedergang des Kongresses beklagt, die an sich gleichrangige Verfassungsorgane sind. Das sind zweifellos Deformationen der Verfassung, denen man aber gar keine Bedeutung beimessen würde, wenn dabei ein effektives Regierungssystem herauskäme: wenn also ein Apparat, an dessen Spitze ein imperialer Präsident steht, die in der Präambel der Verfassung genannten Aufgaben erfüllen würde, und zwar zügig und zu erschwinglichen Kosten.

Aber genau da liegt das Problem. Das derzeitige System – all die Institutionen, Strukturen und Vereinbarungen, die in dem Wort *Washington* zusammengefasst sind – kennzeichnet vor allem eines: Dysfunktion. Als die Bundeshauptstadt sich zum Machtzentrum Amerikas entwickelte, wurde sie von einer Pfuscherbande okkupiert. Gleichgültig, welche Partei gerade regiert – die Verantwortlichen wissen nicht, was sie tun. Alles, was in Washington ersonnen wird, ist daher in der Regel überspannt, zu teuer, schlecht durchdacht, unsinnig, ineffektiv oder schlicht belanglos. Um nur Beispiele aus den letzten Jahren anzuführen, erinnere ich an die vermasselten Bemühungen um eine »Reform« der Sozialversicherung und des Gesundheitswesens oder um eine Regelung der Einwanderungspolitik. Ich könnte auch die Sinnlosigkeit des endlosen »Krieges gegen Drogen« erwähnen.

Oder die klägliche Reaktion der Bundesregierung auf den Hurrikan Katrina.

Das Problem am bestehenden Regierungssystem ist nicht, dass es von den Intentionen der Verfasser der *Federalist Papers* abweicht oder von dem, was Grundschüler in Sozialkunde lernen. Das Problem ist, dass das, was wir haben, nicht funktioniert. Die krasse Unfähigkeit derer, die den Apparat des Bundes leiten, ist erschreckend und inakzeptabel. *Washington* sollte ein Symbol für aufgeklärtes Regieren sein. Doch statt, wie es in der Präambel heißt, »unseren Bund zu vervollkommnen, die Gerechtigkeit zu verwirklichen, die Ruhe im Innern zu sichern, für die Landesverteidigung zu sorgen, das allgemeine Wohl zu fördern und das Glück der Freiheit uns selbst und unseren Nachkommen zu bewahren«, haben wir jetzt ein System, das für diejenigen, denen es dienen soll, eine eindeutige, akute Gefahr darstellt. Das ist die politische Krise, vor der die Amerikaner heute stehen.

Die Ideologie der nationalen Sicherheit

Die Unzulänglichkeit der Bundesregierung wird besonders deutlich, wenn es um die nationale Sicherheit geht – genau die Frage, die seit 1940 die wichtigste Begründung dafür lieferte, der Alten Republik den Garaus zu machen. Der Nationale Sicherheitsstaat, der sich während des Zweiten Weltkrieges und in den langen Jahrzehnten des Kalten Krieges entwickelt hat, bedroht die Nation, zu deren Schutz er geschaffen wurde. Statt die Sicherheit zu fördern, untergräbt er sie. Zur Untermauerung dieses Urteils braucht man nur an die Ereignisse des gegenwärtigen Jahrzehnts zu erinnern: etwa die Unfähigkeit, die Anschläge vom 11. September vorherzusehen und abzuwenden; das Unvermögen, deren Drahtzieher vor Gericht zu bringen; die Unfähigkeit, eine realistische und strategisch schlüssige Antwort auf die Gefahr des islamischen Extremismus zu formulieren; vor allem aber die ungeheuerlichen Fehler im Zusammenhang mit dem Irak- und dem Afghanistankrieg.

Jedes der vier genannten Beispiele des Versagens müsste an der Kompetenz der Leute, die für die Sicherheit des Landes verantwortlich waren, ernste Zweifel wecken. Dass alle vier Fälle in nur einem halben Jahrzehnt zusammenkamen, stellt wohl so etwas wie ein definitives Urteil dar. Gewiss macht jeder einmal Fehler. Keiner kann zaubern. Irren ist menschlich. Doch all diese bekannten Entschuldigungen versagen hier. Manche Fehler, auch solche in ehrlicher Absicht, sind unverzeihlich. Die Summe der Fehleinschätzungen und Fehlentscheidungen im Bereich der nationalen Sicherheitspolitik seit 2001 erreicht Größenordnungen, die weit über das Unverzeihliche hinausgehen.

Auf der Suche nach den Verantwortlichen für diese Bilanz des Scheiterns haben Kritiker drei Erklärungen vorgetragen. Die erste macht Präsident Bush persönlich verantwortlich und wirft ihm eine seltene Mischung von Hybris und Leichtsinn vor, angeheizt durch seine religiösen Überzeugungen. Die zweite erweitert den Vorwurf auf ein ganzes Verbrecheralbum ruchloser Helfershelfer, darunter Vizepräsident Dick Cheney, der ehemalige Verteidigungsminister Donald Rumsfeld und das ehemalige »Gehirn« des Präsidenten, der politische Stratege Karl Rove. Die dritte Erklärung erweitert den Vorwurf nochmals um eine Kamarilla von Neokonservativen, die auf den Präsidenten und seinen inneren Kreis angeblich einen teuflischen Einfluss hatten. Diesen drei Erklärungen liegt unausgesprochen die Annahme zugrunde, dass ein anderer Präsident mit anderen Beratern, der auf Ratschläge aus einer anderen Richtung gehört hätte – etwa die Brookings Institution statt des American Enterprise Institute oder die *New Republic* statt des *Weekly Standard* –, einen anderen Kurs eingeschlagen und weitaus bessere Ergebnisse erzielt hätte.

Es gibt noch eine vierte Möglichkeit. Diese Erklärung setzt die Erkenntnis voraus, dass die Regierung Bush die Probleme, die sich am 11. September 2001 rächten, nicht selbst geschaffen hat. Sie hat sie geerbt. Zweifellos hat Bush die Sache durch seine Handlungsweise verschlimmert. Aber selbst wenn seine Reaktion auf den 11. September einige innovative Elemente enthielt – vor allem die törichte Bush-Doktrin des Präventivkrieges –, so hat sich der Präsident doch überwiegend in dem Rahmen bewegt, der die nationale Sicherheitspolitik seit Jahrzehnten im Wesentlichen bestimmte.

Nennen wir die Dinge beim Namen: Wer die Unterschiede zwischen diesem republikanischen und jenem demokratischen Präsidenten herauszuarbeiten versucht, wird vielleicht auf jede Menge kleiner Wahrheiten stoßen, dabei aber die großen verfehlen. Um die großen Wahrheiten zu erkennen, muss man sein Augenmerk nicht auf die Veränderung, sondern auf die Kontinuität richten. Nicht auf die äußerlichen Unterschiede kommt es an, sondern auf die tiefer liegenden Gemeinsamkeiten.

Die Kritiker von Präsident Bush und seine wenigen verbliebenen Getreuen waren sich darüber einig, dass der 43. Präsident entschieden mit der Vergangenheit gebrochen und die Vereinigten Staaten auf einen revolutionären neuen Kurs gebracht hat. Aber das ist Unsinn. Die Wahrheit ist, dass Bush und seine Umgebung die vorgefundenen Grundsätze der amerikanischen Politik nochmals bekräftigt haben; vor allem haben sie die Ideologie der nationalen Sicherheit bestätigt, der frühere Regierungen seit langem verpflichtet waren. Das Hauptverdienst von Bush bestand darin, dass er diese Ideologie mit einer solchen Leidenschaft und Klarheit artikulierte, dass ihre Mängel und ihre völlige Absurdität auf beispiellose Weise entlarvt wurden.

Diese Ideologie der nationalen Sicherheit ist von vier Grundüberzeugungen geprägt. Jede einzelne von ihnen hat Präsident Bush in seiner zweiten Antrittsrede beredt dargelegt.

Nach der ersten dieser Überzeugungen hat die Geschichte ein erkennbares und unbestreitbares Ziel. Die Geschichte, erklärte der Präsident, »hat eine erkennbare Richtung, die bestimmt ist von der Freiheit und dem Schöpfer der Freiheit«. Das beständige Thema der Geschichte ist die Freiheit, nach der die gesamte Menschheit trachtet. Auf ihren Kern reduziert, ist die Geschichte ein gewaltiger Kampf zwischen der »Unterdrückung, die immer im Unrecht ist, und der Freiheit, die ewig recht hat«.

Der zweiten Überzeugung zufolge haben die Vereinigten Staaten seit jeher die Freiheit verkörpert und verkörpern sie weiterhin. Amerika war immer und bleibt Musterbeispiel und Verfechter der Freiheit. »Seit unserer Gründung«, erklärte der Präsident, »haben wir verkündet, dass jeder Mann und jede Frau auf dieser Erde Rechte und Würde und einen einzigartigen Wert besitzen, weil sie das Bild des Schöpfers von Himmel und Erde in sich tragen.« Als selbsternanntes Land der Freiheit bilden die Vereinigten Staaten die Vorhut der Geschichte. Indem sie ihr Verständnis der Freiheit revidieren, verfeinern und vervollkommnen, bieten die Amerikaner anderen in der Welt ständig ein Vorbild dessen, was Freiheit bedeutet. Der Journalist John L. O'Sullivan bezeichnete die jungen Vereinigten Staaten 1839 als »die große Nation der Zukunft«. Das sind sie bis heute geblieben. Innerhalb der Grenzen der Vereinigten Staaten haben die Absichten der Geschichte ihren vollkommensten Ausdruck gefunden.

Der dritten Überzeugung zufolge hat die Vorsehung Amerika den Auftrag erteilt, dafür zu sorgen, dass die Freiheit letztlich triumphiert. Dies, bemerkte Präsident Bush, »ist die Mission, die unsere Nation schuf«. Der Schöpfer der Freiheit hat die Vereinigten Staaten zum Repräsentanten der Freiheit gesalbt. Diese Nation, einzigartig unter den großen Mächten, verfolgt Interessen, die über sie selbst hinausreichen. Wenn sie tätig wird, dann im Namen der Freiheit und auf Geheiß einer höheren Macht. Mit dem Einmarsch in den Irak haben die Vereinigten Staaten, so der

Präsident, die »große Befreiungstradition« des Landes bestätigt und bekräftigt. Damit haben »wir zugleich ein Feuer entzündet – ein Feuer in den Seelen der Menschen. Es wärmt diejenigen, die seine Kraft spüren, es verbrennt diejenigen, die gegen seinen Fortschritt kämpfen, und eines Tages wird dieses ungezähmte Feuer der Freiheit in die dunkelsten Winkel unserer Welt reichen.« Nur Zyniker und Übelgesinnte könnten diese offensichtliche Wahrheit leugnen.

Der vierten Überzeugung zufolge muss überall die Freiheit siegen, damit der *American way of life* erhalten bleibt. Erst wenn das Licht des ungezähmten Feuers der Freiheit die dunkelsten Winkel der Welt erhellt, werden Sicherheit und Wohlstand Amerikas gesichert sein. Oder wie der Präsident es ausdrückte: »Das Überleben der Freiheit in unserem Land hängt zunehmend vom Erfolg der Freiheit in anderen Ländern ab.« Faktisch ist das, was die Vereinigten Staaten der Welt anbieten, deckungsgleich mit dem, was sie von der Welt fordern. Einfach ausgedrückt heißt das: »Amerikas vitale Interessen und unsere tiefsten Überzeugungen sind jetzt eins.« Dieser Satz dient natürlich einer endlos dehnbaren Ermächtigung der Vereinigten Staaten, ihren Einfluss geltend zu machen, wo immer es ihnen gefällt, da sie per definitionem im Namen der Freiheit handeln.

Diese Denkweise hat eine lange und mannigfaltige Vorgeschichte. Wir können sie zurückverfolgen bis in das Jahr 1630, als John Winthrop die ersten weißen Siedler an der Bucht von Massachusetts aufforderte, eine »Stadt auf einem Hügel« zu errichten, oder bis 1776, als Thomas Paine erklärte, es liege in der Macht Amerikas, »mit der Welt noch einmal von vorn zu beginnen« – Geisteshaltungen, die Ronald Reagan geschickt wieder aufleben ließ. Während Amerikas Aufstieg zur Macht haben Varianten dieser Ideologie immer wieder dem Expansionismus Auftrieb gegeben. Im Gewand der »Offenkundigen Bestimmung« (»*Manifest Destiny*«) hat sie 1846 James Polk den moralischen

Deckmantel für sein Bestreben geliefert, den Amerikanern den von ihnen begehrten *Lebensraum* zu verschaffen. Dringende Aufrufe zur »Befreiung« des nahen Kuba trieben 1898 William McKinley in einen Krieg, nach dessen Ende die Vereinigten Staaten über ein Seereich verfügten, das sich bis in den westlichen Pazifik erstreckte.

Doch erst seit dem Zweiten Weltkrieg hat diese Ideologie sich als Dauerkulisse der Politik etabliert. Ihre Überzeugungskraft bezieht sie denn auch weitgehend daraus, wie die Amerikaner sich an diesen Krieg erinnern: Dabei werden die Ereignisse der dreißiger und vierziger Jahre zu einer allgemein gültigen Parabel. Daher die Neigung, jeden Tyrannen, der nicht Washingtons Gnade findet, als einen neuen Adolf Hitler oder Josef Stalin darzustellen; wer diesem Gegner nicht die Stirn bietet, macht sich des »Appeasement« schuldig, und in jedem Fall geht es um nichts Geringeres als das Überleben der Zivilisation.

Heute ist es zur gängigen Praxis von Experten und Politikern geworden, die Gefahr des Islamismus mit der Gefahr zu vergleichen, die im letzten Jahrhundert von den Totalitarismen ausging. Deshalb sei daran erinnert, dass der Totalitarismus auch schon mit dem historischen Islam verglichen worden ist. »Die Gefahr für Westeuropa«, schrieb Dean Acheson, der Außenminister Trumans, in seinen Memoiren, »schien mir eigentümlich der Gefahr zu gleichen, die vor Jahrhunderten vom Islam ausgegangen war, mit seiner Mischung aus ideologischem Eifer und Kampfkraft.«[6] Die Tendenz, den Nazismus, den Kommunismus und den Islamismus als praktisch austauschbar darzustellen und dabei über ihre grundlegenden, unvereinbaren Unterschiede hinwegzusehen, beweist, dass man es immer noch für nützlich hält, einen diabolischen »Anderen« als Bezugspunkt zu benutzen (oder zu erfinden), wenn man eine bestimmte Politik »verkaufen« möchte. Indem Acheson die Kommunisten mit fanatischen Muslimen verglich, ließ er wenig Zweifel daran, wie ernst die rote Gefahr war. Heute erfüllt es einen ähnlichen Zweck, wenn man islamische Extremisten mit fanatischen Kommunisten oder, schlimmer noch, mit Nazis vergleicht. Man muss vereinfachen, zuspitzen und Ambivalenzen ausräumen, um zu mobilisieren, zu disziplinieren und Widerspruch zu unterdrücken.

Die Ideologie der nationalen Sicherheit liefert keine Checkliste für die Praxis; aus ihr ergeben sich keine konkreten Verpflichtungen. Sie erfüllt den üblichen Zweck von Ideologien – nicht die Wahrheit zu erkennen oder Dinge zu erklären, sondern eine sehr dehnbare Begründung für Aktionen zu liefern. Im amerikanischen Kontext dient sie vor allem dazu, die Ausübung von Exekutivgewalt zu legitimieren. Sie beseitigt Beschränkungen, indem sie den Präsidenten und ihrem Beraterkreis weitreichende Vollmachten einräumt, über den Zeitpunkt und die Art der Anwendung der Gewalt zu entscheiden.

Diese Ideologie enthält jedoch nichts, was Aktionen im Sinne der von ihr gefeierten Ideale rechtfertigen würde. So verpflichtet sie die Vereinigten Staaten beispielsweise nicht, etwas für das Volk von Zimbabwe oder Burma zu tun – mögen die Menschen dort auch noch so sehr unter dem Joch der Unterdrückung leiden. Natürlich hindert sie amerikanische Politiker nicht an der Zusammenarbeit mit korrupten autoritären Regimes, die ihren Bürgern Grundfreiheiten verweigern, wie Ägypten unter Hosni Mubarak oder Pakistan unter Asif Ali Zardari. Was sie den Politikern bereitstellt, ist eine moralische Glasur, mit der sie praktisch jede Entscheidung beschönigen können: indem sie, ganz gleich, um welche konkreten Interessen es geht, darauf beharren, dass die Vereinigten Staaten zugleich etwas für die Sache der Freiheit und Demokratie tun.

Präsidenten der Nachkriegszeit haben Teile dieser Ideologie immer wieder als Legitimation genutzt. Die Stellung Amerikas als eine Macht des Guten in einer Welt, in der das Gute gegen das Böse kämpft, rechtfertigte es, ausländische Beamte zu bestechen, ausländische Politiker zu ermorden, Regierungen zu stürzen und in großem Stil militärisch zu intervenieren. George W. Bush hat diese Praxis nicht erfunden, er hat sie nur vorgefunden und ausgeweitet.

Durch ständige Wiederholung sind die Elemente dieser Ideologie fest in der amerikanischen Psyche verankert. Sie sind zu Glaubensartikeln geworden, die man weder hinterfragt noch überprüft. Glauben Politiker, die diese Dogmen gewohnheitsmäßig zitieren, wirklich, was sie sagen? Sehr wahrscheinlich tun sie das – so wie die Sprecher von Fox News wirklich der Ansicht sind, dass sie »fair und ausgewogen« über Weltereignisse berichten. Ebenso mögen Franchisenehmer von McDonald's wirklich an die Parole »*Service with a Smile*« glauben. Der Glaube folgt dem Eigennutz.

Auch Anwärter für hohe Ämter bekennen sich zu den Grundsätzen dieser Ideologie, denn sie hoffen, dadurch ihre Vertrauenswürdigkeit unter Beweis zu stellen. Hier die Version, die der damalige Gouverneur von Arkansas, ein liberaler Demokrat, der außenpolitisch nichts vorzuweisen hatte, aber unbedingt ins Weiße Haus einziehen wollte, im Dezember 1991 vortrug: »Ich wurde vor fast fünfzig Jahren geboren, am Beginn des Kalten Krieges, in einer Zeit großen Wandels, gewaltiger Möglichkeiten und unbestimmter Gefahren. In einer Zeit, da die Amerikaner nichts mehr wünschten, als heimzukehren und ihr Leben in Ruhe und Frieden wiederaufzunehmen, musste unser Land den Willen zu einer neuen Art von Krieg aufbieten, um eine expansionistische und feindselige Sowjetunion einzudämmen, die sich geschworen hatte, uns zu begraben. Wir mussten Wege finden, Europa und Asien wirtschaftlich wiederaufzubauen, eine weltweite Bewegung für Unabhängigkeit zu unterstützen und die Grundsätze unseres Landes in der Welt gegen eine neue totalitäre Herausforderung der freiheitlichen Demokratie zu verteidigen. Dank des unerschöpflichen Mutes und der Opferbereitschaft des amerikanischen Volkes konnten wir diesen Kalten Krieg gewinnen.«[7]

Das ist eine Geschichtsdarstellung, in der alle Details wegretuschiert sind – keine Hinweise auf Vietnam, auf Staatsstreiche und Mordversuche der CIA, keine Erwähnung der Zusammenarbeit mit korrupten Autokraten wie Fulgencio Batista in Kuba, Anastasio Somoza Debayle in Nicaragua oder Ferdinand Marcos auf den Philippinen. Doch der zitierte Passus diente genau den Zwecken von Bill Clinton – er konnte sich mitten im Mainstream der amerikanischen Politik positionieren. Clinton hatte begriffen, dass aus seiner Kandidatur nichts werden würde, wenn er sich allzu weit von diesem Mainstream entfernen sollte – das hatte der Präsidentschaftskandidat George McGovern getan, als er Amerika im Wahlkampf 1972 dazu aufrief, den Vietnamkrieg zu beenden. Zwar hatte Clinton selbst absolut nichts getan, um den Kalten Krieg zu gewinnen – er hatte sich sogar nachdrücklich und erfolgreich bemüht, dem Wehrdienst zu entgehen –, aber durch die wiederholte Benutzung des Wortes *wir* hatte er seine persönliche Identifikation mit diesem Kampf hergestellt. Er war einer von »uns«, und »wir« hatten in einem historischen Ringen gesiegt und dadurch einen großartigen Sieg für die Freiheit errungen.

Jetzt ein Schnellvorlauf um sechzehn Jahre, und wir treffen auf einen anderen Präsidentschaftskandiaten mit dürftigen außenpolitischen Referenzen, der bedenkenlos eine Seite aus Clintons Drehbuch herausgerissen hatte. »In den Momenten großer Gefahr im letzten Jahrhundert«, erklärte Senator Barack Obama, »gelang es amerikanischen Führern wie Franklin Roosevelt, Harry Truman und John F. Kennedy, sowohl das amerikanische Volk zu schützen, als auch die Chancen für die nächste Generation zu erweitern. Außerdem sorgten sie dafür, dass Amerika durch Tat und Vorbild die Welt führte und emporhob – dass wir für die Freiheiten einstanden und kämpften, die Milliarden von

Menschen jenseits unserer Grenzen erstrebten. Während Roosevelt die eindrucksvollste Militärmacht aufbaute, die die Welt je gesehen hat, gaben seine Vier Freiheiten unserem Kampf gegen den Faschismus einen Sinn. Truman trat für eine kühne neue Architektur ein, um der sowjetischen Gefahr zu begegnen – er verband militärische Stärke mit dem Marshallplan und half, Frieden und Wohlergehen von Ländern in aller Welt zu sichern.«

Wie Clinton war Obama darauf bedacht, sich mit der Sache zu identifizieren, »für die wir standen und kämpften«. Wie Clinton erzählte er nochmals die Heldengeschichte, in der Roosevelt, Truman und ihre Nachfolger eine so herausragende Rolle gespielt hatten, und bezeugte damit die wesentliche Wahrheit und fortwährende Geltung dieser Geschichte.

Es war jedoch nahezu unvermeidlich, dass er zugleich George W. Bushs Interpretation dieser Geschichte zustimmte. Und so erklärte Obama anschließend: »Die Sicherheit und das Wohlergehen eines jeden Amerikaners hängen von der Sicherheit und dem Wohlergehen derer ab, die jenseits unserer Grenzen leben.« Wie Bush und dessen Vorgänger definierte Obama die Ziele Amerikas in kosmischen Begriffen. »Es ist die Mission der Vereinigten Staaten«, erklärte er, »für globale Führung zu sorgen, gründend auf der Erkenntnis, dass es nur *eine* gemeinsame Sicherheit und *eine* menschliche Gemeinschaft auf der Welt gibt.«[8]

Der von Obama imitierte rhetorische Taschenspielertrick Clintons zeigt, welche Rolle die Ideologie der nationalen Sicherheit im Wahlkampf spielt. Sie soll in erster Linie ein vereinfachtes und fades, letztlich beruhigendes Bild der Realität vermitteln. Akzeptiert man einmal die These, Amerika sei der Tribun der Freiheit, ist es nur noch ein kleiner Schritt zu dem Glauben, Ziel des »Friedensprozesses« sei es, Frieden zu erreichen, der Irak sei ein souveräner Staat und die Vorsehung habe Amerika dazu berufen, einen totalen Krieg gegen den »Terrorismus« zu führen. Wer diese Einstellungen nicht teilt, bewegt sich aus der Sicht des

Washingtoner Konsenses außerhalb des Bereichs der zulässigen Meinungen.

Niebuhr hatte vor dem Zweiten Weltkrieg geschrieben: »In der Geschichte ist ein einfacher Sieg des Guten über das Böse nicht möglich.«[9] Diese Behauptung ist für Bill Clinton und Barack Obama ebenso wie für George W. Bush durch die Taten der Vereinigten Staaten im Zweiten Weltkrieg und danach widerlegt. Sie besitzen ein brauchbares Bild der Vergangenheit, einer Vergangenheit, in der das Gute schließlich triumphiert, solange Amerika seiner Mission treu bleibt.

Die Ideologie ist somit ein Mittel, die Bandbreite der politischen Debatte stark einzuengen. Wenn es irgendwo Widerspruch gibt, so dringt er doch selten in die Zentren der Macht in Washington vor. Überzeugte Gegner dieser Ideologie, seien es Paläokonservative oder Libertäre, Pazifisten oder Neoagrarier, bleiben in die Randbereiche der Politik verbannt. Man betrachtet sie entweder als kleingeistig (also unfähig, die erhabenen Motive der amerikanischen Politik zu begreifen) oder als schlicht naiv (also ohne Einsicht in das unerbittliche Böse, zu dessen Bekämpfung die USA aufgerufen sind).

Die Ideologie der nationalen Sicherheit behauptet sich nicht etwa, weil sie empirisch beweisbaren Wahrheiten Ausdruck verleiht, sondern weil sie den Interessen derer dient, die den Nationalen Sicherheitsstaat geschaffen haben, sowie derer, die von seiner Existenz profitieren – und das sind genau diejenigen, die in erster Linie dafür verantwortlich sind, dass die amerikanische Politik immer stümperhafter agiert.

Aus diesen Männern – ein paar Frauen sind auch dabei – besteht die sich selbst selektierende, selbst perpetuierende Kamarilla, die seit dem Zweiten Weltkrieg die nationale Sicherheitspolitik geprägt (und pervertiert) hat. Vor mehr als einem halben Jahrhundert hat der Soziologe C. Wright Mills in einem berühmt gewordenen Buch versucht, diese »Machtelite« zu beschreiben.[10]

Seine Darstellung eines verflochtenen Direktoriums aus Wirtschaft, Politik und Militär ist bis heute gültig. Man könnte sie allerdings noch erweitern, um die Rolle zu berücksichtigen, welche Insider-Journalisten und politische Intellektuelle spielen, die als Propagandisten, Verteiler strategischer Informationen und Verpacker der neuesten gängigen Meinung fungieren. Die bei der RAND Corporation oder dem Hudson Institute tätigen Analytiker wird man vielleicht nicht als vollgültige Mitglieder der nationalen Sicherheitselite einstufen, auch wenn sie deren Wirken unterstützen. Dies gilt ebenso für die Kolumnisten, die für die *New York Times*, die *Washington Post* oder den *Weekly Standard* schreiben, die Forschungsstipendiaten, die beim Council on Foreign Relations oder dem American Enterprise Institute fleißig Studiengruppen organisieren, und die Politikwissenschaftler in Institutionen wie der Kennedy School of Government in Harvard oder der Wilson School in Princeton.

Mit der Aussage, dass eine Machtelite die Geschicke des Staates lenkt, unterstellt man nicht die Existenz einer finsteren Verschwörung. Man macht damit lediglich klar, wie Washington tatsächlich funktioniert. Besonders in Fragen, die mit der nationalen Sicherheit zusammenhängen, ist die Politikgestaltung aus einer demokratischen Angelegenheit zur Sache einer Oligarchie geworden. Entscheidungen werden nicht offen, sondern in einem geschlossenen Kreis getroffen, wobei die Stimmen privilegierter Insider unendlich mehr Gewicht haben als die des gemeinen Volkes.

Laut Mills teilt die Machtelite mit den Leuten, die Ideen in ihrem Sinne verbreiten, eine »Vorstellungswelt, die die internationalen Angelegenheiten grundsätzlich militärisch interpretiert«.[11] Das galt in den fünfziger Jahren, als Mills diese Worte schrieb, und es gilt heute erst recht. Für die politische Elite ist unvollkommene Sicherheit gleichbedeutend mit mangelnder Sicherheit. Wo es Lücken gibt, müssen sie geschlossen werden. Abwehrmaßnahmen müssen verstärkt werden. Doch wie die Schriftsteller James Chace und Caleb Carr einmal bemerkt haben, ist absolute Sicherheit »nicht durch Verhandlungen zu erreichen; sie kann nur gewonnen werden«.[12] Dies aber setzt den Besitz militärischer Machtmittel und die Bereitschaft voraus, sie anzuwenden.

Gemäß diesem »Vorrang des Militärischen« kultivieren diese amerikanischen Falken eine Sicht, der zufolge die Vereinigten Staaten bereits von akuten Gefahren bedroht sind und noch größere Gefahren hinter der nächsten Ecke lauern. Bei geringer Toleranz für Ungewissheit sind sie hochgradig sensibel für die mutmaßlichen Risiken des Abwartens, während sie die Gefahren eines überstürzten Handelns gering einschätzen. Diese Haltung fand ihren klassischen Ausdruck im September 2002, als Condoleezza Rice es ablehnte, das Fehlen genauerer Erkenntnisse über das Nuklearprogramm des Irak als Begründung für den Aufschub des geplanten Einmarsches in dieses Land gelten zu lassen. Wörtlich sagte sie: »Wir möchten nicht, dass der eindeutige Beweis in einem Atompilz besteht.« Noch unmissverständlicher äußerte sich Vizepräsident Cheney. Für ihn reichte schon eine vage vermutete Bedrohung als hinreichender Grund zum Handeln. »Wenn die Wahrscheinlichkeit, dass pakistanische Wissenschaftler al-Qaida helfen, eine Atomwaffe zu bauen oder zu entwickeln, ein Prozent beträgt«, bemerkte er, »müssen wir das als Gewissheit betrachten und reagieren.«[13]

Gefahren, und seien sie auch gering, unwahrscheinlich oder (wie das irakische Nuklearprogramm) schlimmstenfalls in weiter Ferne, erfordern grundsätzlich prompte Reaktionen, und zwar durch Verstärkung, Umgruppierung, Stationierung oder tatsächliche Anwendung militärischer Gewalt. Lange bevor Rice, Cheney und andere in der Regierung Bush zu der Ansicht gelangten, dass die bloße Existenz Saddam Husseins unerträglich sei, hatten amerikanische Politiker aus dieser Denkweise den Schluss gezogen, dass der iranische Ministerpräsident Mohammad Mossadegh 1953 und Jacobo Arbenz Guzmán, der Präsident von Guatemala, 1954 gestürzt werden mussten, dass die Invasion in der Schweinebucht 1961 und ihr illegitimer Spross, die »Operation Mongoose«, Geniestreiche waren und dass die Stützung der wackligen Dominosteine in Südostasien in den sechziger Jahren ein vitales Interesse darstellte, das den Preis von 58 000 amerikanischen Menschenleben wert war. Genau diese Denkweise veranlasste die Vereinigten Staaten in den Achtzigern, sich mit Saddam Hussein zusammenzutun, nachdem die Regierung Reagan zu der Überzeugung gelangt war, dass die Ajatollahs im Iran eine schreckliche Gefahr darstellten.

Gewiss, die Staatskunst bringt manchmal seltsame Partnerschaften zuwege. Realpolitik lässt wenig Raum für Prinzipientreue und Edelmut. Doch von den späten vierziger Jahren bis zur Gegenwart haben Mitglieder der Machtelite eine geradezu krankhafte Neigung an den Tag gelegt, die Realität zu missdeuten und Gefahren aufzubauschen. Die Berater der imperialen Präsidenten zeichneten sich nicht durch besonnenes Urteilsvermögen aus, sondern durch hektische Überreaktion. Nicht immer haben sich die Falken durchgesetzt – Dwight D. Eisenhower lehnte 1954 Forderungen ab, in Französisch-Indochina einzugreifen, und John F. Kennedy wies 1962 den Rat zurück, sowjetische Militäreinrichtungen auf Kuba zu bombardieren. Doch meistens haben die Verfechter eines aktiven Eingreifens den Sieg davongetragen, ob es nun um eine direkte Intervention, um verdeckte Maßnahmen oder den Einsatz von Stellvertretern ging. Nicht immer müssen die Falken sich für den sofortigen Krieg aussprechen – aber sie beugen sich im Sattel vor, die Säbel gezückt und kampfbereit. Das Mantra der Falken ist die kaum verhüllte Drohung: »Alle Optionen bleiben auf dem Tisch.«

Die Ideologie der nationalen Sicherheit sorgt für einen Konsens zwischen den beiden amerikanischen Parteien, der der Außenpolitik seit dem Zweiten Weltkrieg zu einer außergewöhnlichen Kontinuität verholfen hat. Sie verhindert nicht, dass einzelne Maßnahmen oder Politiker kritisiert werden, aber jede Grundsatzdebatte über die Politik wird durch sie torpediert.

Nationaler Unsicherheitsstaat

Im heutigen politischen System fungiert der imperiale Präsident als endgültiger »Entscheider«. Doch in einer komplexen, sich rasch verändernden Welt kann kein Präsident alles wissen, was er wissen muss, oder sich persönlich um die vielfältigen Aufgaben kümmern, die in seinen Verantwortungsbereich fallen. Deshalb haben Kongress und Exekutive nach dem Zweiten Weltkrieg gemeinsam einen nationalen Sicherheitsapparat geschaffen, der zur Dauereinrichtung wurde und ständig weiter anwuchs.

Heute ist alles, was mit dem Nationalen Sicherheitsstaat zusammenhängt, gigantisch: die Personalkosten, der Gesamthaushalt, die organisatorische Komplexität, der Hunger nach Informationen, die Fähigkeit, Unmengen von Pressemitteilungen zur Selbstrechtfertigung auszustoßen, und die Fähigkeit zur Verstellung, zur Täuschung und zu schmutzigen Tricks. Allein im Pentagon sind 25 000 Mitarbeiter beschäftigt, die täglich 200 000 Telefongespräche führen und eine Million E-Mails verschicken, eine Bürofläche von 344 270 Quadratmetern in Anspruch nehmen, 28 Kilometer Korridore abklappern, 131 Treppen emporsteigen, auf 4200 Uhren schauen, aus 691 Trinkwasserfontänen trinken und sich auf 284 Toiletten erleichtern.[14]

Theoretisch dienen die Institutionen dieses Apparats zwar der Öffentlichkeit, aber man tut dort alles Erdenkliche, um sich der öffentlichen Kontrolle zu entziehen, und schirmt sich durch eine mehrschichtige Geheimhaltung ab. Angeblich soll dieser Kult der Geheimhaltung den Feinden Amerikas den Zugriff auf Informationen verwehren. In Wahrheit beschränkt er die Informationen, die das amerikanische Volk erhält. Freigegeben wird nur, was eine bestimmte Behörde gern bekanntgeben möchte. Dagegen wird alles, was die Regierung in Verlegenheit bringen oder ihre Maßnahmen infrage stellen könnte, zurückgehalten oder nur in bereinigter Form veröffentlicht. 1961 beschrieb der Gesellschaftskritiker Lewis Mumford den schon damals ausgreifenden Modus operandi des Nationalen Sicherheitsstaats folgendermaßen: »Eingleisigkeit, das priesterliche Monopol des Geheimwissens, ein Heer von Geheimagenten, die Unterdrückung offener Diskussionen.« Er fährt fort: »... man hat sogar mittels einer ›überparteilichen‹ Wehr- und Außenpolitik jeden Irrtum gegen öffentliche Kritik und Enthüllung geschützt, wodurch in der Praxis eine Reaktion der Öffentlichkeit vereitelt und jede vernünftige Gegenmeinung zu unpatriotischer Haltung, wenn nicht gar zum Verrat erklärt wird.«[15] Seither haben zahlreiche Ereignisse Mumfords Sicht bestätigt.

Der Fall *United States vs. Reynolds, 345 U.S. 1* (1953) liefert ein frühes, aufschlussreiches Beispiel für die Funktionsweise des Systems. Im Oktober 1948 stürzte eine B-29 Superfortress beim Test eines elektronischen Gerätes in der Nähe von Waycross (Georgia) ab; mehrere Personen an Bord kamen um. Die Witwen der toten Besatzungsmitglieder verlangten Aufschluss über die Ursache des Unglücks und erbaten von der Luftwaffe Einsicht in den Bericht über die Unfalluntersuchung. Vertreter der Luftwaffe lehnten das ab und behaupteten, der Forderung nicht entsprechen zu können, »ohne die nationale Sicherheit ernstlich zu gefährden«. Als die Witwen klagten, entschied der Oberste Gerichtshof im Sinne der Luftwaffe. Der oberste Bundesrichter Fred Vinson, der die von der Mehrheit der Richter getragene Urteilsbegründung verfasste, erklärte, dass die Gerichte es »in einer Zeit energischer Vorbereitungen für die nationale Verteidigung« vermeiden müssten, führenden Beamten der nationalen Sicherheit Vorschriften zu machen, welche Informationen sie freigeben und welche sie zurückhalten sollten. Angesichts der vitalen Bedeutung des Schutzes von Geheimnissen müssten die Gerichte, so Vinson, die Beamten beim Wort nehmen: »Auf einer Prüfung des Beweismaterials zu bestehen, und sei es auch lediglich durch den Richter in seinen Amtsräumen«, stelle ein zu großes Risiko dar.[16]

Der Unfallbericht, ein halbes Jahrhundert später endlich vom Pentagon freigegeben, enthielt überhaupt keine heiklen Informationen; aus ihm ging hervor, dass das Flugzeug aufgrund mangelnder Wartung und eines Pilotenfehlers abgestürzt war. Die Luftwaffe hatte sich auf die nationale Sicherheit berufen, um ganz normale betriebliche Mängel zu vertuschen.[17]

Ein solches Verhalten ist keineswegs auf die Luftwaffe beschränkt, und es war auch keine Besonderheit des beginnenden Kalten Krieges. Für die wichtigsten Institutionen, die zusammen den Nationalen Sicherheitsstaat bilden – das Außenministerium, die Streitkräfte, die Geheimdienste, die Vereinigten Staatschefs, das Büro des Verteidigungsministers, der Stab des Nationalen Sicherheitsrats und das FBI –, ist diese Verfahrensweise zur Norm geworden. Es wäre falsch, allen Beamten dieser Behörden vorzuwerfen, sie versuchten bewusst, das amerikanische Volk zu täuschen oder irrezuführen. Nicht falsch wäre dagegen die Vermutung, dass das Bestreben, die Interessen der Institution zu fördern und den Ruf der Institution zu schützen, alle sonstigen Erwägungen aussticht und gewohnheitsmäßig die Grundlage für ein Verhalten bildet, das unredlich, unprofessionell, unethisch ist und häufig im Widerspruch zum Wohl des Landes steht.

Die Zeit seit dem 11. September hat eine Fülle von Beispielen geliefert, die das bestätigen. Erinnern wir uns etwa an die Geschichte von PFC Jessica Lynch, der jungen Gefreiten, die in den ersten Tagen des Irakkriegs von irakischen Truppen gefangen genommen wurde. Ihr Verhalten war ohne Tadel, aber das Pentagon glaubte, ihr Martyrium mit verlogenem Heroismus ausschmücken zu müssen, und machte aus ihrer anschließenden

Befreiung eine Legende von bewegendem Wagemut, die größtenteils frei erfunden war. Dann gab es die Geschichte des Army Rangers und ehemaligen NFL-Footballspielers Pat Tillman. Als Tillman in Afghanistan ums Leben kam, ersannen seine Vorgesetzten eine romanhafte Darstellung des Geschehens: Es hatte ein heftiges Feuergefecht gegeben; Tillman hatte sich sehr tapfer behauptet; schließlich war er dem feindlichen Feuer zum Opfer gefallen. Seine Vorgesetzten beeilten sich, Tillman postum den Silver Star für besondere Tapferkeit zu verleihen. Das Resultat war ein PR-Triumph. Doch schon bald kam die Wahrheit ans Licht: Seine eigenen Kameraden hatten versehentlich auf Tillman geschossen und ihn getötet.

Politisch sind diese gefälschten Schlachtberichte belanglos. Doch die Ausbeutung der Geschichte von Jessica Lynch für eigene Zwecke und der Versuch, die Eltern von Pat Tillman zu täuschen, werfen kein gutes Licht auf eine Institution, die vorgibt, sich vor allem um die Soldaten und ihre Angehörigen zu kümmern. Mag es sich hier nun um mangelndes Urteilsvermögen, Arroganz oder schlichte Dummheit handeln, das Entscheidende dabei ist, dass es sich um keine Einzelfälle handelt. Seit dem 11. September waren Vertreter der nationalen Sicherheit an Desinformationskampagnen von weit größerer politischer Bedeutung beteiligt. So warnte man vor den Gefahren von nicht existierenden irakischen Massenvernichtungswaffen, bagatellisierte die Anarchie in Bagdad nach Saddams Sturz (Rumsfeld: »So was passiert halt mal!«) und die Ausmaße des Aufstands (»Nester von unbelehrbaren Fanatikern«). Man machte rangniedrige amerikanische Berufssoldaten für die systematische Misshandlung irakischer Gefangener in Abu Ghraib verantwortlich und korrigierte die Zahlen der zivilen Opfer – »Kollateralschäden« der amerikanischen Militäroperationen im Irak und in Afghanistan – regelmäßig nach unten.

Aber wie groß das Desaster auch sein mag – nehmen wir nur

die falsche Information des Geheimdienstes, mit der die Invasion im Irak begründet wurde, die verpfuschte Besetzung und die Milliarden von Dollars für den »Wiederaufbau«, die durch Unfähigkeit oder offene Korruption vergeudet oder unterschlagen wurden –, die Verantwortlichen gehen stillschweigend davon aus, dass man sie nicht zur Rechenschaft ziehen kann. Im Mai 2007 übte Oberstleutnant Paul Yingling im *Armed Forces Journal* beißende Kritik an der militärischen Führung nach dem 11. September: »... ein Gefreiter, der ein Gewehr verliert, muss mit weit härteren Konsequenzen rechnen als ein General, der einen Krieg verliert.«[18] Yingling hat recht – und man könnte dieses Urteil leicht auf hochrangige Zivilisten ausdehnen. Ein kleiner Pentagon-Angestellter, der ein geheimes Dokument verlegt, hat strengere Strafen zu gewärtigen als ein Verteidigungsminister, dessen arrogantes Draufgängertum Tausende von Menschen das Leben kostet.

Versagen bleibt folgenlos – keine Entschuldigung, keine Reue, ja nicht einmal das Eingeständnis der eigenen Verantwortung. Stattdessen gibt man bei jeder Gelegenheit weitere vernebelnde Erklärungen ab oder erhält gar die Chance, Memoiren zu schreiben, in denen man sich selbst entlastet. »Sehen Sie, es hat nicht alles geklappt«, erklärte Außenministerin Condoleezza Rice in einem achselzuckenden Kommentar zum Irak. »Dies ist ein sehr schwieriger Fall. Manches hat geklappt, manches ist schiefgegangen. Und wissen Sie was? Wir werden eine Chance haben, das alles aus historischem Abstand zu betrachten. Und ich werde eine Chance haben, darüber nachzudenken, wenn ich dazu komme, mein Buch zu schreiben.«[19]

Vor die Wahl gestellt, eine unbequeme Wahrheit einzugestehen oder diese Wahrheit zu verschleiern, zu verdrehen oder zu leugnen, werden die Leute in den Spitzenpositionen des Nationalen Sicherheitsstaates stets das Letztere vorziehen.

Wenn die Behörden, die das Rückgrat des Nationalen Sicherheitsstaates bilden, eine solide Leistungsbilanz vorzuweisen hätten, könnte man über solche Sünden hinwegsehen. Aber es ist genau umgekehrt. Diese Organisationen haben seit ihrer Gründung weit mehr Schaden angerichtet, als sie Gutes bewirkt haben.

Zum Beweis dessen kann die Anklage den Präsidenten der Vereinigten Staaten als ihren Hauptzeugen benennen. Niemand hat die Mängel des Nationalen Sicherheitsstaates empfindlicher zu spüren bekommen als der Auftraggeber, für den er geschaffen wurde. Hier liegt eine große Ironie, denn für die Präsidenten hat sich der nationale Sicherheitsapparat im Laufe der letzten Jahrzehnte nicht als Helfer, sondern als Hindernis entpuppt, wenn es gilt, Entscheidungen zu treffen. Schon bei seinem Amtsantritt bringt ein neuer Präsident den Ratschlägen dieser Institutionen eine gewisse Skepsis entgegen, denn er ahnt, dass diese alles andere als uneigennützig sind. Wer noch nicht weiß, wie es in Washington zugeht, lernt rasch, dass Institutionen, die nominell der Autorität des Präsidenten unterstellt sind, ihre eigene Agenda verfolgen. Im Zweifelsfall werden sie ihren eigenen Zielen den Vorrang geben – und nicht denen des Mannes, der gerade im Weißen Haus residiert.

Dwight D. Eisenhower, ein Mann, der solide Stabsarbeit zu schätzen wusste, war der letzte Präsident, der sich auf die Bürokratie der nationalen Sicherheit stützte und effektiv mit ihr zusammenarbeitete. In seinen acht Amtsjahren wurde der Nationale Sicherheitsrat 366 Mal offiziell einberufen, und die Sitzungen wurden gewöhnlich von »Ike« persönlich geleitet.[20] Das System produzierte zahllose Memoranden, Untersuchungen und Direktiven, die alle sorgfältig zwischen den einzelnen Behörden des nationalen Sicherheitsapparats abgestimmt waren. Dank seiner straffen Verfahrensweise bei der Formulierung politischer Maßnahmen konnte Eisenhower wenigstens ein Minimum an Disziplin aufrechterhalten, aber die wichtigsten Instanzen entzogen sich seiner Kontrolle. Die Teilstreitkräfte waren aktiv bemüht, seine Weisungen zu torpedieren oder so zu verdrehen, dass sie ihren eigennützigen Interessen nachgehen konnten.[21] Die CIA agierte wie ein souveräner Staat im Staate.[22]

John F. Kennedy warf gleich nach seinem Amtsantritt im Januar 1961 die wohlüberlegte Verfahrensweise seines Vorgängers über Bord, weil sie nicht seinem Temperament und dem Image entsprach, das seine Regierung vermitteln wollte. Die Männer der »New Frontier« pflegten einen Stil, für den informelles Vorgehen, Flexibilität und Schnelligkeit entscheidend waren. Kennedy und sein Stab waren überzeugt, dass kleine Gruppen aus wirklich gescheiten Leuten – Leuten wie sie selbst – rascher zu besseren Entscheidungen gelangen konnten, wenn sie sich nicht mit bürokratischen Verfahrensweisen belasteten. Da sie sich nicht nur für intelligent, sondern auch für kreativ hielten, brachten sie wenig Geduld für die Regeln und Konventionen auf, denen der nationale Sicherheitsapparat huldigte.

Falls Kennedy noch Illusionen gehegt hatte, dass dieser Apparat sich als nützlich erweisen könne, so verflogen sie mit dem Debakel in der Schweinebucht. Bei seinem Amtsantritt gab es schon weit gediehene Pläne, Fidel Castro mit Hilfe einer kleinen Gruppe von Exilkubanern, die von der CIA ausgebildet und ausgerüstet worden war, zu stürzen. Kennedy brauchte nur noch das Startsignal zu geben. Der neue Präsident zögerte jedoch und beauftragte General Lyman Lemnitzer, den Vorsitzenden der Vereinigten Stabschefs, die Durchführbarkeit des Plans zu prüfen. Als der Generalstab die Operation befürwortete, erteilte Kennedy den Befehl zum Beginn der Mission. Was dann folgte, war ein unglaubliches Desaster.

Wie sich bald herausstellte, hatten die Stabschefs nicht für die Mission votiert, weil sie mit einem Erfolg rechneten. Vielmehr hofften sie, dass ein Scheitern der CIA den Weg für eine »normale« Invasion freimachen würde, was ihnen als die beste Option für die Ausschaltung Fidel Castros erschien. Sie wussten, dass Kennedy nicht daran dachte, eine direkte Intervention anzuordnen – das hatte er ausdrücklich gesagt –, aber sie erwarteten, dass ein vom Präsidenten angeordnetes CIA-Desaster ihn in Zugzwang bringen würde. Statt dem Präsidenten offen ihren sachkundigen Rat vorzutragen, hatten sie ihn hereingelegt.

Das Fiasko in der Schweinebucht wurde zu einem Wendepunkt in der Geschichte des Nationalen Sicherheitsstaates. Der zornige Kennedy war nicht ohne Grund der Ansicht, dass man ihn vorgeführt und betrogen hatte, und zog zwei weit reichende Schlussfolgerungen aus dieser Erfahrung.

Erstens brachte ihn das Schweinebucht-Debakel zu der Überzeugung, dass die Fähigkeiten der CIA, schwierige Aufgaben unauffällig und kostengünstig zu lösen, stark überschätzt wurden. Der gescheiterte Invasionsplan, den der Geheimdienst ausgeheckt hatte, hätte nie und nimmer eine erfolgreiche Gegenrevolution auslösen können. Die Informationen, auf die er sich stützte, waren bestenfalls lückenhaft, im schlimmsten Fall frei erfunden. Der hastig zusammengestoppelten Exiltruppe, die in Kuba einmarschieren sollte, fehlte es an allem: Mannschaftsstärke, Ausbildung, Disziplin, kompetenter Führung, geeigneter Ausrüstung sowie ausreichender Luftunterstützung und Versorgung. Die ganze Operation war von der Planung bis zur Ausführung dilettantisch und abstrus. Das alles war auch den Mitarbeitern der CIA klar: Ihr interner Untersuchungsbericht fiel vernichtend aus. Aber da dieser Bericht natürlich als geheim eingestuft wurde, erfuhr die Öffentlichkeit nichts davon.[23]

Zweitens brachte die Schweinebucht-Schlappe Kennedy zu der Überzeugung, dass die Vereinigten Stabschefs, mochten sie auch noch so viele Ordensbänder und Medaillen verdient haben, entweder dumm oder nicht vertrauenswürdig waren.[24] »Diese Scheißkerle mit ihrem ganzen Lametta nickten bloß und meinten, es würde klappen«, murrte er.[25] Ob die Stabschefs nun zu dumm oder zu schlau waren – JFK hielt es fortan für sinnvoller, sie nicht an politischen Entscheidungen zu beteiligen. Zwar mochte es unvermeidlich sein, die hohen Militärs pro forma zu konsultieren, doch auf ihre kollektive Urteilskraft wollte er sich künftig nicht mehr verlassen.

Die Lehre, die Kennedy aus seiner Demütigung in der Schweinebucht zog, äußerte sich in drei Reaktionen, die hier nicht übergangen werden dürfen. Denn er erprobte Verfahren, die von seinen Nachfolgern übernommen wurden, um die Unzulänglichkeiten des nationalen Sicherheitsapparats wettzumachen.

Erstens: Um zu verhindern, dass die CIA und der Generalstab weiteren Schaden anrichteten, wechselte Kennedy kurzerhand die Führung beider Institutionen aus. Er entließ Lemnitzer und ernannte General a. D. Maxwell Taylor zum Chef des Generalstabs. Nach Taylors Ansicht musste der Vorsitzende der Vereinigten Stabschefs »von der Außenpolitik und der Militärstrategie der Regierung, der er dient, überzeugt sein«.[26] Das traf auf Taylor ganz sicher zu – er war ein überzeugter Kennedy-Anhänger. Außerdem ersetzte der Präsident den langjährigen CIA-Direktor Allen Dulles durch John McCone. Aber dann fasste er einen verhängnisvollen Beschluss: Sein Bruder Robert, der damals Justizminister war, erhielt den Geheimauftrag, sich mit verdoppelter Anstrengung um die heikelste und wichtigste Mission der CIA zu kümmern: die Beseitigung Fidel Castros. Dass der Justizminister so gut wie nichts über verdeckte Operationen, Sabotage oder Mordaufträge wusste, spielte dabei keine Rolle. Seine Ergebenheit gegenüber dem Präsidenten stand außer Zweifel – und das war die einzige Qualifikation, die er brauchte, um die »Operation Mongoose« zu leiten.

Nachdem Kennedy das Vertrauen in die CIA und den Generalstab verloren hatte, suchte er anderswo Rat und schuf alternative Machtzentren, die er für kompetenter hielt. Das war seine zweite Konsequenz aus dem Debakel in der Schweinebucht. Von nun an beriet sich der Präsident zunehmend mit Verteidigungsminister Robert McNamara und McGeorge Bundy, seinem Sonderberater für Fragen der nationalen Sicherheit. Er ging davon aus, dass Bundy (vormals Dekan des Harvard College), sein Stellvertreter W. W. Rostow (Professor für Wirtschaftsgeschichte am MIT) und McNamara (zuvor Präsident der Ford Motor Company) und die neu eingestellten »Whiz Kids« im Büro des Verteidigungsministers dem Präsidenten raschere, präzisere und überzeugendere Ratschläge erteilen würden, als er sie von Intriganten wie Dulles und Lemnitzer erhalten hatte. Wie Vietnam zeigen sollte, war diese Annahme falsch.

Die dritte Konsequenz aus dem Schweinebucht-Fiasko bestand darin, dass Kennedy den nationalen Sicherheitsapparat links liegen ließ und Komitees ohne förmliche oder gesetzliche Grundlage schuf, die er nach Belieben einsetzen und auflösen konnte. Das klassische Beispiel, das scheinbar die Effizienz dieses Ansatzes bewies, war das ExComm (Kürzel für Executive Committee; deutsch: Exekutivkomitee), das ad hoc gebildet wurde, um den Präsidenten während der Kubakrise zu beraten. In den berühmten dreizehn Tagen berief der Präsident den Nationalen Sicherheitsrat kein einziges Mal zu einer offiziellen Sitzung ein, und er führte nur ein einziges, oberflächliches Gespräch mit dem Generalstab, dessen kriegerische Vorschläge er höflich ignorierte.

Nach dem Ende der Krise löste sich das ExComm auf. Doch die Idee, sich auf ein solches, weder verfassungsgemäßes noch legales, hinter verschlossenen Türen tagendes Komitee zu stützen, bewahrte dauerhaft ihren Reiz. Das ExComm wurde zwar nicht mehr offiziell einberufen, tauchte aber in vielerlei Gestalt wieder auf. Kennedys Nachfolger setzten sich regelmäßig mit kleinen Gruppen handverlesener Berater zusammen, die nur dem Präsidenten rechenschaftspflichtig waren, um zu überlegen, welche Städte angegriffen, welche Länder besetzt und welche Regierungen gestürzt werden sollten. Richard Nixon stützte sich auf ein Zweier-ExComm, das aus ihm selbst und Henry Kissinger bestand. Wenn es um wichtige Entscheidungen ging (etwa Verhandlungen mit Nordvietnam oder die Aufnahme von Beziehungen zu China), zogen sie nur widerwillig das Außen- oder Verteidigungsministerium zu Rate. Der informelle Stil Kennedys fand indes seinen höchsten Ausdruck in der Regierungszeit von George W. Bush. Die Entscheidung, den Irak anzugreifen, ging offenbar von einem virtuellen ExComm aus, das in der realen Welt nie einberufen wurde. Anscheinend aber gelangte es zu einem gewissen Konsens, der die Grundlage zum Handeln bildete. Eine offizielle Entscheidung hat der Präsident tatsächlich nie getroffen; seine engsten Mitarbeiter agierten so, als habe er es getan.[27]

Das offenkundige Versagen der CIA und des Generalstabs, das in Vorfällen wie dem Schweinebucht-Desaster zutage trat, löste eine Fülle von Vorschlägen zur »Verbesserung« dieser Institutionen aus. Dabei gab es schon lange vor der Präsidentschaft Kennedys Versuche von Reformern, die Mängel des nationalen Sicherheitsapparats zu beheben, und sie wurden auch nach seinem Tod fortgesetzt. Zahllose Studiengruppen, Expertenkommissionen und Untersuchungsausschüsse des Kongresses haben sich den Kopf darüber zerbrochen, wie man die Arbeit der CIA, des Pentagon oder des Generalstabs effektiver gestalten könne. Vorschläge zur Reform und zur Reorganisation der Institutionen wurden schon kurz nach Inkrafttreten des Gesetzes über die Schaffung des Nationalen Sicherheitsstaats im Jahr 1947 unterbreitet, und sie sind seitdem ein Dauerbrenner geblieben.[28] Auch nach dem 11. September gab es einen solchen Reformdrang, der eine weitere Expertenkommission hervorbrachte. Sie veröffentlichte einen weiteren Hochglanzreport, der den Kongress bewog, die Stelle eines Direktors Nationale Nachrichtendienste (*Director of National Intelligence*) zu schaffen, dem ein neues *Office of the*

Director of National Intelligence zur Hand gehen sollte. Damit wurde die wuchernde *Intelligence Community* – der Zusammenschluss der Nachrichtendienste – um eine weitere bürokratische Ebene bereichert.

Diese endlose Kampagne, deren Resultate stets weit hinter den Vorhersagen zurückbleiben, verdeckt jedoch weitgehend die wahre Geschichte des Nationalen Sicherheitsstaats. Seit Kennedy hielten die Präsidenten und ihre wichtigsten Mitarbeiter den Apparat für hoffnungslos marode. Das Urteil des ehemaligen Verteidigungsministers James Schlesinger über den Generalstab lässt sich auf die gesamte Bürokratie der nationalen Sicherheit übertragen: Der Rat der Stabschefs »ist im Allgemeinen irrelevant, bleibt normalerweise ungelesen und fast immer unberücksichtigt«.[29]

Für die Mitglieder des inneren Kreises der Macht ist der Nationale Sicherheitsstaat ein Hindernis, das man umgeht, und nicht ein Aktivposten, den man nutzt. Aus der Sicht eines Verteidigungsministers oder Nationalen Sicherheitsberaters sind Berufsoffiziere, Karrierediplomaten oder Geheimdienst-Analysten nicht Partner, sondern Konkurrenten. Statt die Ausübung der Exekutivgewalt zu erleichtern, erschweren die Berufsexperten sie – wenn sie sie nicht sogar blockieren, um stattdessen die Ziele ihrer eigenen Behörde zu verfolgen. Nun bilden die Institutionen des nationalen Sicherheitsapparats aber das Fundament der Exekutivgewalt, und daher ist der imperiale Präsident am allerwenigsten geneigt, die Mängel dieses Apparats öffentlich einzugestehen. So bleibt das amerikanische Volk ahnungslos und verharrt in der Illusion, dass Institutionen wie der Generalstab und die CIA trotz aller Mängel für die Sicherheit und das Wohl des Landes unverzichtbar sind.

Auf diese Weise wird der Nationale Sicherheitsstaat am Leben erhalten. Nicht etwa, weil seine Aktivitäten die Sicherheit des amerikanischen Volkes erhöhen, sondern weil er durch seine bloße Existenz eine Basis für politische Absprachen liefert, deren Nutznießer ihm Status, Einfluss und beträchtliche materielle Vorteile verdanken. Unzulängliche Leistungen dieses Apparats könnten logischerweise die Frage aufwerfen, ob die Vereinigten Staaten ohne ihn nicht besser dastünden. Doch diese Frage stellt man sich nicht. Fehlschläge werden vielmehr zum Anlass neuer Reorganisations- und Reformbemühungen, die fast immer zu einer weiteren Aufblähung der entsprechenden Institution führen. Je mehr Murks der Nationale Sicherheitsstaat produziert, desto mehr dehnt er sich aus. Die Präsidenten feilen derweil an Methoden, wie man diese Institutionen umgehen, ignorieren oder untergraben kann.

Schon bei ihrem Amtsantritt betrachtete die Regierung von George W. Bush den Nationalen Sicherheitsstaat als Feind. Einen Tag vor den Anschlägen vom 11. September versammelte Donald Rumsfeld Mitarbeiter des Verteidigungsministeriums in einem Saal des Pentagon und stellte dies ausdrücklich klar. »Das Thema heute«, begann der Verteidigungsminister, »ist ein Gegner, der für die Sicherheit der Vereinigten Staaten von Amerika eine Gefahr darstellt, eine ernste Gefahr. Dieser Gegner ist eine der letzten Bastionen der zentralen Planung in der Welt. Er regiert, indem er Fünfjahrespläne diktiert. Von einer einzigen Hauptstadt aus versucht er, über Zeitzonen, Kontinente und Ozeane hinweg seine Forderungen durchzudrücken. Mit brutaler Konsequenz unterdrückt er das freie Denken, vernichtet er neue Ideen. Er lenkt die Verteidigung der Vereinigten Staaten und setzt das Leben von Männern und Frauen in Uniform aufs Spiel. Sie werden bei dieser Beschreibung des Gegners vielleicht an die ehemalige Sowjetunion denken, aber dieser Feind existiert nicht mehr; unsere Feinde heute sind raffinierter und unerbittlicher. Sie denken möglicherweise, dass ich einen der letzten altersschwachen Diktatoren der Welt beschreibe. Aber auch deren Zeit ist beinahe abgelaufen, und sie besitzen nicht annähernd die

Stärke und Größe dieses Gegners. Der Gegner sitzt ganz in der Nähe. Es ist die Pentagon-Bürokratie.«

Die Auseinandersetzung mit diesem internen Gegner nahm Rumsfeld dermaßen in Anspruch, dass er darüber die wirklichen Feinde gar nicht wahrnahm, die in weniger als 24 Stunden einen direkten Angriff auf sein Hauptquartier starten sollten.

Nach dem 11. September 2001 nahm die Regierung diese Bürokratie weiterhin als feindselig wahr. Offiziell ist der Nationale Sicherheitsstaat, der die Anschläge vom 11. September weder vorherzusehen noch abzuwenden vermochte, ein weiteres Mal umstrukturiert worden. Es lief darauf hinaus, verschiedene, mit der inneren Sicherheit befasste Stellen – Küstenwache, Secret Service, Katastrophenschutzbehörde und diverse andere Behörden, die für Einwanderung, Zoll, Verkehrssicherheit und Grenzschutz zuständig sind – in einem neuen Ministerium zusammenzufassen und die mit der Beschaffung und Analyse geheimdienstlicher Erkenntnisse befassten Behörden zu zentralisieren und auszubauen. Faktisch wurde eine ohnehin schon kopflastige Exekutive durch die Reform um zwei neue Bürokratien erweitert: das Heimatschutzministerium und die United States Intelligence Community.

Derweil versuchte Präsident Bush – wie schon Präsident Kennedy und dessen Nachfolger – zu verhindern, dass ihm der nationale Sicherheitsapparat in die Quere kam. Dabei bediente er sich bewährter Methoden: Teile des nationalen Sicherheitsapparats, die möglicherweise Ärger machen konnten, wurden ins Abseits befördert; Führungspositionen wurden mit eigenen Anhängern besetzt, ohne zu prüfen, ob sie dafür geeignet waren. Und wenn man es für zweckmäßig oder notwendig hielt, wurde der ganze Apparat völlig umgangen.

Schon vor dem 11. September hatte die Regierung Bush versucht, den Generalstab an den Rand zu drängen. Auf den Posten des Vorsitzenden berief sie nacheinander die Generäle Richard

Myers und Peter Pace. Im Vergleich mit diesen schwächlichen, mediokren Gestalten erscheint Maxwell Taylor geradezu als Verkörperung von Eigenständigkeit und Entschlossenheit. In den achtziger Jahren hatte man Probleme in dieser Institution dadurch zu lösen versucht, dass man dem Vorsitzenden größeres Gewicht gab – zulasten der Chefs der Teilstreitkräfte. In den frühen neunziger Jahren, als General Colin Powell Vorsitzender der Vereinigten Stabschefs war, machte Präsident Bill Clinton die schmerzliche Erfahrung, dass ein kluger, charismatischer Generalstabschef, der seinen eigenen Kopf hat, einem Oberbefehlshaber das Leben schwermachen kann. Anfang 1993 nutzte Powell die Kontroverse um Homosexuelle beim Militär, um den neuen Präsidenten in größte Verlegenheit zu bringen und klarzustellen, wie das Verhältnis zwischen ziviler und militärischer Führung in der Clinton-Ära auszusehen habe. Als dann bei einem gescheiterten Kommandounternehmen in Mogadischu achtzehn Soldaten fielen, verstanden es Powell und seine Stabschefs, die Verantwortung für dieses Fiasko der zivilen Führung in die Schuhe zu schieben.

Zum Nachfolger von Powell, der 1993 in den Ruhestand ging, ernannte Clinton einen Mann, der nicht dessen Schneid besaß und daher die Handlungsfreiheit des Präsidenten nicht einschränken würde. Präsident George W. Bush (oder, was wahrscheinlicher ist, der in seinem Namen handelnde Verteidigungsminister Donald Rumsfeld) setzte diese Praxis fort. Die Quittung für die Demütigungen, die Clinton 1993 vom Generalstab zugefügt worden waren, kam genau zehn Jahre später: Rumsfeld und sein Stellvertreter Paul Wolfowitz kanzelten den einzigen höheren Offizier ab, der es gewagt hatte, Zweifel an dem bevorstehenden Angriff auf den Irak zu äußern. General Eric Shinseki, der Stabschef der Armee, bekundete vor dem Streitkräfte-Ausschuss des Senats im Februar 2003, dass eine Besetzung des Irak sich als gewaltige Herausforderung erweisen und mehrere hunderttausend Mann erfordern könnte. Das entsprach nicht den vagen, aber optimistischen Vorhersagen der Regierung Bush über den Krieg und seine Folgen. Für seine Offenheit wurde Shinseki unverzüglich von Rumsfeld und seinem Stellvertreter zurechtgewiesen. Die Einschätzung des Generals sei »völlig abwegig«, sagte Wolfowitz sichtlich verärgert vor der Presse. Shinseki war von nun an Persona non grata und wurde rasch in den Ruhestand versetzt.

Shinsekis Schicksal war seinen Kollegen eine Lehre. Unter Rumsfeld hatten Generäle keine Fragen zu stellen und keine eigenständige Meinung zu äußern, auch nicht vor dem Kongress. Sie hatten Anweisungen zu befolgen. Das begriff keiner so rasch wie General Tommy Franks, der als Kommandeur des U.S. Central Command den Einmarsch in Afghanistan und dem Irak plante und durchführte. Franks war geradezu begierig darauf, Rumsfeld gefällig zu sein. Als Präsident Bush ihn vor dem Irakkrieg um seine eigene Einschätzung bat, erwiderte der General: »Sir, ich bin genau derselben Meinung, die mein Minister vertritt, die er je vertreten hat, die er je vertreten wird oder von der er gemeint hat, dass er sie hätte vertreten können.«[30]

Zu der Atmosphäre des Misstrauens zwischen Zivilisten und Militärs, die in Washington herrschte, als die Vereinigten Staaten sich zu ihrem Globalen Krieg gegen den Terror rüsteten, hatten höhere Offiziere selbst kräftig beigetragen. Rumsfelds Härte war in gewissem Sinne die zivile Vergeltung für die Unehrlichkeit und das Doppelspiel der Militärs, das sich bis in die späten vierziger Jahre zurückverfolgen lässt. Damals waren es vor allem die aufsässigen Chefs der Teilstreitkräfte, die James Forrestal, den ersten Verteidigungsminister der Vereinigten Staaten, in einen Nervenzusammenbruch und dann in den Selbstmord trieben.

Doch dafür, dass die Stabschefs ihre verdiente Strafe erhielten, zahlte das Land einen hohen Preis. Der Zivilist Rumsfeld hielt die militärische Führung nicht mehr für fähig, frei von sachfremden Erwägungen fachlichen militärischen Rat zu erteilen. In Tommy Franks hatte die Regierung Bush ihren willfährigen Erfüllungsgehilfen gefunden, und so zog man aus, um sich im Irak blutige Köpfe zu holen.

Ähnlich erging es der Central Intelligence Agency. Nicht Bush, sondern Clinton hatte George Tenet zum CIA-Direktor ernannt, doch Tenet behielt seinen Posten auch nach dem schmählichen Versagen der Agency im Vorfeld des 11. Septembers. Und zwar aus gutem Grund, denn Bush konnte sich darauf verlassen, dass Tenet, der es gern jedem recht macht, seinem Präsidenten genau das sagen würde, was er hören wollte. Tenet soll Bush versichert haben, es sei ein »Kinderspiel« zu beweisen, dass der Irak über Massenvernichtungswaffen verfüge. Damit lieferte er dem Präsidenten die unerlässliche Begründung für den Präventivkrieg, den er aus anderen Gründen führen wollte. Im Außenministerium gab es zwar Analytiker, die die Existenz irakischer Massenvernichtungswaffen (oder die Weisheit eines Angriffs auf den Irak) bezweifelten, aber ihre Meinung galt nicht viel, solange Tenet da war, um sein Verslein aufzusagen.

Doch obwohl an der Spitze der CIA ein willfähriger Direktor stand, befürchtete Verteidigungsminister Rumsfeld, dass der Geheimdienst die Kriegspläne der Regierung hintertreiben könnte. Im September 2002 schuf er in seinem eigenen Haus das Office of Special Plans (OSP) und übertrug ihm die Aufgabe, nachrichtendienstliche Erkenntnisse über Saddam Husseins Massenvernichtungswaffen und angebliche Verbindungen seines Regimes zu al-Qaida eigenständig zu bewerten. Dahinter verbarg sich natürlich Rumsfelds Befürchtung, dass sich die Analytiker der CIA – trotz Tenet – nicht an das ihnen zugedachte Drehbuch halten würden. Der CIA war einfach nicht zu trauen – so die einhellige Meinung führender Beamter im OSP, im Nationalen Sicherheitsrat und im Büro des Vizepräsidenten.

Um die Schaffung des OSP entbrannte eine heftige Kontroverse. Kritiker erhoben den Vorwurf, der Verteidigungsminister habe es mit neokonservativen Falken besetzt, die sich nach Krieg sehnten und notfalls auch zu Fälschungen bereit waren, um ihn zu bekommen. Doch selbst wenn man allen Beteiligten die besten Absichten unterstellt, bleibt eine bemerkenswerte und zugleich höchst beunruhigende Tatsache: Das Büro des Verteidigungsministers erhob gegen den führenden Nachrichtendienst des Landes faktisch den Vorwurf, in einer Sicherheitsfrage von höchster Bedeutung selbst Fälschung zu betreiben. In der Presse hieß es, hier könne man sehen, wie Washington funktioniere – dieser Fall sei ein typisches Beispiel für eine alltägliche Rangelei zwischen den verschiedenen Diensten. Doch in Wahrheit enthüllte diese Episode weit mehr: Man konnte nicht mehr davon ausgehen, dass die wichtigsten Nachrichtendienste unter »nationalem Interesse« dasselbe verstanden.

Praktisch stand jetzt folgende Frage im Raum: Angenommen, es hätte zu dem Zeitpunkt von Osama bin Ladens Anschlag weder die CIA noch den Generalstab gegeben, und der Kongress hätte nicht im Jahr 1947 das Verteidigungsministerium oder den Nationalen Sicherheitsrat geschaffen – würden die Vereinigten Staaten sich dann in einer noch schlimmeren Lage befinden? Hätten Präsident Bush also nur die Institutionen zur Verfügung gestanden, die es bis zum Zweiten Weltkrieg gab – ein bescheidenes Außenministerium für die Diplomatie und zwei kleine Behörden im Kabinettsrang für militärische Angelegenheiten –, hätte er dann ein noch größeres Desaster im Irak angerichtet? Oder allgemeiner formuliert: Über sechzig Jahre hinweg hatte der Nationale Sicherheitsstaat sich immer mehr ausgedehnt, und die Frage ist, ob das irgendeinen Nutzen erbracht hat. Wenn nicht, sollte man vielleicht überlegen, einen Apparat, der nachweisbar keinen sinnvollen Zweck erfüllt, aufzulösen.

Weise Männer ohne Weisheit

Angesichts der offenkundigen Mängel des nationalen Sicherheitsapparats haben imperiale Präsidenten anderswo Rat zu Fragen von Krieg und Frieden gesucht. Wenn Behörden wie die CIA oder der Generalstab den Präsidenten das sagten, was sie hören wollten, mochten ihre Bemühungen noch von begrenztem Nutzen sein. Doch bei schwierigen Entscheidungen haben Präsidenten sich lieber auf einen kleinen Kreis von vertrauenswürdigen Beratern verlassen als auf eine widerspenstige Bürokratie mit undichten Stellen. Maßgebend für den Einfluss war letztlich die persönliche Loyalität gegenüber dem Präsidenten und nicht die Position, die jemand in einer Organisation einnahm.

In einer Zeit der permanenten Bedrohung der nationalen Sicherheit werden ernsthafte Fragen immer hinter den Kulissen und hinter verschlossenen Türen beraten. Hier spielt sich das eigentliche politische Geschehen ab. Daran ist nur eine Hand voll von Akteuren beteiligt, die überwiegend nicht gewählt sind und deren Beratungen überwiegend geheim sind.

Diese Praxis stützte sich von Anfang an auf zwei grundlegende Überzeugungen. Die erste geht davon aus, dass Präsidenten bessere Entscheidungen treffen, wenn sie einen Stab von handverlesenen Weisen Männern konsultieren. Zwar mag letztlich »der Entscheider« das letzte Wort haben, doch der Prozess der Entscheidungsfindung erfolgt kollektiv. Dabei stützt sich der Präsident auf den Rat kluger, aufgeklärter und welterfahrener Berater, die ihrerseits auf die Kompetenz von Funktionären mit spezielleren Fachkenntnissen zurückgreifen.

Das zweite Argument bezieht sich auf die Notwendigkeit, dass diese Berater ausschließlich für den Präsidenten und niemanden sonst arbeiten. Weise Männer werden nur dann offen und ehrlich sprechen, wenn sichergestellt ist, dass ihr Rat nicht an die Öffentlichkeit dringt – dies ist der eigentliche Grund, warum

Präsidenten immer wieder das »*executive privilege*« für sich reklamiert haben, also das Recht, bestimmte Dokumente geheim zu halten.

Weise Männer sind nämlich generell der Ansicht, dass es keineswegs hilfreich, wenn nicht sogar gefährlich ist, dem Volk oder auch nur dem Kongress Einfluss auf die politische Entscheidungsfindung zu gewähren. Die verwickelten Probleme der nationalen Sicherheit übersteigen angeblich den Horizont des Normalbürgers, der sich allzu leicht von kurzfristigen, emotionalen Erwägungen beeinflussen lässt, statt eine nüchterne, langfristige Perspektive einzunehmen. Die notorisch wankelmütigen Massen sind unfähig, solche Dinge zu begreifen. Sie sehen nicht das große Ganze. Sie können nicht differenzieren. Es fehlt ihnen an Entschlusskraft. Wenn es einem Präsidenten auf eine wirklich strategische Betrachtungsweise ankommt, wird er sich auf erfahrene Insider stützen – sie sind rational, leidenschaftslos, gut informiert und gut vernetzt. Sie sprechen eine gemeinsame Sprache und haben eine gemeinsame Vorstellung davon, wie die Welt wirklich funktioniert.

Mitglieder der nationalen Sicherheitselite haben meist eine bemerkenswert geringe Meinung von Öffentlichkeit, behalten diese Ansicht aber in der Regel für sich. Gegenüber der Presse bedienen sie sich aller sattsam bekannten politischen Klischees; so sprechen sie zum Beispiel häufig und respektvoll von »dem Willen« des amerikanischen Volkes.

Doch hin und wieder fällt die Maske, und es wird deutlich, dass die Mitglieder des inneren Zirkels sich nicht im Geringsten dafür interessieren, was der gemeine Pöbel denkt. »Hätten wir wirklich eine Demokratie und täten wir, was das Volk wünscht, würden wir ständig das Falsche machen«, hat der frühere Außenminister Dean Acheson einmal beiläufig bemerkt.[31] Acheson drückte damit nicht nur seine persönliche Meinung aus; er brachte vielmehr eine der Grundannahmen, auf die sich der

Geltungsanspruch der nationalen Sicherheitselite stützt, auf eine knappe Formel: Die öffentliche Meinung ist fragwürdig; wenn es um die nationale Sicherheit geht, hat sie sich zu fügen. Sie sollte sich also von Leuten wie Dean Acheson leiten lassen, der selbst einmal erklärt hat, wie führende Politiker die Massen überzeugen: durch Propaganda. Wenn man der Öffentlichkeit seine Politik erläutert, schrieb er in seinen Memoiren, »muss die Genauigkeit der Einfachheit weichen, Feinheiten und Nuancen müssen durch Zuspitzung, ja Grobheit ersetzt werden, um die Leute zu gewinnen«. Es geht also nicht darum, die Wahrheit in all ihrer Komplexität darzustellen, sondern eine Sichtweise zu vermitteln, die »eindeutiger als die Wahrheit« ist.[32]

Dass der Präsident sich auf Weise Männer stützt, ist beileibe nichts Neues. Bekanntlich fungierte schon Oberst Edward M. House als Vertrauter, Alter Ego und diplomatischer Troubleshooter von Präsident Wilson. Ihre Glanzzeit erlebte diese Tradition im Zweiten Weltkrieg, als etliche angesehene Bürger (in der Regel von der Wall Street) nach Washington wechselten, um Führungspositionen in der Regierung Roosevelt zu übernehmen. Zu ihnen gehörten Acheson, W. Averell Harriman, Robert Lovett, John J. McCloy, Robert Patterson und vor allem Henry L. Stimson. Es war das leibhaftige *Eastern Establishment*, dem fähige, wohlhabende und selbstbewusste Männer angehörten. Viele hatten im Ersten Weltkrieg gekämpft. Für alle war der Dienst für den Staat in der Zeit eines nationalen Notstands eine selbstverständliche Pflicht. Sie wussten mit der Macht umzugehen. Sie strahlten Selbstbewusstsein aus. Sie teilten ein gemeinsames Weltbild und eine Vorstellung von Amerikas rechtmäßiger Stellung in der Welt.

Es wäre falsch, diese Tradition romantisch zu verklären; heute erscheint sie uns borniert, engstirnig und snobistisch. Ihre Vertreter bewiesen zwar einen bewundernswerten Sinn für die Maxime »Adel verpflichtet«, doch von sozialer Gerechtigkeit und

Menschenrechten wussten sie so gut wie nichts. Was Rasse und Religion betrifft, unterlagen sie den typischen Vorurteilen ihrer Klasse und ihrer Zeit. An ihrem Patriotismus war jedoch nicht zu zweifeln. Anhänger der Stimson-Tradition sahen sich selbst als Diener des Staates. Obwohl konservativ gestimmt, ließen sie sich in ihrer Tätigkeit nicht von egoistischen Erwägungen leiten. Sie wollten die Vereinigten Staaten bewahren, nicht aber an den für den *American way of life* bestimmenden sozialen oder ökonomischen Gegebenheiten herumdoktern. Unter den Bedingungen der vierziger Jahre bedeutete Bewahrung der Nation, sie zu stärken, die Stellung Amerikas an der Spitze der Großmächte unzweifelhaft zu festigen. Das ist Stimson und seinesgleichen bemerkenswert gelungen.

Das Ende des Zweiten Weltkrieges läutete zugleich das Ende dieser Tradition ein. Der Beginn ihres Niedergangs lässt sich genau datieren: Er fällt auf den 21. September 1945, als Kriegsminister Stimson, gerade 78 geworden, endgültig von Washington Abschied nahm, während Marineminister James Forrestal blieb und wachsenden Einfluss erlangte.

Der Kontrast zwischen diesen beiden bemerkenswerten, heute weitgehend vergessenen Gestalten sagt eigentlich alles. Stimson war ein Presbyterianer aus einer begüterten Familie, Absolvent der Phillips Academy, von Yale und Harvard Law School und der Inbegriff des erfolgreichen Wall-Street-Anwalts. Er heiratete jung und blieb seiner Frau treu ergeben. Er erwarb sich große Verdienste um den Staat: aktiver Dienst als Soldat in Frankreich 1918, eine Amtszeit als Generalgouverneur der Philippinen, vier Jahre als Außenminister und zwei Amtszeiten als Kriegsminister. Seine zahlreichen Bewunderer verbanden mit ihm »Vertrauen, Wahrheit, Gerechtigkeit, Tugend, Herrschaft des Rechts, Ruf der Pflicht«. Für sie war er ein »leuchtendes Vorbild«.[33]

Forrestal stammte aus einer armen Familie irisch-katholischer Einwanderer. Er studierte in Princeton, brach das Studium aber vor der Prüfung ab. Es zog ihn zur Wall Street, wo er in die Investmentfirma Dillon, Read & Co. eintrat und ein Talent zum Geldverdienen bewies. Er arbeitete sich hoch und wurde 1938 Präsident der Firma. 1940 ging er nach Washington und diente in einer Reihe von Führungspositionen. Sein persönliches Leben war ein Trümmerhaufen. Seine Frau war ein Flittchen und eine Alkoholikerin; er selbst war ein harter Trinker, ein nachlässiger Vater und ein zwanghafter Schürzenjäger. Er war ehrgeizig, sprunghaft, unsicher, aggressiv und nachtragend. Völlig vereinsamt, trat Forrestal in den Staatsdienst ein – ein vergeblicher Versuch, den Dämonen zu entkommen, die ihn seit dem Knabenalter verfolgt hatten.[34]

Als der Zweite Weltkrieg endete, war Minister Stimson das Gesicht des alten Washington. Er war schon immer da gewesen. Er hatte alles gesehen. Deshalb neigte er nicht zur Überreaktion. Er geriet nicht in Panik. Er verkörperte Beständigkeit, Umsicht und Nüchternheit.

Forrestal stand für ein ganz anderes Temperament; in ihm verband sich Alarmismus mit einem Verlangen nach sofortigem Handeln. Er war ein Pseudorealist, der vorgab, die Welt so zu sehen, wie sie ist, aber die Lage, vor der die Vereinigten Staaten standen, völlig verkannte. Im Vorgriff auf Dick Cheneys »Ein-Prozent-Doktrin« behauptete Forrestal, man gehe ein unannehmbares Risiko ein, wenn man abwarte, wie sich die Dinge entwickelten. Die Gefahr sei akut und verlange eine sofortige Reaktion. Schon die geringste Verzögerung drohe eine apokalyptische Niederlage nach sich zu ziehen. Dies war sicherlich der Geist, der Forrestals 1945 einsetzende Bemühungen beseelte, Washington gegen die Gefahr des »roten Faschismus« zu mobilisieren, gegen ein stalinistisches Regime, das wild entschlossen sei, die »Prinzipien des dialektischen Materialismus überall« einzusetzen, um »die Weltrevolution« voranzutreiben.[35]

Über große Weisheit verfügte Forrestal nicht. Es fehlte ihm

an Ausgeglichenheit, Urteilsvermögen, Gelassenheit. Er war im Grunde ein kranker, gepeinigter Mensch. Dennoch hat er die amerikanische Politik nachhaltig geprägt, und noch stärker war seine Ausstrahlung auf spätere Generationen Weiser Männer. Sie beteuerten zwar, Stimson zu bewundern, neigten aber dazu, sich Forrestal zum Vorbild zu nehmen, und schlugen beim geringsten Anlass Alarm. Leute seines Schlages fanden seit den vierziger Jahren bis in die Gegenwart Zugang zum inneren Zirkel der Präsidentenberater. Ständig befürchteten sie, dass der schlimmste Fall der wahrscheinlichste sein könnte, und forderten unverzügliches Handeln, um die Katastrophe zu verhindern. Die Befürworter des Irakkrieges gehören zu Forrestals direkten Nachfahren.

Dwight D. Eisenhower war während seiner gesamten Präsidentschaft besorgt, dass ein furchtsames Amerika eines Tages zu einem »Kasernenstaat« werden könnte. Dies brachte er ganz unmissverständlich in seiner Abschiedsrede zum Ausdruck. Seine Warnung hat bis heute ihre Gültigkeit bewahrt – so betonte er, dass nur »eine wachsame und gut informierte Bürgerschaft« uns vor dem Machtmissbrauch eines »militärisch-industriellen Komplexes« bewahren könne. Seine schlimmsten Befürchtungen sollten sich allerdings nicht erfüllen: Die Vereinigten Staaten sind heute kein Kasernenstaat. Doch die politischen Eliten sind zweifellos Opfer einer Kasernenmentalität geworden, wenn sie mit ihrem zwanghaften Sicherheitsdenken in der militärischen Macht das Allheilmittel zur Lösung internationaler Konflikte sehen. Der Pate dieses militarisierten Denkens ist James Forrestal.

Wenn er einen unmittelbaren Erben hatte, dann war es Paul Nitze, ein Meister im Aufbauschen der Bedrohung und einer der einflussreichsten Weisen Männer der Nachkriegszeit. Nitze hatte wie Forrestal in der Zwischenkriegszeit für Dillon, Read & Co. gearbeitet und ein Vermögen gemacht. 1940 folgte er Forrestal nach Washington und gehörte bald zur nationalen Sicherheitselite. In den folgenden vierzig Jahren spielte er in der nationalen Sicherheitspolitik eine zentrale Rolle, ob er nun ein Amt bekleidete oder am Rande abwartete. Seinen nachhaltigsten Beitrag leistete er schon früh: als Hauptautor von NSC-68, einem für Präsident Truman und den Nationalen Sicherheitsrat 1950 verfassten Geheimdokument. Es markiert den Wechsel von der maßvolleren Linie eines Henry Stimson zu James Forrestals Linie der Konfrontation.

Historiker haben NSC-68 lange als eines der grundlegenden Dokumente der amerikanischen Außen- und Sicherheitspolitik der Nachkriegszeit betrachtet. Heute können wir sagen, dass es mehr als das ist. NSC-68 verschafft uns einen frühen Eindruck von den Folgen unserer seit der Nachkriegszeit geübten Praxis, unser Geschick in die Hände Weiser Männer zu legen.

Zwei aktuelle Ereignisse hatten Truman im Januar 1950 veranlasst, dem Außen- und dem Verteidigungsministerium die Weisung zu erteilen, dringend – und natürlich geheim – die nationale Sicherheitsstrategie zu überprüfen. Es waren durchaus keine belanglosen Ereignisse, doch Nitzes Hauptbeitrag bestand darin, sie über die Maßen aufzubauschen und daraus die Forderung nach einer umfassenden Neuorientierung der amerikanischen Politik herzuleiten. Damit hat er sich letztlich durchgesetzt.

Das erste Ereignis war die Detonation einer sowjetischen Atombombe im August 1949. Der sowjetische Test stellte weder die nukleare Überlegenheit der Vereinigten Staaten infrage, noch bedeutete er, dass der Kreml bereits über eine einsatzfähige Waffe verfügte. Die unmittelbare Wirkung war vor allem eine psychologische. Das plötzliche Verschwinden ihres absoluten nuklearen Monopols überraschte die Amerikaner und steigerte die bereits tief im kollektiven Unbewussten der Nation verankerte Furcht, dass Städte wie New York und San Francisco eines Tages das Schicksal von Hiroshima und Nagasaki erleiden könnten.

Das zweite Ereignis war die chinesische Revolution, die Mao Zedong, den Führer der Kommunistischen Partei, am 1. Oktober 1949 zum Herrscher über das chinesische Festland machte. Im Unterschied zum sowjetischen Atomtest kam diese Entwicklung nicht überraschend. Amerikanische Beobachter hatten seit einiger Zeit damit gerechnet, dass Tschiang Kai-scheks Nationalisten ihren erbitterten Kampf gegen die Kommunisten verlieren würden. Dieses Ergebnis war zwar vorhersehbar, aber das machte es nicht angenehmer. Aus der Sicht Washingtons war es ein großer Rückschlag für den Westen, dass Peking kommunistisch wurde. Gleichwohl blieb China unter Mao ein rückständiges und armes Land, das die Vereinigten Staaten nicht zu bedrohen vermochte. Die Machtübernahme der Kommunisten machte aus China noch keine Großmacht.

Fünf Jahre nach dem Ende des Zweiten Weltkrieges standen die Vereinigten Staaten auf dem Gipfelpunkt ihrer Macht und ihres Einflusses. Dennoch befanden sie sich, wenn man NSC-68 Glauben schenkte, in »höchster Gefahr«: Die »Zerstörung nicht nur dieser Republik, sondern der gesamten Zivilisation« erschien plötzlich als eine reale Möglichkeit.[36] Das amerikanische System befand sich sogar »in größerer Gefahr als jemals zuvor in unserer Geschichte«. So jedenfalls beschrieb Nitze die Lage der Vereinigten Staaten im Frühjahr 1950.

Dieses Gefühl einer apokalyptischen Gefahr prägte Nitzes Sicht der Sowjetunion und ihrer Absichten. »Beseelt von einem neuen fanatischen Glauben«, sei der Kreml bestrebt, »seine absolute Herrschaft über den Rest der Welt zu errichten«. Die UdSSR trachte danach, »die freie Welt unter ihre Herrschaft zu bringen«, und zwar durch »Unterwanderung und Einschüchterung«, unterstützt durch »überwältigende militärische Macht«. Zu diesem Zweck, hieß es im NSC-68, ziele das sowjetische Programm auf »den vollkommenen Umsturz und die gewaltsame Zerstörung des Staatsapparats und der Gesellschaftsstruktur in den Ländern der nicht-sowjetischen Welt und ihre Ersetzung durch einen Apparat und eine Struktur, die dem Kreml dienstbar sind und von ihm gesteuert werden«. Das Wesen der sowjetischen Politik bestand in »permanenter Krise, Konflikt und Expansion«. Das alles stehe in scharfem Gegensatz zu Amerikas freundlicher Haltung, bestimmt durch »die unbedingte Toleranz unserer Weltanschauung, unsere großmütigen und konstruktiven Impulse und die Abwesenheit von Begehrlichkeit in unseren internationalen Beziehungen«.

In dem Kampf, zu dem die Vereinigten Staaten nach dem Zweiten Weltkrieg antraten, rang die Freiheit mit der abscheulichsten, allumfassenden Sklaverei. »Die Idee der Freiheit ist die ansteckendste Idee der Geschichte«, hieß es im NSC-68, und für die Sowjets sei die bloße Existenz der Freiheit eine »permanente und fortwährende Bedrohung«. Um diese Bedrohung zu beseitigen, habe die sowjetische Führung mit einem weltweiten Angriff auf freiheitliche Institutionen begonnen. Der NSC-68 stellte beunruhigt fest, dass »die Sowjetunion gegenwärtig über weitaus größere Streitkräfte verfügt, als es für die Verteidigung ihres nationalen Territoriums erforderlich ist«. Laut Nitzes Darstellung besaß die Sowjetunion – ein Land, das in Wahrheit schwerste Verluste durch den Zweiten Weltkrieg erlitten hatte, von denen es sich gerade erst zu erholen begann – bereits eine klare Machtüberlegenheit. Dennoch arbeite sie Tag für Tag daran, »die Kluft zwischen ihrer Kriegsbereitschaft und der mangelnden Kriegsbereitschaft der freien Welt zu vergrößern«.

Um dieser beispiellosen Bedrohung zu begegnen, fielen Nitze nur drei Optionen ein: Isolationismus, Präventivkrieg (mit einem nuklearen Erstschlag gegen ein Land, das nicht mit gleichen Mitteln reagieren konnte) oder schlicht »ein rascherer Aufbau« der amerikanischen Militärmacht. Die erste Option wurde verworfen – sie wäre einer Kapitulation gleichgekommen. Die zweite wurde als »abstoßend« und »moralisch zersetzend« abgelehnt.

Blieb noch die dritte Option. Der von Nitze befürwortete Aufbau erforderte eine massive Erhöhung der Militärausgaben und vor allem die beschleunigte Entwicklung einer Wasserstoffbombe; vermehrte Sicherheitsunterstützung für die Ausbildung und Ausrüstung der Armeen befreundeter Länder; Maßnahmen zur Erhöhung der inneren Sicherheit und der Leistung der Nachrichtendienste; schließlich eine Intensivierung verdeckter Operationen mit dem Ziel, innerhalb des Ostblocks »Unruhen und Revolten zu schüren und zu unterstützen«. Weil der nationalen Sicherheit die höchste Priorität zukam, sollten die Ausgaben im Inneren gekürzt werden. Außerdem sollten Steuererhöhungen die für die Aufrüstung erforderlichen Mittel bereitstellen. Diese »Nitze-Doktrin« war faktisch ein Rezept für die permanente Militarisierung der amerikanischen Politik.

Erhöhte Militärausgaben bedeuteten jedoch nicht unbedingt, dass der Normalbürger den Gürtel enger schnallen musste. NSC-68 stellte in Aussicht, dass »die wirtschaftlichen Effekte des Programms darin bestehen könnten, das Bruttosozialprodukt um mehr als den Betrag zu erhöhen, der für zusätzliche Militärausgaben und Auslandshilfe erforderlich ist«. Anders gesagt, die Vereinigten Staaten konnten sich sowohl Kanonen als auch Butter leisten, ja, die Produktion von mehr Kanonen konnte sogar mehr Butter abwerfen.

Für Nitze war das ein wichtiges »Verkaufsargument«. Hohe Militärausgaben widersprachen nicht mehr dem langfristigen wirtschaftlichen Wohl des Landes, sondern konnten sogar die Grundlage fortwährenden Wohlstands sein – ein Argument, das eindeutig auf die Mitglieder der Regierung zielte, speziell auf den Präsidenten. Denn Truman fürchtete negative innenpolitische Folgen, wenn er Riesensummen in die Verteidigung steckte. Die anhaltende Wirkung der Nitze-Doktrin beruht auch darauf, dass die Wiederaufrüstung nicht nur größere Sicherheit versprach, sondern auch wachsenden materiellen Wohlstand.

Das überzeugte Truman jedoch nicht – bis das Schicksal in Gestalt des Koreakriegs eingriff. Für einen Präsidenten, der zunehmend in Bedrängnis geriet, war der Ausbruch des Krieges auf der koreanischen Halbinsel eine weitere unwillkommene Überraschung. Für Nitze war er ein Glücksfall, der zur rechten Zeit kam. Der Angriff des kommunistischen Nordkorea auf den Süden schien die Analyse des NSC-68 zu bestätigen: Der auf Weisungen des Kreml agierende internationale Kommunismus schien auf dem Vormarsch zu sein. Nicht zum letzten Mal in der jüngeren amerikanischen Geschichte – ein weiteres Beispiel ist der sowjetische Einmarsch in Afghanistan im Jahr 1979 – schrieben Weise Männer einem Ereignis von mittlerer Tragweite spontan weltbewegende Bedeutung zu. Wenn es noch Zweifel an Nitzes Rezept gab, so wurden sie nun beiseitegewischt. NSC-68 wurde zu einem Dogma. Der Verteidigungshaushalt wuchs auf mehr als das Dreifache an, wobei der größere Teil der Gelder nicht für den Kampf in Korea benutzt wurde, sondern für das von Nitze vorgeschlagene allgemeine Aufrüstungsprogramm. Mit der Militarisierung der amerikanischen Politik wurde es jetzt ernst.

Wäre dieses Dokument bloß ein Gegenstand von historischem Interesse, verdiente es nicht, dass wir uns hier damit befassen. Aber NSC-68 war weit mehr als das. Die meisten Amerikaner von heute wissen nichts über seinen Inhalt, doch für die aktuelle Politik der USA hat Nitzes Meisterwerk dieselbe Bedeutung wie Washingtons Abschiedsrede oder die Monroedoktrin für die amerikanische Politik im 19. Jahrhundert. Es enthält den Schlüssel zum Verständnis vieler Dinge, die sich in den nachfolgenden Jahrzehnten ereignen sollten.

Neokonservative wie Max Boot, Thomas Donnelly und Frederick Kagan messen NSC-68 bis heute eine magische Bedeutung zu und betrachten dieses Dokument als Vorbild für eine »kohärente Großstrategie«.[37] Für Kagan, der Fellow am American

Enterprise Institute ist, enthält Nitzes Werk »eine Vision der Sicherheitspolitik, die Amerika verfolgen muss, solange es eine Weltmacht ist«.[38] Doch was manche als Kohärenz betrachten, erscheint aus einer anderen Sicht als extreme Demagogie, durchsetzt mit Paranoia, Größenwahn und einer unbekümmerten Missachtung der empirischen Wahrheit. Liest man heute NSC-68, gerät man in ein Treibhaus von Furcht, Schrecken und Panik – dieselbe irrationale Gefühlsmischung, die dabei half, den Irakkrieg vom Zaun zu brechen. NSC-68 war eine Übung in Panikmache, die seit Nitzes Zeit das Handwerkszeug Weiser Männer geblieben ist.

Das Muster ist inzwischen bekannt: Nitze-Epigonen mit dem Status von Washingtoner Insidern schlagen Alarm und fordern lautstark unverzügliche Abhilfe. Manchmal, wie beim Entwurf von NSC-68, spielen sich die anschließenden Ereignisse hinter geschlossenen Türen ab. Mitunter kommt es auch zu einem regelrechten Melodram nach Washingtoner Art. Der Kongress beschließt Untersuchungen; Ausschüsse treten zusammen. Denkfabriken geben dicke Berichte heraus, die das wachsende Gefühl der Beunruhigung verstärken. Gegenüber der Presse lässt man Dinge durchsickern, die den Eindruck erwecken, als könne alles noch viel schlimmer sein, als es scheint. Ständig droht Gefahr. (»Erhöhen Sie laufend die Bedrohung«, forderte Verteidigungsminister Donald Rumsfeld nach dem 11. September von seinen Untergebenen. »Sorgen Sie dafür, dass das amerikanische Volk begreift, dass es in der Welt von gewalttätigen Extremisten umringt ist.«)[39] Stets drohen die Vereinigten Staaten zurückzufallen, und stets besteht die Abhilfe darin, dringend notwendige neue Optionen zu entwickeln oder stärkeren Aktivismus zu fördern – und natürlich mehr Geld für das Pentagon, die Nachrichtendienste und den Rest des nationalen Sicherheitsapparats bereitzustellen.

In den Jahren seit ihrer Verkündigung ist die Nitze-Doktrin

zu einem Modell geworden, auf das Mitglieder der nationalen Sicherheitselite immer wieder zurückgegriffen haben. Die von Nitze 1950 eingeführten Methoden haben bis heute ihren Wert behalten. Er bewies, wie vorteilhaft es ist, die Gegner Amerikas zu dämonisieren und auf diese Weise alltägliche Sorgen zu ernsten Bedrohungen und ernste Bedrohungen zu existenziellen Gefahren aufzublähen. Er ersann das Verfahren, »Optionen« so geschickt zu formulieren, dass sie zuvor festgelegte Schlussfolgerungen bestätigen, womit der Analytiker faktisch zum Entscheider wird. Er zeigte, wie leicht amerikanische Ideale zur Verschleierung amerikanischer Ambitionen genutzt werden können: Ausdrücke wie *Frieden* und *Freiheit* werden auf diese Weise zu Chiffren für Expansionismus.[40] Vor allem aber demonstrierte Nitze, dass es von unschätzbarem Wert ist, Panik zu verbreiten, um den politischen Entscheidungsprozess voranzutreiben. Wenn es galt, Hindernisse auszuräumen und Geld locker zu machen, wirkte die Nitze-Doktrin Wunder.

Mitte der fünfziger Jahre war Nitze der Vorreiter bei der Verbreitung von Meldungen über eine alarmierende »Bomberlücke«: Angeblich überholten die Sowjets die Vereinigten Staaten beim Bau von Langstreckenbombern. Kurz darauf sorgten Gerüchte von einer »Raketenlücke« für Schlagzeilen; diesmal sollten die Sowjets weit mehr Langstreckenraketen besitzen als die Amerikaner. An dem Gaither-Report, der diese Behauptung in die Welt setzte, war der allgegenwärtige Nitze als Hauptautor beteiligt.

Ende der fünfziger Jahre äußerten Insider ihre Besorgnis, dass die zunehmenden strategischen Vorteile der Sowjets das »heikle Gleichgewicht des Schreckens« gefährden könnten: Die Abschreckungsfähigkeit Amerikas ließe nach und könne in Kürze ganz verschwinden. Mitte der siebziger Jahre berief der damalige CIA-Direktor George H. W. Bush eine Gruppe von Weisen Männern, unter ihnen an herausragender Stelle Nitze, um sich mit diesem

Problem zu befassen. Dieses sogenannte Team B kam zu dem Schluss, dass die Situation schlimmer war als vermutet: Die Vereinigten Staaten seien inzwischen so weit zurückgefallen, dass ein sowjetischer Erstschlag als reale Möglichkeit drohe.

Kaum war die sowjetische Gefahr verschwunden, als 1989 der Bericht einer von Donald Rumsfeld geleiteten »Commission to Assess the Ballistic Missile Threat to the United States« veröffentlicht wurde. Warnend hieß es darin, dass die Vereinigten Staaten die Gefahren unterschätzten, die von den Raketenprogrammen solcher Länder wie Iran, Irak und Nordkorea ausgingen.

Nichts von alledem, angefangen mit dem NSC-68 und seiner phantasmagorischen Darstellung der sowjetischen Potenziale und Absichten im Jahr 1950, hat sich als zutreffend erwiesen. In jedem einzelnen Fall haben die Verfechter der Nitze-Doktrin die Fakten gefälscht und die Gefahren übertrieben. Die Bomber- und Raketenlücke der Eisenhower-Ära waren Wahngebilde. Zwar baute die Sowjetunion ihr Kernwaffenarsenal in den sechziger und siebziger Jahren aus, doch von einer Erstschlagskapazität konnte nicht entfernt die Rede sein. Was die Rumsfeld-Kommission betrifft, so haben sich ihre Behauptungen als reiner Schwindel erwiesen. Doch in all diesen Fällen – wie schon beim NSC-68 – führte das Gezeter der Weisen Männer zu den gewünschten Ergebnissen.

In jedem einzelnen Fall diente die angeblich strenge Analyse in Wahrheit dazu, einen gruppendynamischen Prozess zu verschleiern, in dem Vorurteile, politische Ziele und Karriereinteressen der Beteiligten zu vorgefassten Meinungen geführt hatten. Die Handlanger von George W. Bush haben nicht die Methode erfunden, die Fakten so »hinzubiegen«, dass sie zu einer bestimmten Politik passen.[41] Sie haben lediglich die Dreistigkeit eines Verfahrens, das in den letzten sechzig Jahren in der nationalen Sicherheitspolitik eine zentrale Rolle spielte, zu neuen Höhepunkten geführt.

Fürst der Dreistigkeit in unseren Tagen war Paul Wolfowitz. Wenn Nitze der Erbe von Forrestal war, darf man Wolfowitz als einen Nachfahr von Nitze betrachten. In den siebziger Jahren machte Wolfowitz erstmals als Zuarbeiter von Nitze im Team B auf sich aufmerksam. In den neunziger Jahren tauchte er wieder als Vollmitglied der Rumsfeld-Kommission auf. In der Zwischenzeit hatte er sich auf verschiedenen Posten im Außen- und Verteidigungsministerium stetig hochgearbeitet. Der Öffentlichkeit kaum bekannt, genoss Wolfowitz bei Insidern den Ruf, ein aufsteigender Stern zu sein – intellektuell, einfallsreich, mit einem feinen Gespür für neue Gefahren, die gleich hinter dem Horizont lauerten, und ungehalten über die Hemmnisse, die ihm von der herrschenden Meinung auferlegt wurden.

Für Wolfowitz war die Ideologie der nationalen Sicherheit so etwas wie eine Ersatzreligion. An sie glaubte er inbrünstig. Er hegte keinerlei Zweifel am Ziel der Geschichte und an Amerikas Mission, dieses Ziel zu verwirklichen. Für ihn besaß Amerika eine unerschöpfliche Machtfülle, und er war schon immer begierig gewesen, diese Macht zum Einsatz zu bringen. Das Ende des Kalten Krieges verstärkte nur noch diesen Hang zum Aktivismus. Wolfowitz teilte die Ansicht, dass dieser Sieg die Vereinigten Staaten in eine Position erdrückender Überlegenheit katapultiert hatte. »Angesichts einer so großen Fähigkeit, den Gang der Dinge zu beeinflussen«, schrieb er, »gilt es herauszufinden, wie man diese Fähigkeit am besten für die Gestaltung der Zukunft nutzt.«[42] Außerdem schätzte er die Risiken der Untätigkeit, obwohl schwer zu ermessen, höher ein als die Risiken des Handelns.

Nach Wolfowitz' Plänen sollte die militärische Macht bei der Gestaltung der Zukunft eine zentrale Rolle spielen. Unter Präsident Bush senior im Verteidigungsministerium tätig, erlangte er für kurze Zeit traurige Berühmtheit als mutmaßlicher Autor eines Dokuments, in dem die permanente und unzweifelhafte globale militärische Überlegenheit zum Grundpfeiler der Politik nach dem Ende des Kalten Krieges erhoben wurde. Kritiker, hauptsächlich Demokraten, verhöhnten die Idee als Blaupause für eine militarisierte Pax Americana. Doch dann zog 1993 ein Demokrat ins Weiße Haus ein, und er ging daran, eine Pax Americana auszubauen – in Lite-Version, großzügig unterfüttert mit militärischer Macht. Als Bill Clinton amerikanische Truppen nach Somalia, Haiti und auf den Balkan schickte, als amerikanische Raketen und Bomben Serben, Sudanesen und Iraker töteten, kritisierte Wolfowitz nicht die Rücksichtslosigkeit der amerikanischen Politik – vielmehr beklagte er, dass sie immer noch zu zaghaft sei. Er tadelte »die Neigung der Regierung Clinton, hinhaltend zu taktieren, statt aufs Ganze zu gehen«. Dieses Hinhalten führe zur »Anhäufung künftiger Probleme«.[43] Wolfowitz hatte kein Interesse, Probleme anzuhäufen – er wollte sie beseitigen.

Am 11. September 2001 war Wolfowitz wieder Mitglied der Regierung, nunmehr als stellvertretender Verteidigungsminister unter George W. Bush. Für Wolfowitz war die Ermordung von fast dreitausend Amerikanern eine schreckliche Tragödie, mit der sich vielfältige Chancen auftaten. Dies war die Gelegenheit, ein für alle Mal mit einer zögerlichen Politik aufzuräumen. So wie Nitze die sowjetische Bombe, die chinesische Revolution und später den Koreakrieg genutzt hatte, um einen Ausbau der amerikanischen Militärmacht zu verlangen, so nutzte Wolfowitz jetzt den Angriff von al-Qaida, um eine Entfesselung der amerikanischen Militärmacht zu fordern. Für ihn war offenkundig der Moment gekommen, aufs Ganze zu gehen.

Der Irak-Konflikt kam hier wie gerufen. Die angebliche Bedrohung durch irakische Massenvernichtungswaffen verlieh dem Aufruf der Regierung, jetzt zu handeln, Dringlichkeit. Die Gefahr, dass Saddam Hussein solche Waffen Terroristen überlassen könnte, war, wie Wolfowitz später bemerkte, »das einzige Argument, das alle überzeugte«.[44] Die Leiden des irakischen Volkes unter der Knute Saddam Husseins lieferten einen passenden moralischen Vorwand für den absehbaren Konflikt: So konnte die Regierung den ersehnten Waffengang zum Befreiungskrieg hochstilisieren.

Wolfowitz versprach sich von einem solchen Krieg den großen Wandel. Die Absetzung Saddams würde zu dem »historischen Moment werden, in dem der Westen seine Perspektive für das 21. Jahrhundert bestimmt« – und im Zentrum dieser Perspektive würden natürlich »die Werte von Freiheit und Demokratie« stehen.[45] Der Sturz Saddams könnte geradezu eine Welle politischer Veränderungen in der ganzen islamischen Welt auslösen. »Die Befreiung der begabten Menschen eines der wichtigsten arabischen Länder in der Welt« würde, so Wolfowitz, »für Amerikaner und Araber und andere Menschen guten Willens eine Möglichkeit« schaffen, fortan in Frieden und Eintracht zu leben. Für ihn war es »kaum vorstellbar«, dass dabei etwas anderes herauskommen könnte.[46]

Doch das alles war nur schmückendes Beiwerk. Der eigentliche Zweck des Irakkrieges bestand für Wolfowitz in der Etablierung neuer Normen für die Gewaltanwendung. Mochte der Zweck der Übung nach außen hin auch darin bestehen, Massenvernichtungswaffen zu zerstören, einen brutalen Diktator zu stürzen und mit der Trockenlegung des terroristischen »Sumpfes« zu beginnen, so verfolgte man im Grunde ein ganz anderes Ziel: die Beseitigung jeglicher Beschränkungen für den Einsatz von Waffengewalt seitens der Vereinigten Staaten.

Nach dem 11. September wagte Wolfowitz also Grenzen zu überschreiten, vor denen selbst Nitze zurückgeschreckt war: Er befürwortete eine Politik der »vorgreifenden Selbstverteidigung« – ein Euphemismus für Präventivkrieg. Die Angriffe auf das World Trade Center und das Pentagon lagen noch nicht einmal 48 Stunden zurück, als er bereits kategorisch erklärte, die Vereinigten Staaten dächten nicht daran, sich bei ihrer Antwort nur auf jene zu beschränken, die direkt an der terroristischen Verschwörung beteiligt waren. Es werde nicht ausreichen, Osama bin Laden und seine Spießgesellen vor Gericht zu stellen. Die Vereinigten Staaten seien vielmehr entschlossen, einen »umfassenden und nachhaltigen Krieg« gegen alle Staaten zu führen, die eine potenzielle Gefahr darstellten. Man wolle also nicht nur die potenziellen Terroristen treffen. Vielmehr würden die Vereinigten Staaten die Terroristen ihrer Schlupfwinkel berauben, und zwar durch nichts Geringeres als die »Ausschaltung von Regimen, die den Terrorismus unterstützen«. Nitze hatte in NSC-68 wenigstens noch so getan, als stelle er mehrere Optionen zur Diskussion. Für Wolfowitz gab es nach dem 11. September nur noch eine Option: den unbefristeten globalen Krieg.

Nur wenige Stunden nach den Anschlägen vom 11. September drängte Wolfowitz bereits auf eine militärische Aktion zur Beseitigung Saddam Husseins. Deshalb betrachteten Kritiker ihn später als einen der maßgeblichen Architekten des Irakkrieges. Weitaus schwerwiegender ist jedoch der gegen ihn erhobene Vorwurf, er habe das Konzept des Präventivkrieges legitimiert. Die Geschichte wird Paul Wolfowitz als den Mann in Erinnerung behalten, der durch seine Manipulationen der Bush-Doktrin den Weg ebnete. Nitze hatte den Präventivkrieg in NSC-68 als »abstoßend« verworfen. Wolfowitz befürwortete ihn jetzt als zulässig, notwendig, ja sogar wünschenswert.

Vor 1940 hätten die meisten Amerikaner die Idee, eine dauerhafte, weltweite militärische Vormachtstellung anzustreben, als ziemlich abwegig empfunden. Diese Vorstellung mochte vielleicht bei Preußen Begeisterung wecken, doch beim amerikanischen Normalbürger wäre sie wahrscheinlich durchgefallen. Nach 1950 erschien die Vorstellung, dass die Vereinigten Staaten sich mit weniger als einer unangefochtenen militärischen Vorrangstellung begnügen könnten, unerträglich. Daran kann man ermessen, was Nitze erreicht hat.

Doch trotz der Kasernenmentalität, für deren Vordringen Nitze so viel geleistet hatte, erklärten die meisten Amerikaner bis 2001, Gewalt sei für sie nur als letztes Mittel hinnehmbar. Politiker waren der Ansicht, dass man Kriege nach Möglichkeit vermeiden sollte. Und ein Präventivkrieg galt als völlig inakzeptabel. Doch nach dem 11. September wurde der Präventivkrieg zum Kernprinzip der amerikanischen Politik erhoben. Politiker unterschiedlicher Couleur befürworteten Bushs »Globalen Krieg« und ließen sich ihre Begeisterung auch nicht durch Vorhersagen trüben, dass der Konflikt sich über Jahrzehnte oder gar über Generationen hinziehen würde. Für die Vereinigten Staaten war der Krieg faktisch zum Dauerzustand geworden. Das war eine bemerkenswerte Entwicklung, die aber – jedenfalls in Washington – nicht das geringste Interesse weckte, nach den politischen, wirtschaftlichen, sozialen oder moralischen Auswirkungen eines Krieges ohne Ende zu fragen. Mögliche Alternativen zum Globalen Krieg wurden nicht in Erwägung gezogen. Daran kann man ermessen, was Wolfowitz in der Zeit bis zum Angriff auf den Irak erreicht hat.

Niebuhr hat einmal geschrieben: »Die trügerische Sicherheit, von der sich alle Menschen verlocken lassen, ist die Sicherheit der Macht.«[47] Die Weisen Männer der Nachkriegszeit, von Forrestal über Nitze bis Wolfowitz, haben in ihrer Verehrung für dieses trügerische Verständnis von Sicherheit nie geschwankt.

Krieg ohne Ende

Die Bush-Doktrin war der folgenschwerste Schritt im Bereich der nationalen Sicherheit seit der Schaffung des Manhattan-Projekts, das zum Bau der ersten Atombombe führte. Mit ihrer Tragweite lässt sie die Doktrinen der Präsidenten Truman, Eisenhower, Nixon, Carter oder Reagan weit hinter sich.

Als die Regierung Bush diese Doktrin formulierte, bemühte

sie sich selbstverständlich nicht um die Zustimmung des Kongresses. Und sie dachte schon gar nicht daran, das amerikanische Volk zu befragen. Eine Hand voll Weiser Männer, angeführt von Wolfowitz, sah hier eine großartige Gelegenheit, die nationale Sicherheitspolitik zu revolutionieren. Diese Gelegenheit nutzten sie sofort, überzeugten den Präsidenten von den Vorzügen ihrer Idee und setzten sie sodann in die Tat um, faktisch per Erlass.

Die Bush-Doktrin lieferte die letzte Begründung für den Angriff auf den Irak. Wolfowitz und andere Mitglieder der Regierung glaubten an einen raschen, eindeutigen Sieg. Der Irak war ja keineswegs stark und furchterregend. Nach dem ersten Golfkrieg und zehnjährigen Sanktionen besaß Saddam Hussein nur noch eine marode Armee und praktisch keine Luftwaffe mehr. Aufgrund dieser Schwäche erschien der Irak als verlockendes Angriffsziel. Man erwartete, dass die Invasion zu einem »Spaziergang« würde. Wolfowitz und andere Mitglieder der Regierung rechneten damit, dass der Sieg nachträglich die Bush-Doktrin bestätigen würde, dass er ihre Wirksamkeit demonstrieren und damit den Weg für ihre weitere Anwendung ebnen würde. Kurz, mit dem Sieg im Irak würden die letzten Beschränkungen für den Einsatz amerikanischer Militärmacht (und für die Vollmachten des imperialen Präsidenten) wegfallen.

Wichtig ist, die Tragweite der vom 11. September ausgelösten Pläne zu verstehen. Wir sind fixiert auf die Dinge, die seither im Irak schiefgelaufen sind, und übersehen dabei leicht, dass die Ausschaltung Saddams nie das Endziel war. Der Einmarsch in den Irak sollte nur ein Element eines weiter gehenden Plans von atemberaubender Verstiegenheit sein. Die Weisen Männer, deren Rat Präsident Bush nach dem 11. September gesucht hatte, rechneten damit, dass ein leichter Sieg gegen einen schwachen Gegner den Weg für weit größere Siege bahnen würde.

Wolfowitz hatte schon 1997 behauptet, mit der Ausschaltung Saddams würden sich »neue Optionen für die amerikanische

Politik eröffnen«. Zu den neuen Optionen gehörten verlockende neue Möglichkeiten, durch amerikanische Machtpolitik die Zukunft nach Maßgabe amerikanischer Interessen zu gestalten. »Aktionen, die jetzt schwierig oder unmöglich sind«, hatte Wolfowitz forsch-fröhlich vorhergesagt, »werden eher machbar sein, nachdem wir die ersten Schritte getan haben.«[48] Das war die eigentliche Intention der Bush-Doktrin: Durch sie ermächtigte sich die Regierung selbst, nach eigenem Ermessen weitere Schritte zu ergreifen.

Die nächsten Schritte blieben zwar der Öffentlichkeit verborgen, aber sie verhießen Großes. »Wir sind jetzt ein Imperium, und wenn wir handeln, schaffen wir unsere eigene Realität«, erklärte ein führendes Mitglied der Regierung Bush gegenüber dem Journalisten Ron Suskind. »Wir sind Akteure der Geschichte ... und Ihnen, Ihnen allen, wird nichts anderes übrig bleiben als zuzuschauen, was wir tun.«[49] Die Bush-Doktrin war das wichtigste Instrument zur Schaffung dieser Realität. Das Weiße Haus würde handeln, gestützt auf militärische Macht. Allen anderen – der Bürokratie, dem Kongress, dem amerikanischen Volk und dem Rest der Welt – würde nur die Zuschauerrolle bleiben.

Die erwähnten ersten Schritte erwiesen sich dann aber als weitaus schwieriger, als Wolfowitz vorhergesehen hatte. Die Folgen der Praxis amerikanischer Politik, die Geschicke des Landes in die Hände Weiser Männer zu legen, die von der Ideologie der nationalen Sicherheit erfüllt sind, sehen wir heute im Irak in höchster Vollendung vor uns. Die Bush-Doktrin ist schon bei ihrer ersten Anwendung gescheitert.

Die meisten Versuche, Lehren aus dieser Katastrophe zu ziehen, drehten sich vor allem um technische Dinge. So heißt es etwa, die Vereinigten Staaten bräuchten bessere Geheimdienstinformationen. Die Streitkräfte müssten in der Aufstandsbekämpfung besser werden und bei der Planung der Phase IV bessere Arbeit leisten. All dies bezieht sich auf die ganze Palette der Aktivitäten, die im »nächsten Krieg« mit Eroberung und Wiederaufbau eines besiegten Landes verbunden sein werden. Die Soldaten bräuchten eine bessere Ausrüstung, sei es, um sich gegen Angriffe mit unkonventionellen Spreng- und Brandvorrichtungen (USBV) zu wehren, sei es, um nicht wahllos Aufständische und unschuldige Zivilisten zu töten, sondern nur die Ersteren.

Doch diese Auseinandersetzung mit taktischen und operativen Fragen lenkt von weit wichtigeren Versäumnissen im politischen Bereich ab. Hier sollten wir den Irakkrieg im größeren Zusammenhang mit der nationalen Sicherheitspolitik seit 1945 betrachten und folgende Lehren ziehen.

Erstens: Die Ideologie der nationalen Sicherheit, die verhängnisvollste Form des amerikanischen Exzeptionalismus, stellt ein unüberwindliches Hindernis für eine vernünftige Politik dar. Als die amerikanische Macht im Aufstieg begriffen war, konnten die Vereinigten Staaten vorgeben, sie würden das Ziel der Geschichte oder den Willen Gottes erkennen. Heute können sie sich solche Verstiegenheiten nicht mehr leisten.

Niebuhr hat einmal geschrieben: »Das ganze Drama der Geschichte vollzieht sich in einem Bedeutungsrahmen, der für das Begriffsvermögen oder die Handlungsmöglichkeiten der Menschen zu groß ist.«[50] Diese Einsicht sollte zur Bedingung für die Wahl oder Berufung in ein hohes Amt gemacht werden. Sollten die Politiker weiterhin das Gegenteil behaupten, werden sie Katastrophen heraufbeschwören, neben denen das aktuelle Missgeschick im Irak geradezu belanglos erscheint.

Zweitens: Die Amerikaner können es sich nicht länger leisten, an einem System festzuhalten, das nicht funktioniert. Ein quasi permanenter Krisenzustand über Generationen hinweg hat unsere Verfassung deformiert, mit nahezu katastrophalen Folgen. Wer unter diesen Umständen glaubt, mit dem Einzug eines neuen Gesichts in das Weiße Haus, dem Übergang der Kongressmehrheit von einer Partei auf die andere oder einem neuen Versuch, die Mängel des nationalen Sicherheitsapparats zu beheben, werde sich etwas ändern, verschließt die Augen vor jahrzehntelangen Entwicklungen.

Doch wenn die Präsidenten zu viel Macht angehäuft haben, wenn der Kongress schwach und der nationale Sicherheitsapparat hoffnungslos zerrüttet ist, kann das amerikanische Volk nur sich selbst die Schuld zuschreiben. Es hat zugelassen, dass ihm seine Demokratie geraubt wurde. Die Diebe werden ihre Beute nicht freiwillig zurückgeben.

Eine der Folgen dieses Raubes war die Entstehung einer neuen politischen Elite, deren Mitglieder ein persönliches Interesse am Fortbestehen der Krisen haben, aus denen ihnen Macht zuwächst. Das sind die Leute, die unter dem Vorwand, sich um Frieden zu bemühen oder die Sache der Freiheit zu fördern, politische Konzepte ersinnen, die zum Krieg führen oder die Kriegsgefahr erhöhen und Chaos hervorrufen.

Es wäre Wahnsinn, diese Elite weiter gewähren zu lassen. Das ist die dritte Lehre, die wir aus dem Irakkrieg ziehen sollten. Was die Weisen Männer uns heute zu bieten haben, ist das Gegenteil von Weisheit. Betrachtet man die wahnwitzigen Fehleinschätzungen, die seit dem 11. September die amerikanische Politik geprägt haben, wäre den Präsidenten in der Tat besser gedient, wenn sie, statt den Ratschlägen abgehobener Insider zu folgen, auf den gesunden Menschenverstand der normalen Bürger hören würden. Denn schließlich sind es die Kinder und Enkelkinder gewöhnlicher Bürger, die am Ende die von Weisen Männern ausgeheckten Kriege ausfechten werden.

Man muss den Weisen Männern nicht unterstellen, dass sie offen oder bewusst böswillig sind. Es wäre sicher ungerecht, ihnen vorzuwerfen, sie hätten Bedrohungen vollkommen frei erfunden. Sie haben jedoch von der Ära Forrestals und Nitzes bis zur Gegenwart immer wieder reale Bedrohungen falsch eingeschätzt und aufgebauscht – mit verheerenden Folgen.

Die Weisen Männer verstehen sich zweifellos als treue Patrioten. Ohne Zweifel meinen sie es gut. Das aber ist nicht gut genug. Wie Paul Wolfowitz selbst schrieb: »Kein amerikanischer Präsident kann eine Politik, die nicht ihre erklärten Ziele erreicht, mit dem Hinweis auf die Lauterkeit und Rechtschaffenheit seiner Absichten rechtfertigen.«[51] Das lässt sich auch auf diejenigen übertragen, die Präsidenten beraten und deren Rat fürchterliche Folgen nach sich zieht, wie wir sie nach dem 11. September ertragen mussten. Sie haben jeden weiteren Anspruch auf Vertrauen verwirkt.

3. Die militärische Krise

»Der Krieg ist die große Prüfung für die Institutionen«, hat der Historiker Corelli Barnett einmal geschrieben.[1] Seit dem 11. September wurden die Vereinigten Staaten einer solchen Prüfung unterzogen und für zu leicht befunden. Dieses negative Urteil lässt sich uneingeschränkt auf die Streitkräfte Amerikas übertragen.

Tapferkeit ist ebenso wenig ein Maßstab für die Größe einer Armee wie Stärke, Standhaftigkeit oder technische Perfektion. Groß ist eine Armee, die den ihr erteilten Auftrag erfüllt. Seit George W. Bush seinen Globalen Krieg gegen den Terror verkündete, sind die Streitkräfte der Vereinigten Staaten diesem Maßstab nicht gerecht geworden.

Nach dem 11. September 2001 entwarf Bush eine kühne Angriffsstrategie und gelobte, »die Schlacht zum Feind zu tragen, seine Pläne zu durchkreuzen und den schlimmsten Bedrohungen entgegenzutreten, ehe sie sichtbar werden«.[2] Das wichtigste Instrument für diese Offensive war das Militär, und bald sahen sich amerikanische Truppen an mehreren Fronten engagiert.

Zwei dieser Fronten – Afghanistan und der Irak – verlangten höchste Aufmerksamkeit. In beiden Fällen lautete der Auftrag, durch K.-o.-Schlag einen raschen, klaren, billigen und politisch sinnvollen Sieg zu erreichen. In beiden Fällen kam das amerikanische Militär schlecht weg, obwohl es ein beeindruckendes Bild von Tapferkeit, Stärke, Standhaftigkeit und technischer Perfektion bot. Das Problem war nicht mangelnder Einsatz der Soldaten, sondern das Ergebnis ihrer Mühen.

In Afghanistan gelang es den amerikanischen Truppen nicht, die Führung von al-Qaida auszuschalten. Sie konnten zwar das

Talibanregime stürzen, das den größten Teil des Landes beherrscht hatte, doch vermochten sie nicht die Talibanbewegung zu zerschlagen, die sich rasch die verlorenen Positionen zurückeroberte. Was als kurzer Feldzug geplant war, wurde zu einem langwierigen Krieg. Ein Ende ist auch nach acht Jahren nicht in Sicht. Im Gegenteil: Amerikas Gegner erstarken. Der Ausgang ist völlig offen.

Im Irak beobachten wir einen ähnlichen Verlauf: Die Illusion eines mühelosen Erfolgs wurde durch die nachfolgenden Entwicklungen widerlegt. Der Angriff begann am 19. März 2003. Sechs Wochen später erklärte Präsident Bush vor einem vom Weißen Haus gelieferten Transparent mit der Aufschrift »Mission Accomplished«, dass »die Kampfhandlungen im Irak im Wesentlichen beendet sind«. Diese Behauptung erwies sich als illusionär.

Kurz nach dem Fall Bagdads erklärten die einflussreichen Neokonservativen David Frum und Richard Perle die »Operation Iraqi Freedom« zu einem »anschaulichen und überzeugenden Beweis der Fähigkeit Amerikas, einen raschen und totalen Sieg zu erringen«.[3] General Tommy Franks, der die Invasionstruppe befehligte, bemerkte in aller Bescheidenheit, die Ergebnisse seiner Bemühungen seien »von einem Spitzenniveau, das in den Annalen des Krieges nicht seinesgleichen hat«.[4] Solche Urteile – und es gab sie zuhauf – kann man heute nur noch als lächerlich bezeichnen. Damals glaubte man, der Krieg sei am 9. April 2003 auf dem Firdos-Platz in Bagdad zu Ende gegangen; dabei fing er erst richtig an. Die Kämpfe zogen sich jahrelang hin und forderten einen grausamen Tribut. Der Irak wurde zu einer Reprise von Vietnam, wenn auch zum Glück in kleinerem Maßstab.

So hatte man sich das nicht vorgestellt. Noch vor wenigen Jahren hatten Beobachter erklärt, die Vereinigten Staaten besäßen eine Militärmacht, wie sie die Welt noch nicht gesehen habe. Das sei das Pfund, mit dem Amerika wuchern könne. »Die

Truppe« schien unschlagbar. Max Boot, ein bekannter Kommentator zu militärischen Fragen, schrieb den Vereinigten Staaten im Jahr 2002 einen Grad militärischer Kompetenz zu, »der die Fähigkeiten solcher Möchtegern-Hegemone wie Rom, Britannien und Napoleons Frankreich weit übertrifft«. Die US-Truppen, schrieb er, besäßen »in allen Facetten der Kriegskunst eine so beispiellose Überlegenheit«, dass Verbündete zu einer Belastung geworden seien: »Wir sind ganz einfach nicht auf die Hilfe anderer angewiesen.«[5]

Boot bezeichnete dies als die »Doktrin vom Big Enchilada«. Ein knappes Jahr nach der Einnahme Bagdads durch US-Truppen ging Boot sogar noch weiter: Die amerikanische Armee habe sogar die deutsche Wehrmacht in den Schatten gestellt. Bei der Ausschaltung Saddams habe sie ein solches Können gezeigt, dass »legendäre Generäle wie Erwin Rommel und Heinz Guderian im Vergleich zu ihr als totale Versager erscheinen«.[6]

Das alles war, wie sich zeigte, leeres Geschwätz. Wenn der Globale Krieg gegen den Terror ein unbestreitbares Ergebnis gezeitigt hat, dann bestand es darin, dass die militärischen Fähigkeiten der USA völlig überschätzt worden waren. Das unangebrachte Vertrauen der Regierung Bush in die Wirksamkeit amerikanischer Waffen stellt eine strategische Fehleinschätzung dar, die das Land teuer zu stehen kam. Auch in einer Zeit von Tarnkappenflugzeugen, Präzisionswaffen und blitzschneller Fernmeldetechnik ist Waffengewalt kein Allheilmittel. Auch in einer vermeintlich unipolaren Ära erweist sich die militärische Macht Amerikas als recht begrenzt.

Wie kam es, dass die Amerikaner den Nutzen militärischer Macht derart überschätzten? Schuld daran waren drei große Illusionen.

Der ersten Illusion zufolge war es den Vereinigten Staaten in den achtziger und neunziger Jahren gelungen, das Kriegshandwerk neu zu erfinden. Der Waffeneinsatz wurde präziser, zielgenauer und vermeintlich humaner. Das Pentagon hatte einen neuen *American Way of War* ersonnen, der seinen Streitkräften Fähigkeiten verlieh, wie es sie bis dahin noch nicht gegeben hatte. Kurz nach dem Fall Bagdads im April 2003 erklärte Präsident Bush überschwänglich: »Wir haben die neuen Möglichkeiten der Technologie genutzt … um eine feindliche Macht mit Schnelligkeit und unglaublicher Präzision zu schlagen. Wir sind dabei, den Krieg zu unseren Bedingungen neu zu definieren, indem wir kreative Strategien und fortgeschrittene Technologien miteinander kombinieren. In dieser neuen Ära der Kriegskunst sind wir imstande, ein Regime ins Visier zu nehmen und nicht eine Nation.«[7]

Auf die Unterscheidung zwischen Regime und Nation kam es an. Die Vereinigten Staaten konnten durch Einsatz dieser neuen militärischen Technik einen widersetzlichen ausländischen Führer und seine Kumpane ausschalten, dabei aber die Bevölkerung, über die dieser Führer herrschte, schonen. Da man mit einer Rakete das Dach eines Präsidentenpalastes durchschlagen konnte, musste man nicht eine ganze Hauptstadt in Schutt und Asche legen. In einer bislang nicht für möglich gehaltenen Form schien die Gewalt nun wirklich die »Fortsetzung der Politik mit anderen Mitteln«, wodurch moralische Vorbehalte gegen ihren Einsatz entkräftet wurden. Die Gewalt, früher eine Keule, wurde jetzt zu einem Skalpell. Als der Präsident dies verkündete, galten solche Vorstellungen bei vielen (aber keineswegs allen) Offizieren und nationalen Sicherheitsexperten schon als Binsenweisheiten.

Hier hatte man ein Rezept für einen sicheren Sieg. Das Vertrauen in die militärischen Fähigkeiten entsprach dem Vertrauen in die Universalität der amerikanischen Werte nach dem Ende des Kalten Krieges und verstärkte es zugleich. Zusammen ergaben sie eine Schlagkombination, gegen die kein Kraut gewachsen zu sein schien.

Mit dieser Kombination gingen neue Ambitionen einher. In

den neunziger Jahren wurden die Zielsetzungen des Verteidigungsministeriums erweitert. Neben der nationalen Sicherheit wurde die Aufrechterhaltung der globalen Vorrangstellung Amerikas zu seiner erklärten Aufgabe. Der Generalstab umriss das Konzept dieses neuen *American Way of War* folgendermaßen: Es sei die Aufgabe der Streitkräfte, eine eindeutige »Überlegenheit auf allen Ebenen« zu entwickeln – und zwar durch »technische Innovation und Informationsüberlegenheit«.[8]

Die Forderung nach »Überlegenheit auf allen Ebenen« spielte im militärischen Bereich dieselbe Rolle wie Francis Fukuyamas bekannte Proklamation vom »Ende der Geschichte« auf dem Gebiet der Ideologie: Beide nahmen für sich in Anspruch, letzte Wahrheiten aufgedeckt zu haben. Für Fukuyama stellte der demokratische Kapitalismus das Endstadium der politisch-ökonomischen Evolution dar. Die Verfechter der »Überlegenheit auf allen Ebenen« betrachteten ihr Konzept als Endstadium der Evolution der modernen Kriegsführung. Sowohl in Afghanistan als auch im Irak schien der Verlauf der Invasion in den ersten Tagen und Wochen solche Behauptungen zu bestätigen.

Die zweite Illusion bestand in der Annahme, dass die zivile und die militärische Führung sich beim Einsatz ihrer nunmehr überlegenen Kräfte von gemeinsamen Prinzipien leiten ließen. Die Orientierung an diesen Prinzipien sollte verhindern, dass eine Katastrophe wie in Vietnam sich jemals wiederholen würde. Sollten Politiker voreilig oder unüberlegt handeln – wie es Präsident Lyndon Johnson und Verteidigungsminister Robert McNamara in den sechziger Jahren getan hatten –, würden sie von Generälen, die die Lehren des modernen Krieges richtig erkannt und verinnerlicht hatten, gebremst werden.

Verbindlichen Ausdruck fanden diese Prinzipien in der Weinberger-Powell-Doktrin, die die Kriterien für die Entscheidung über Zeitpunkt und Ort eines Militäreinsatzes darlegte. Caspar Weinberger, über die längste Zeit der Reagan-Ära Verteidigungsminister, formulierte diese Prinzipien erstmals 1984. General Colin Powell, in den frühen neunziger Jahren Vorsitzender des Generalstabs, arbeitete sie aus. Doch die eigentlichen Autoren der Doktrin waren Mitglieder des Offizierskorps, die am Vietnamkrieg teilgenommen hatten. Die Weinberger-Powell-Prinzipien basierten auf den Lehren, die die Militärs aus diesem Krieg gezogen hatten. Darin kam auch die Entschlossenheit höherer Offiziere zum Ausdruck, eine Wiederholung von Vietnam zu verhindern.

Nach Ansicht von Weinberger und Powell sollten die Vereinigten Staaten künftig nur noch dann kämpfen, wenn es um wirklich vitale Interessen ging. In diesem Fall würden sie konkrete und erreichbare Ziele verfolgen. Sie würden die notwendigen politischen und moralischen sowie materiellen Ressourcen mobilisieren, um einen raschen, eindeutigen Sieg herbeizuführen. Sie würden Konflikte zügig beenden und sich dann zurückziehen, ohne ungeklärte Probleme zu hinterlassen. Hier setzte die Weinberger-Powell-Doktrin strenge Maßstäbe; ihr Ziel war es, die waghalsigen oder unbesonnenen Neigungen kriegslüsterner Zivilisten zu bremsen.

Die dritte Illusion bestand in der Annahme, es sei gelungen, die Entfremdung zwischen dem Militär und der amerikanischen Gesellschaft beizulegen, die sich während des Vietnamkrieges immer mehr zugespitzt hatte. In den neunziger Jahren bahnte sich eine gewisse Versöhnung an. Nach der »Operation Desert Storm« »liebte das amerikanische Volk seine Streitkräfte wieder«. Das glaubte zumindest General Colin Powell, einer der Helden dieses Krieges.[9] Aus dieser Liebesgeschichte hatte sich ein neuer Konsens zwischen ziviler Gesellschaft und Militärs entwickelt. Man glaubte sich in Zeiten der Not darauf verlassen zu können, dass die Amerikaner »die Truppe unterstützen«. Nie wieder würde die Nation ihre Soldaten im Stich lassen.

Die wichtigste Manifestation dieser neuen Übereinkunft war

das Berufsheer, das trotz seines Namens All-Volunteer Force (»Freiwilligenarmee«) ausschließlich aus Berufssoldaten bestand. In den neunziger Jahren feierten die Amerikaner das Berufsheer als die einzige Einrichtung der Bundesregierung, die tatsächlich funktionierte. Es verkörperte den Anspruch der Nation auf den Status der einzigen Supermacht; es war »Amerikas Team«. Nach dem Ende des Kalten Krieges erhielt das Berufsheer die globale Pax Americana aufrecht, ohne den durchschnittlichen Amerikaner bei seinem Streben nach Leben, Freiheit und Glück zu stören. Wie sollte man es da nicht lieben?

Die Ereignisse seit dem 11. September haben diese drei Annahmen als Illusionen entlarvt. Als das Konzept des neuen *American Way of War* auf die Probe gestellt wurde, zeigte sich, dass nicht alles Gold ist, was glänzt. Den Generälen und Admirälen, die die Wunder der »Überlegenheit auf allen Ebenen« angepriesen hatten, wurde offenkundige Vernachlässigung ihrer Pflichten vorgeworfen, wenn nicht sogar ausgemachter Betrug. Blickt man auf die letzten zwanzig Jahre zurück, so haben amerikanische Truppen nur dann eindeutig gewonnen, wenn der Feind den USA den Gefallen tat, nach ihren Bedingungen zu kämpfen – und mit dem Sturz Saddam Husseins sind die Chancen, künftig auf solche entgegenkommenden Gegner zu treffen, drastisch geschwunden. Und entgegen den Zielen der Weinberger-Powell-Doktrin hat man von Somalia bis zum Balkan, von Zentralasien bis zum Persischen Golf ungeklärte Probleme hinterlassen.

Auch waren die Zivilisten nur sehr bedingt bereit, sich den Regelungen dieser Doktrin zu fügen. 1993 stellte Madeleine Albright Powell zur Rede und wollte wissen: »Wozu haben wir eigentlich dieses phantastische Militär, von dem Sie dauernd reden, wenn wir es nicht einsetzen können?«[10] Fasziniert von der Aussicht, amerikanische Soldaten zur Linderung aller Übel der Welt einzusetzen, bekam Albright schon bald ihren Willen. Eine seltsame Allianz aus linken Gutmenschen und chauvinistischen Politikern und Intellektuellen schaffte es, alle Hemmnisse der Gewaltanwendung zu beseitigen. Das neue Schlagwort hieß jetzt »humanitäre Intervention«. Die auf Mäßigung bedachten Generäle verloren im Laufe der neunziger Jahre jeglichen Einfluss. Die Lehren aus Vietnam, die man einmal für unauslöschlich gehalten hatte, waren vergessen.

Die vermeintliche Versöhnung zwischen Volk und Armee erwies sich derweil als Schimäre. Als es wirklich darauf ankam, »die Truppe zu unterstützen«, hörte man zwar viele schöne Worte, aber zu bindenden Verpflichtungen war kaum jemand bereit. Nach den Ereignissen vom 11. September kam es keineswegs zu einem Ansturm von jungen Leuten, die unbedingt das Vaterland verteidigen wollten; vielmehr bestätigte sich die verbreitete Neigung, die Kinder anderer Leute dafür zu bezahlen, dass sie Terroristen jagten, die Demokratie verbreiteten und den Zugang zu den Energiereserven der Welt sicherten. Inmitten eines globalen Krieges von angeblich welterschütternder Bedeutung galt die Liebe der Amerikaner eher den Stars des heimischen Sportklubs als den Soldaten, die die fernen Bezirke des amerikanischen Imperiums verteidigten. Tom Brady verdiente als Footballstar in der NFL Millionen und streicht weitere Millionen durch Werbeverträge ein. Pat Tillman gab den Profi-Football auf, um Army Ranger zu werden, und wurde in Afghanistan getötet. Dennoch verbindet man heute mit Brady eher das Wort »Patriot« als mit Tillman – weil er bei den New England Patriots spielt.

Solange diese drei Illusionen als Dogmen galten, haben sie abenteuerliche Erwartungen hinsichtlich der Wirksamkeit amerikanischer Militärmacht genährt. Jeder Präsident seit Ronald Reagan hat diese Erwartungen bekräftigt. Jeder Präsident seit Reagan hat seine Rolle als Oberbefehlshaber dazu genutzt, die imperialen Vollmachten seines Amtes auszubauen. Außerdem hat jeder die Militärmacht dazu benutzt, die Amerikaner darüber hinwegzutäuschen, dass ihre gewohnheitsmäßige Verschwendungssucht die wahre Ursache vieler ihrer Probleme war.

Nach dem 11. September erlebten diese pubertären Erwartungen, dass eine von einem entschlossenen Präsidenten geführte Streitmacht praktisch alles erreichen könne, eine Art Apotheose. Nachdem die Regierung Bush es nicht vermocht hatte, einen verheerenden Angriff auf amerikanisches Territorium vorherzusehen oder abzuwenden, nutzte der Präsident seinen Globalen Krieg gegen den Terror als Vorwand, um grandiose neue militärische Ambitionen zu entwickeln und uneingeschränkte Befugnisse der Exekutive einzufordern. Angeblich geschah das alles nur, um die »Sicherheit« der Amerikaner zu gewährleisten. Der Präsident verkündete den Globalen Krieg, wobei er jeden Zusammenhang zwischen den Ereignissen vom 11. September und der bisherigen Politik der Vereinigten Staaten bestritt. Damit wurden alle Versuche, diese Politik einer kritischen Prüfung zu unterziehen, im Keim erstickt. Faktisch setzte Bush auf den Krieg, um größere Macht in seinen Händen zu konzentrieren und zugleich von der politisch, wirtschaftlich und kulturell schwierigen Lage abzulenken, in der sich die Vereinigten Staaten aufgrund ihres früheren Verhaltens befanden.

Solange die amerikanischen Streitkräfte als unbesiegbar galten, konnte man so tun, als seien die Verfassungsordnung und der *American way of life* in gutem Zustand. Das Konzept eines unbefristeten globalen Feldzugs gegen den Terrorismus besaß noch eine gewisse Plausibilität. Wer oder was hätte auch den unaufhaltsamen amerikanischen Soldaten stoppen können? Doch sobald dieser Ruf in Frage gestellt wurde, traten alle anderen Probleme plötzlich zutage. Genau das geschah, als man im Irakkrieg nicht mehr vom Fleck kam. Die Missstände unseres politischen Systems – ein vollkommen verantwortungsloser Kongress, marode Institutionen der nationalen Sicherheit, vor allem aber ein imperialer Oberbefehlshaber, der seiner Aufgabe nicht gewachsen war – ließen sich nun nicht mehr übersehen. Das galt auch für die selbstzerstörerischen Elemente, die dem *American way of life* innewohnen – besonders eine immer kostspieligere Abhängigkeit von ausländischem Öl. Die Aussicht, über Jahrzehnte, wenn nicht über Generationen hinweg einen weltweiten Krieg zu führen, erschien nun immer absurder.

Für jeden, der Augen hat zu sehen, haben die Ereignisse der letzten sieben Jahre die Doktrin vom Big Enchilada torpediert. Ein Bellizist wie Robert Kaplan mag noch daran glauben, dass das Pentagon mit dem Anbruch des 21. Jahrhunderts »die ganze Erde unter seine Kontrolle gebracht hatte und jederzeit bereit war, die entlegensten Gegenden mit Soldaten zu überschwemmen«, dass der gesamte Planet Erde zum »Schlachtfeld für das amerikanische Militär« geworden war.[11] Dabei war selbst jeder halbwegs intelligente Feldwebel nicht so dumm, auf solches Geschwätz hereinzufallen. Während der Afghanistankrieg inzwischen acht Jahre andauert und der Irakkrieg seit mehr als sechs Jahren im Gange ist, mag ein Kommentator wie Michael Barone noch im Brustton der Überzeugung verkünden, dass »für die Streitkräfte der Vereinigten Staaten praktisch keine Mission unmöglich ist«.[12] Er muss nicht damit rechnen, zum zweiten oder dritten Kampfeinsatz ins Kriegsgebiet zurückgeschickt zu werden.

Zwischen dem, wozu Präsident Bush die amerikanischen Soldaten aufgerufen hatte, und dem, was sie zu leisten vermochten, tat sich eine gewaltige Kluft auf, die exakt die militärische Krise bezeichnet, unter der die Vereinigten Staaten heute leiden. Für eine Nation, die es gewohnt war, die militärische Macht als ihre Trumpfkarte zu betrachten, hat dies gewaltige Folgen.

Die falschen Lehren

Um diese militärische Krise in ihrem ganzen Ausmaß zu verstehen, muss man die richtigen Lehren aus dem Irakkrieg und dem Afghanistankrieg ziehen. Diese beiden Konflikte bilden zusammen mit dem 11. September das Kernstück der Hinterlassenschaft von George W. Bush. Die Lehren daraus müssen zur Grundlage einer neuen, realistischeren Militärpolitik werden.

Linke wie rechte Kritiker der Politik von Präsident Bush und reformorientierte Mitglieder des Offizierskorps haben hier bereits Antworten formuliert. Grob gesprochen, ist man dabei zu drei eindeutigen Schlussfolgerungen gelangt. Dabei wurden die militärischen Illusionen nach dem Ende des Kalten Krieges, auf denen Bushs Globaler Krieg gegen den Terror beruhte, durch neue ersetzt. Die Lehren, die bislang aus Amerikas militärischen Erfahrungen nach dem 11. September gezogen wurden, sind also falsch.

Die erste Lehre lautet: Die Streitkräfte müssen erkennen, dass die Herausforderungen, vor die der Irak und Afghanistan sie stellen, nicht nur die Gegenwart, sondern auch die Zukunft des Militärs bestimmen werden – den »nächsten Krieg«, wie die Bellizisten gerne sagen. Aufstandsbekämpfung, Nationenbildung, Ausbildung der Streitkräfte des »Gastgeberlandes«, Sorge um Sicherheit und Kontrolle der Bevölkerung, Gewinnung der Herzen und Köpfe der Menschen – das sind die vorrangigen Aufgaben, welche die US-Streitkräfte in der gesamten islamischen Welt auf Jahrzehnte hinaus beschäftigen werden.

Statt kurzer Interventionen, die mit einem eindeutigen Sieg enden, soll langfristige Präsenz die Norm sein. Ein groß angelegter konventioneller Konflikt wie die »Operation Desert Storm« von 1991 wird zum unwahrscheinlichsten Fall. In Zukunft rechnet man mit vielen kleinen Kriegen, die langwierig, möglicherweise unbefristet sein werden.

Fortgeschrittene Technologie wird bei solchen Konflikten weiterhin eine wichtige Rolle spielen, aber sie wird nicht entscheidend sein. Wo immer es möglich ist, wird der Krieger sich »nichtkinetischer« Methoden bedienen und als Diplomat, Vermittler und Sozialarbeiter wirken.[13] Sicher werden amerikanische Soldaten auch Gefechte austragen, aber sie werden auch die neuesten Erkenntnisse der Sozialwissenschaften nutzen und kulturelles Einfühlungsvermögen an den Tag legen. Natürlich sollen ihnen die örtlichen Sprachen und Gebräuche vertraut sein. Wie Verteidigungsminister Robert Gates im Oktober 2007 sagte, sei es inzwischen zur Aufgabe der Soldaten geworden, »öffentliche Versorgungsbetriebe wieder in Gang zu bringen, die Infrastruktur wiederaufzubauen und für eine gute Regierungsführung zu sorgen«. »All diese sogenannten nicht traditionellen Fähigkeiten sind ins Zentrum des militärischen Denkens, der Planung und Strategie gerückt, und dort müssen sie bleiben.«[14]

Um das zu erreichen, müssen militärisches Handeln und politische Zielsetzung eng miteinander verzahnt werden. *Hard Power* und *Soft Power* sollen verschmelzen. Der Soldat vor Ort wird sowohl als Polizist wie auch als Sozialarbeiter wirken. Das verlangt auch, sich von utopischen Erwartungen zu trennen, die in der Vergangenheit das ganze zuversichtliche Gerede über »Transformation«, »Schock und Einschüchterung« und »netzwerkzentrierte Kriegsführung« hervorgebracht haben – das alles hatte dazu beigetragen, Krieg und Politik in unterschiedliche Schubladen zu stecken.

Die Vorgehensweise wird von den örtlichen Verhältnissen bestimmt sein. Dies bedeutet das Aus für den Versuch des Pentagons, auf alle erdenklichen Konflikte ein einheitliches, vorgegebenes und von Technologie bestimmtes Schema anzuwenden. Bei Kriegen niedriger Intensität wird die Vorgehensweise der Streitkräfte weniger an die Traditionen des amerikanischen Bürgerkrieges, des Zweiten Weltkrieges oder auch des ersten

Golfkrieges anknüpfen, sondern eher an die beinahe vergessenen amerikanischen Erfahrungen im Krieg auf den Philippinen nach 1898 und in Mittelamerika während der zwanziger Jahre des letzten Jahrhunderts. Statt sich von den Feldzügen eines U.S. Grant, George Patton oder H. Norman Schwarzkopf leiten zu lassen, werden Offiziere studieren, wie Briten und Franzosen nach dem Zweiten Weltkrieg mit den Konflikten in Palästina und Malaya, Indochina und Algerien umgegangen sind.[15]

Kurz, ein Offizierskorps, das im Irak und in Afghanistan blutige Erfahrungen gesammelt hat, hat die Zukunft gesehen – und diese verheißt viele weitere Iraks und Afghanistans. Die Erfinder der »Überlegenheit auf allen Ebenen« hatten geglaubt, die militärische Vorherrschaft durch Hightech-Waffen mit ihrer beispiellosen Letalität, Reichweite, Präzision und leichteren Handhabung sichern zu können, aber die Veteranen der Kämpfe im Irak und in Afghanistan wissen es besser. Sie bleiben zwar dem Ziel der globalen Vorherrschaft verpflichtet, glauben aber, dass diese nicht allein mit hochentwickelten Waffen zu erreichen ist, sondern außerdem die Fähigkeit voraussetzt, sich in Bodenoperationen zu behaupten. Das wiederum erfordert eine Menge Soldaten und viel Geduld an der Heimatfront.

Allerdings kann man auch eine ganz andere Lehre aus den Kriegen nach dem 11. September ziehen. Folgt man dieser Sicht, die an ähnliche Klagen aus der Zeit des Vietnamkrieges erinnert, so hängen die Schwächen der amerikanischen Politik im Irak und in Afghanistan nicht so sehr mit der Leistungsfähigkeit der amerikanischen Truppen vor Ort zusammen, sondern vielmehr mit der Einmischung stümperhafter Zivilisten in Washington. Die Schuld lag, ganz vereinfacht gesagt, weder bei den Soldaten noch bei ihren Kommandeuren, sondern bei Leuten wie Verteidigungsminister Donald Rumsfeld, seinem Stellvertreter Paul Wolfowitz und dem Staatssekretär Douglas Feith, die die Truppen daran hinderten, ihre Pflicht zu tun.

Repräsentativ für diese Sichtweise sind die Vorwürfe, die Generalmajor John Batiste erhob. Er hatte unter Rumsfeld im Pentagon gedient, dann aber empört seinen Hut genommen. Seither gehörte er zu den entschiedensten militärischen Kritikern des ehemaligen Verteidigungsministers. »Durch die verheerenden strategischen Entscheidungen Rumsfelds haben amerikanische Soldaten und Soldatinnen unnötig ihr Leben verloren«, erklärte Batiste im September 2006. Der ehemalige General machte Rumsfeld persönlich »dafür verantwortlich, dass Amerika und seine Verbündeten mit dem falschen Plan in den Krieg gezogen sind«. Aber das war erst der Anfang. Rumsfeld hatte außerdem »gegen grundlegende Prinzipien des Krieges verstoßen, eine wohlüberlegte militärische Planung in den Wind geschlagen, die harte Arbeit für den Aufbau des Friedens nach dem Sturz Saddam Husseins vernachlässigt, die Voraussetzungen für Abu Ghraib und andere Gräuel geschaffen, die dem Aufstand weiteren Zündstoff lieferten, Einheiten der irakischen Sicherheitstruppe aufgelöst, als wir sie am dringendsten brauchten, [und] unsere Kommandeure mit einer allzu restriktiven Politik der Ent-Baathifizierung eingeengt«.

Die Schuld liege aber nicht nur bei Rumsfeld selbst, sondern auch bei seinen wichtigsten Mitarbeitern. Rumsfeld, so Batiste, umgab sich »mit gleichgesinnten und willfährigen Untergebenen, die von der Wichtigkeit der Prinzipien des Krieges, den komplizierten Verhältnissen im Irak oder der menschlichen Dimension des Krieges keine Ahnung hatten«. Die Folge all dessen sei gleichbedeutend mit Mord: Rumsfeld »band den Kommandeuren die Hände, während unsere Soldaten Feindberührung hatten«.[16]

Dies ist die zweite vorläufige Lehre, die man aus dem Irak und Afghanistan ziehen kann. Sie wird nicht nur bei verärgerten Offizieren wie Batiste Anklang finden, sondern auch bei Demokraten, die der Regierung Bush gern die Schuld für sämtliche Sünden zuschieben, und bei Neokonservativen, die sich von der

Verantwortung für verpfuschte Kriege entlasten möchten, für die sie zuvor unbekümmert geworben hatten. Das Mittel gegen Arroganz und Fehleinschätzung der Zivilisten liegt auf der Hand: Das Verhältnis zwischen Zivilisten und Militärs muss wieder zugunsten der Generäle justiert werden, und die Kommandeure müssen wieder selbstständig entscheiden können.

Aus dieser Sicht besteht die wichtigste Lehre aus den beiden Konflikten in dem Gebot, den militärischen Fachleuten mehr Entscheidungsgewalt zu geben. Der Augenblick im Jahr 2007, als das gesamte offizielle Washington von Präsident Bush bis zum letzten Mitarbeiter des Kongresses mit angehaltenem Atem darauf wartete, dass General David Petraeus die Grundsätze der Irakpolitik formulierte, bietet einen Vorgeschmack auf die möglichen Folgen dieser Lehre.

Es gibt noch eine dritte Perspektive: Hier werden die Fehlschläge im Irak und in Afghanistan einem spannungsreichen Verhältnis zwischen Soldaten und Gesellschaft angelastet. Aus dieser Sicht ist einzig das Berufsheer das Problem. Wie der Militärhistoriker Adrian Lewis bemerkte: »Die bedeutsamste Veränderung in der amerikanischen Kriegsführung seit dem Zweiten Weltkrieg und der Erfindung der Atombombe war nicht technischer, sondern kultureller, sozialer und politischer Natur: die Entfremdung des amerikanischen Volkes von der Kriegsführung.«[17] Erst nach dem 11. September, als die Regierung Bush an vielen Fronten Krieg führte, sind die Folgen dieser Veränderung in vollem Umfang deutlich geworden.

Mit der Entscheidung für freiwillige Berufssoldaten begrenzt man faktisch die Gesamtgröße der Armee. Die Zahl der bereitwilligen Rekruten ist zwangsläufig begrenzt. Vor die Wahl gestellt, werden die meisten jungen Amerikaner sich für andere Karrieren als den Militärdienst entscheiden, und bei einem langwierigen Krieg wird die Neigung, sich freiwillig zu melden, eher ab- als zunehmen. Kein Ruf des Präsidenten zu den Fahnen, mag er noch so pathetisch sein, keine PR-Kampagne, und sei sie noch so geschickt gestaltet, und kein Paket aus Gehalt und Zulagen, wie großzügig es auch sei, wird diese allgemeine Unlust umkehren.

Hinzu kommt, dass ein Berufsheer nicht länger eine Armee des Volkes ist und das Volk wenig Einfluss auf ihren Einsatz hat. Die Berufsarmee ist faktisch zu einem verlängerten Arm der imperialen Präsidentschaft geworden. Der Oberkommandierende entscheidet, wann und wo die Soldaten kämpfen.

Schließlich macht der Einsatz von Berufssoldaten den Begriff der Bürgerpflicht bedeutungslos, weil er die Bürger insgesamt von jeder Verpflichtung entbindet, sich an der Landesverteidigung zu beteiligen. Die Abschaffung der Wehrpflicht gegen Ende des Vietnamkrieges hat zur Heilung der Spaltungen, die dieser Konflikt hervorrief, nichts beigetragen; sie hat vielmehr die Trennung der Armee von der Gesellschaft zementiert. Für die Bewahrung des *American way of life* zu kämpfen und möglicherweise zu sterben, ist wie das Rasenmähen oder Kellnern zu einer Tätigkeit geworden, welche die Amerikaner gegen Entlohnung von anderen erledigen lassen.

Bei der dritten Lehre aus dem Irakkrieg geht es also um die Notwendigkeit, das Verhältnis zwischen Armee und Gesellschaft wieder in Ordnung zu bringen. Das ließe sich zum Beispiel dadurch erreichen, dass man das Berufsheer ganz abschafft. Statt sich auf Berufssoldaten zu verlassen, wäre es vielleicht sinnvoll, die Tradition des Bürger-Soldaten wiederzubeleben.

Wenn vorgeschlagen wird, diese geheiligte Tradition wiederherzustellen, denkt man unweigerlich an die Wiedereinführung der Wehrpflicht. Wer mit dem Berufsheer unzufrieden ist, befürwortet statt eines Systems, das auf dem Prinzip der persönlichen Entscheidung beruht, ein System auf der Grundlage staatlichen Zwangs.

Ein solches System hätte nicht geringe Vorteile. Im Irak und in Afghanistan sind die operativen, politischen und moralischen Probleme des Einsatzes eines kleinen Berufsheeres deutlich geworden, und die Wehrpflicht bietet scheinbar einen nahe liegenden Weg, um diese Probleme zu entschärfen.

Für diejenigen, die die derzeitige Armee für überfordert halten, bietet die Wehrpflicht einen gangbaren Weg der Erweiterung. Man bräuchte nur die Größe der Armee zu verdreifachen, also die Struktur wiederherzustellen, die über viele Jahre des Kalten Krieges existierte, und schon wären die Personalmängel beseitigt, die eine Bodenkampagne von vornherein erschweren. Die Fortsetzung des militärischen Engagements im Irak über zehn oder zwanzig, vielleicht sogar hundert Jahre, wie Senator John McCain und viele Neokonservative sie ungeniert erwägen, wäre dann ohne weiteres machbar.[18]

Militärische Planer sähen sich dann nicht mehr gezwungen, Fall A (Afghanistan) auf Sparflamme zu halten, um Fall B (Irak) zu intensivieren. Der Begriff der »Truppenverstärkung« bekäme eine ganz neue Bedeutung, wenn das Pentagon in der Lage wäre, nicht nur mickrige 30 000 Soldaten in den Irak und einige Tausend Mann mehr nach Afghanistan zu schicken, sondern 100 000 oder mehr zusätzliche Soldaten dorthin zu senden, wo immer sie benötigt werden. Bestand das Problem der »Operation Iraqi Freedom« nicht darin, dass es für Besetzung und Wiederaufbau zu wenige »Männer am Boden« gab? Bei Wiedereinführung der Wehrpflicht wäre dieses Problem gelöst. Mit der Schaffung eines Massenheeres könnten die Vereinigten Staaten sogar die Weinberger-Powell-Doktrin wieder in Kraft setzen, die besonderes Gewicht auf eine »erdrückende Überlegenheit« legt.

Bei denjenigen, die es bedauern, dass es trotz der offenkundigen Unbeliebtheit des Irakkrieges keine politisch ernst zu nehmende Antikriegsbewegung gibt, stößt die Wehrpflichtidee auf ein geteiltes Echo. Manche politischen Aktivisten erhoffen sich von der Wiedereinführung der Wehrpflicht in Zeiten des Irakkrieges eine ähnliche Wirkung, wie sie die Wehrpflicht zu Zeiten des Vietnamkrieges hatte: Sie würde massenhafte Proteste auslösen, die politische Dynamik verändern und schließlich die Führung von Kriegen, die nicht von einer breiten Mehrheit unterstützt werden, unmöglich machen. Die Aussicht auf unfreiwilligen Wehrdienst würde die jungen Leute, die jetzt in den Einkaufszentren herumlungern, auf die Straße treiben. Sie würde den Eltern von Kindern, die eingezogen werden können, bewusst machen, dass der Staat mehr ist als eine Maschine, die Sozialhilfe ausspuckt. Mitglieder des Kongresses, die gern wiedergewählt würden, sähen ihre Aufgaben in Kriegszeiten nicht nur darin, die vom Weißen Haus vorgelegten Ausgabengesetze durchzuwinken. Auf diese Weise könnte die Wehrpflicht die amerikanische Demokratie wiederbeleben, das Verfassungssystem der Gewaltenteilung wiederherstellen und es Kriegshetzern erschweren, sich in der Exekutive breitzumachen.

Wer sich von moralischen Erwägungen leiten lässt, erhofft sich von der Wehrpflicht eine gerechtere Lastenverteilung in Kriegszeiten. Dann würden nicht länger Amerikaner aus ländlichen Regionen, Farbige, Neueinwanderer und Angehörige der Arbeiterklasse überproportional die Reihen der Streitkräfte füllen. Hätten wir die Wehrpflicht, würden die Kinder der politischen Elite und der Wohlhabenden wieder ihren gerechten Lastenanteil tragen. Diejenigen, die in erster Linie vom *American way of life* profitieren, würden zu seiner Verteidigung beitragen und helfen, die Garnisonen in den entlegenen Bezirken des Imperiums zu bevölkern. Vielleicht bekämen sogar die Redaktionen des *Weekly Standard*, der *National Review* und der *New Republic* die Gelegenheit zu dienen – eine heilsame Aussicht angesichts der Neigung dieser Zeitschriften, sich für militärische Interventionen stark zu machen.

Der Umbau der Streitkräfte mit dem Ziel, sie zur Führung »kleiner Kriege« zu befähigen, die Erweiterung der Befugnisse der Generäle und die Wiederanbindung des Soldatentums an die Bürgerschaft – das alles hat, oberflächlich betrachtet, einen gewissen Reiz. Bei näherer Betrachtung zeigen sich aber auch große Nachteile. So erweisen sich diese Lehren aus den Kriegen im Irak und in Afghanistan als Trugschlüsse.

»Kleine Kriege« für das Imperium

Das charakteristische Merkmal »kleiner Kriege« ist zunächst einmal nicht ihr Umfang oder ihre Dauer, sondern ihr Ziel. Großmächte führen »kleine Kriege« nicht, um sich zu verteidigen, sondern um andere Völker zu beherrschen. An dieser Tatsache ändert sich auch nichts, wenn man eine Operation »Iraqi Freedom« oder »Enduring Freedom« nennt. Historisch betrachtet sind »kleine Kriege« also imperiale Kriege. Dabei bilden die Kriege, in die die Vereinigten Staaten derzeit verwickelt sind, keine Ausnahme.

Mit der Rückbesinnung auf die »kleinen Kriege« nach dem 11. September hat das amerikanische Offizierskorps auch eine bedeutende Tradition militärischer Fachliteratur wiederentdeckt. Dieser neue Kanon über »kleine Kriege« enthält drei herausragende Titel. Die beiden ersten kommen aus Frankreich: *La guerre moderne* (1961) von Roger Trinquier und *Contre-insurrection* (1963) von David Galula. Diese Bücher, von französischen Berufssoldaten verfasst, enthalten die Schlussfolgerungen aus den bitteren Erfahrungen, die ihre Armee nach dem Zweiten Weltkrieg machte, zunächst in Indochina und dann in Algerien. Der dritte Titel stammt aus Amerika: Das *Small Wars Manual* des U.S. Marine Corps aus dem Jahr 1940 gibt einen Überblick über die Erfahrungen der Marines bei ihren Einsätzen in der Karibik im ersten Drittel des 20. Jahrhunderts.[19]

Die Gemeinsamkeit dieser drei Bände besteht in ihrem imperialen Kontext. Die beiden Franzosen beschreiben die letztlich gescheiterten Bemühungen ihres Landes, den unterworfenen Völkern das Recht auf Selbstbestimmung zu verweigern. Die französische Armee hatte zwei Aufgaben: Sie sollte Indochina wieder in das Kolonialreich zurückholen und den Anschein aufrechterhalten, das koloniale Algerien, dessen Bevölkerung zu 90 Prozent Arabisch spricht und moslemisch ist, sei ein integraler Bestandteil des französischen Mutterlandes. Beide Bemühungen endeten mit einer vernichtenden und demütigenden Niederlage.

Im Falle Amerikas stellt sich die Sache etwas anders dar. Die Vereinigten Staaten hatten kein sonderliches Interesse am Erwerb mittelamerikanischer oder karibischer Kolonien.[20] Ihre Ziele waren »Ordnung« und Kontrolle. Die Marineinfanterie sollte in Orten wie Managua und San Domingo für Stabilität sorgen und sicherstellen, dass die in Washington und an der Wall Street erdachten Normen befolgt wurden. Der Marinecorps-Generalmajor Smedley Butler, ein Veteran dieser militärischen Interventionen, bezeichnete sich selbst als »Gangster für den Kapitalismus«. Man muss aber nicht so weit gehen, um zu erkennen, dass die Ziele der Amerikaner ihrem Wesen nach imperial waren. Während es Frankreich ausdrücklich um sein Imperium ging, agierten die Vereinigten Staaten weniger direkt und begnügten sich mit eher informellen Abmachungen.

Dem neuerlichen Interesse der Militärs an diesen Klassikern des »kleinen Krieges« lag unausgesprochen die Annahme zugrunde, dass man aus der Gegenwart auf die Zukunft schließen könne. Berufssoldaten neigen offenbar reflexartig zu der Vorstellung, der nächste Krieg werde genauso sein wie der, den man gerade beendet hat oder der noch im Gange ist. 1991 waren hochrangige Offiziere (darunter nicht zuletzt General Colin Powell selbst) überzeugt, dass die »Operation Desert Storm« die Zukunft des Krieges offenbart habe. Sie irrten. 1999 teilten viele die Ansicht von General Wesley Clark, dass die »Operation Allied

Force«, der Bombenkrieg über Serbien und dem Kosovo, das Muster für künftige Einsätze abgebe – auch das war ein Irrtum.[21]

Sollten allerdings künftige Präsidenten die imperialen Ambitionen von George W. Bush teilen, könnten die Vereinigten Staaten weiterhin versuchen, während des ersten Drittels dieses Jahrhunderts in der erweiterten Nahostregion das zu erreichen, was sie während des ersten Drittels des vergangenen Jahrhunderts in der Karibik erreicht haben. Dann würde es womöglich einen, zwei, viele Iraks geben. In diesem Fall wäre es vermutlich sinnvoll, die amerikanischen Streitkräfte auf Sonderaufgaben wie Peacemaking, Peacekeeping und Nationbuilding einzustimmen – allesamt Euphemismen für die Herstellung oder Bewahrung der imperialen Oberhoheit.

Doch mit der Annahme, dass Kriege wie im Irak die Zukunft des Militärs darstellen, weicht man einer weiter gehenden Frage aus: Warum sollten die Vereinigten Staaten an einer solchen Strategie festhalten – nach all dem, was sie bei der Verfolgung ihrer imperialen Ambitionen in der erweiterten Nahostregion tatsächlich angerichtet haben (und zwar nicht erst seit dem 11. September, sondern im Laufe mehrerer Jahrzehnte)? Warum sollten sie nicht statt der militärischen Strategie ihre Politik ändern? Warum sollten sie nicht realistischere, weniger kostspielige Ziele verfolgen und ihre Pläne, die islamische Welt zu »befreien« (also zu beherrschen), aufgeben, um erst dann ihre Streitkräfte entsprechend zu organisieren?

Das Problem an der ersten Lehre aus den Kriegen im Irak und in Afghanistan – das Pentagon müsse im Führen »kleiner Kriege« besser werden – ist mit anderen Worten, dass sie über weit grundlegendere Fragen hinweggeht. Statt die Streitkräfte der Vereinigten Staaten in eine imperiale Polizeitruppe umzuwandeln, ist es das Gebot der Stunde, eine nichtimperiale Außenpolitik in Erwägung zu ziehen.

Macht es Tommy Franks schlau, wenn er weiß, dass Douglas Feith dumm ist?

Das Schicksal ist mit dem Ruf der politischen Entscheidungsträger, die den Irakkrieg konzipiert und befürwortet haben, nicht freundlich umgegangen. Seine härtesten Schläge hat es sich jedoch für Douglas Feith aufgespart, der von 2001 bis 2005 als Staatssekretär für politische Angelegenheiten den dritten Rang in Donald Rumsfelds Pentagon bekleidete.

Der Jurist Feith besaß das Temperament eines Ideologen. Seine Spezialität war die Durchsetzung vorgefasster Ansichten. Rumsfeld war zum Beispiel überzeugt davon, dass Saddam Hussein Verbindungen zu den Flugzeugentführern vom 11. September hatte und Massenvernichtungswaffen besaß. Feiths Aufgabe war es, für das, was sein Chef bereits wusste, Belege zu liefern. Zu diesem Zweck kümmerte er sich persönlich um das Office of Special Plans (OSP), das Rumsfeld pflichtgemäß erzählte, was der Minister hören wollte. Zwar stellte sich dann heraus, dass die Analyse des OSP völlig falsch war, aber Feith hatte sein Ziel erreicht – und das seines Chefs.

Während der Countdown für die Invasion im Irak lief, wollte Rumsfeld verhindern, dass Leute, die nicht zu seinem Ministerium gehörten, an der Kriegsplanung herumpfuschten. Besonders ärgerlich fand der Verteidigungsminister die vom Außenministerium und von einigen Offizieren vorgetragenen Bedenken, dass eine Besetzung des Irak gewisse Probleme aufwerfen könnte. Er erwartete, dass Feith dieser unerwünschten Einmischung einen Riegel vorschob und die Pläne für die Phase IV durch die günstigsten Annahmen untermauerte. Wieder lieferte Feith das Gewünschte. Kein Wunder, dass der Minister seinen Untergebenen als »ein seltenes Talent« bezeichnete.[22] Rumsfeld hatte allen Grund, zufrieden zu sein.

Allerdings erscheint es unwahrscheinlich, dass Rumsfelds

Urteil Bestand haben wird. Denn gleichgültig, was Feith während seines restlichen Lebens noch vollbringen wird und welche Inschrift er sich für seinen Grabstein aussuchen mag – sein Bild für die Nachwelt wird von dieser Aussage geprägt bleiben: »Ich muss mich fast jeden Tag mit dem größten Vollidioten herumschlagen, der auf dieser Erde herumläuft.«

Die Quelle dieses Urteils, das man wohl nicht mehr revidieren wird, ist General Tommy Franks.[23] Franks, von 2000 bis 2003 Oberkommandierender des United States Central Command (CENTCOM), plante und leitete die Invasion in Afghanistan und im Irak. Er war, als er kurz nach dem Fall Bagdads aus dem aktiven Dienst ausschied, fraglos der bekannteste höhere Offizier und genoss eine Zeit lang so etwas wie Starruhm. Darüber hinaus war er – zumindest kurzzeitig – hoch geachtet als der Kommandeur, der in rascher Folge zwei vermeintlich endgültige Siege errungen hatte. Als ihm im Jahr 2004 bei einer Feierstunde im Weißen Haus die Presidential Medal of Freedom verliehen wurde, rühmte George W. Bush den General als einen »glänzenden Strategen«. In Afghanistan habe Franks »die Taliban in nur wenigen kurzen Wochen geschlagen«. Im Irak habe er »das Regime Saddam Husseins besiegt und in weniger als einem Monat Bagdad eingenommen«. Das Ergebnis fasste der Präsident in die Worte: »Heute bauen die Menschen im Irak und in Afghanistan eine sichere und dauerhafte demokratische Zukunft auf.« Franks, so Bush, werde als »Befreier« in die Geschichte eingehen.[24]

Noch im selben Jahr veröffentlichte Franks seine Memoiren, die unter dem Titel *American Soldier* sofort zum Bestseller wurden. Hauptzweck des Buches war, die Heldengeschichte, die Präsident Bush skizziert hatte, auszuarbeiten, um den Ruf des Generals als großer Feldherr und als Planer zweier historischer Siege auf ewig zu sichern. In seiner eigenen Darstellung erscheint Franks als die zentrale Gestalt in Bushs Befreiungsgeschichte.

Das ist der Kontext für die derbe Schmähung, die Franks Feith zuteilwerden ließ, und für seine Antipathie gegen alle potenziellen Rivalen, die ihm den Siegeslorbeer streitig machen könnten. Franks nutzte das Buch für eine Generalabrechnung. Den Präsidenten verschonte er allerdings mit direkter Kritik – der Oberkommandierende erscheint als ein Mittelding zwischen einem liebenswerten Cheerleader und einem müßigen Zuschauer –, aber sonst kam kaum jemand so glimpflich davon. Der General verhöhnte die »intellektuelle Arroganz« von Mitgliedern der zivilen Führung in Washington, die davon träumten, mit bloßer Luftüberlegenheit könne man »eine Tür aufstoßen, durch die exilierte irakische Oppositionsgruppen triumphal hereinmarschieren, um ihr Land zu befreien«. Richard Clarke, den Terrorexperten des Weißen Hauses, tat er als einen nichtsnutzigen Angeber ab. Verteidigungsminister Donald Rumsfeld wurde als schwieriger Chef gezeichnet, mit dem auszukommen Franks sich geduldig bemühte. Auch seine Berufskollegen kamen nicht ungeschoren davon. Aktive Mitglieder des Generalstabs wurden heruntergeputzt als bürokratische »Arschlöcher«, deren Rat bestenfalls »kleinkarierter Schwachsinn« war.[25]

Kurz, Franks wollte jeden Zweifel ausräumen, wer im Irak und in Afghanistan das Sagen hatte, nämlich er, von Anfang bis Ende. Die Invasionspläne waren sein Werk und Ausdruck seiner Feldherrenkunst. Seit dem 11. September war es laut Franks das CENTCOM, das »die Strategie raufstufte«, statt darauf zu warten, dass Washington »die Taktik runterstufte«.[26]

Er ist also ein Verfechter der zweiten Lehre, die aus den Kriegen im Irak und in Afghanistan gezogen wurde: dass es unabdingbar sei, der militärischen Führung freie Hand zu lassen. Doch hier stößt man sofort auf ein Problem: Der General, der beide Feldzüge von Anfang an leitete, behauptet, in jeder Phase habe er selbst die wichtigen Entscheidungen getroffen. Die Einmischung der Zivilisten war kein Problem, weil Franks ihr einen Riegel vorschob. »Ich heiße nicht Westmoreland«, knurrte er während des Afghanistan-Feldzugs und bezog sich dabei auf den General, der die amerikanischen Streitkräfte in Vietnam befehligt hatte, »und ich werde nicht zulassen, dass Washington unseren Jungs in den Cockpits und am Boden die Taktik und die Ziele vorgibt.«[27]

Daraus ergibt sich der logische Schluss: Als sich bald nach der Einnahme Bagdads das Chaos auszubreiten begann, was ja offensichtlich der Fall war, lag die Verantwortung bei demjenigen, der die Befehle erteilte. Die Schuld lässt sich also nicht allein auf Washington abschieben. Wenn die Truppen, die im März 2003 in den Irak einmarschierten, keinen klaren Plan für die Besetzung des Landes hatten, dann liegt die Hauptverantwortung für dieses Versäumnis nach seiner eigenen Darstellung bei dem höchsten militärischen Befehlshaber. Wenn aufgrund dieses Planungsfehlers ein Aufstand ausbrach, dann liegt auch hier die Hauptschuld logischerweise bei dem Befehlshaber.

Wenn Franks in seinem Buch die Wahrheit sagt, wäre es äußerst ungerecht, das Chaos im Irak Zivilisten wie Rumsfeld, Wolfowitz und Feith anzulasten. Sie hatten nicht das Sagen. Tommy Franks hatte es. Würde man Franks unter diesen Umständen nicht für das Chaos verantwortlich machen, gäbe man ein Grundprinzip des Soldatenberufs preis, das ausdrücklich den Kommandeuren die Verantwortung für alles zuweist, was ihre Truppen tun oder unterlassen.

Es wäre jedoch ungerecht, Franks allein für seine Fehler verantwortlich zu machen, so ungeheuerlich sie auch waren. Seine Fehler im Irak – und in Afghanistan, wo sich seine Behauptung, die Taliban seien »in den Untergang getrieben« worden, als sehr voreilig erwies[28] – sind symptomatisch für ein sehr viel allgemeineres Phänomen: Was den politischen Nutzen der vermeintlichen militärischen Überlegenheit der USA betrifft, haben die Amerikaner ein sehr schlechtes Geschäft gemacht.

Es gibt eine Erklärung für dieses Phänomen, die aber durchweg übergangen wird: Seit dem Ende des Kalten Krieges lag die Kompetenz der amerikanischen Generalität selten über dem Mittelmaß. Die Qualität der amerikanischen Streitkräfte mag sich zwar auf einem Allzeithoch befinden, aber von der jüngsten Generation der Vier-Sterne-Generäle und -Admiräle kann man das nicht behaupten.

Dies ist eines der miesen kleinen Geheimnisse, die sich die einzige Supermacht der Welt noch eingestehen muss. Die Vereinigten Staaten haben ihre globale Vormachtstellung zunehmend auf das Militär gestützt, aber die Qualität der höheren militärischen Führung war durchweg enttäuschend. Die Soldaten sind allzeit bereit, die technische Ausrüstung ist bemerkenswert, aber erstklassige Generale machten sich rar.

Das Problem war übrigens nicht, dass die militärische Führung keine hinreichenden Befugnisse hatte, wie Batiste und andere erboste Offiziere behaupten. Tatsache ist, dass die zivile Führung den Kommandeuren bei der Planung und Durchführung von Operationen weiten Spielraum ließ. Der Haken ist, dass die Generäle ihre Befugnisse nicht weise genutzt haben.

Beweise für diese These gibt es in Hülle und Fülle. Das fängt an bei der »Operation Desert Storm«, einem vermeintlich historischen Sieg, der durch zwei entscheidende Fehler beeinträchtigt wurde. Erstens verzichtete die US-Armee auf die Vernichtung der Republikanischen Garde, die die Hauptstütze der irakischen Armee war. Zweitens ließ der am 1. März 1991 in Safwan geschlossene Waffenstillstand Saddam Hussein den nötigen Spielraum, um einen Aufstand seiner Gegner im Innern zu unterdrücken. Diese Fehler beruhten direkt auf Fehleinschätzungen des Feldkommandeurs H. Norman Schwarzkopf, dem General Colin Powell, damals Vorsitzender des Generalstabs, ständig dazwischenfunkte. So konnte Saddam sich an der Macht halten, und die US-Truppen bezogen Stellungen am Persischen Golf – mit folgenschweren Konsequenzen.[29]

Fehler der Generalität, wenn auch geringeren Kalibers, trugen zum Scheitern der 1992 unternommenen humanitären Intervention in Somalia bei. Man ließ dabei die einfachsten Sicherheitsvorkehrungen außer Acht. Auch fehlte es an einer einheitlichen Führung, als amerikanische Spezialeinheiten mit dem Auftrag entsandt wurden, den Warlord Mohammed Farah Aidid auszuschalten. Doch statt ihn zu fassen, tappten sie in eine Falle, die er ihnen gestellt hatte. Die berühmte »Schlacht von Mogadischu«, bei der achtzehn US-Soldaten fielen, wurde zwar hinterher zu einem Heldenepos stilisiert, hatte aber an sich keine große Bedeutung. Dieser Rückschlag führte gleichwohl zum Scheitern von Clintons Somalia-Mission, ein Fehlschlag, den Osama bin Laden als ein Zeichen amerikanischer Schwäche deutete.

In Washington begann umgehend die Suche nach einem Sündenbock. Ins Kreuzfeuer der Kritik geriet Verteidigungsminister Les Aspin, der bald darauf seinen Hut nehmen musste. Der eigentliche Grund dieser Minikatastrophe war jedoch, dass höhere Kommandeure vor Ort, Generalmajor Thomas Montgomery und Generalmajor William Garrison, den Gegner völlig unterschätzt hatten.[30] Wieder einmal hatten unfähige Generäle die Voraussetzungen für weit größere Probleme geschaffen, die noch kommen sollten.

Dann folgte 1999 die »Operation Allied Force«, der Luftkrieg der NATO wegen des Kosovo, geplant und geleitet von General Wesley Clark, dem Oberkommandierenden der NATO. Seinerzeit sprach man hier von »Albrights Krieg«, denn er war ja eine Folge der diplomatischen Fehleinschätzung von Außenministerin Madeleine Albright. Doch der Kosovokrieg war gleichermaßen »Clarks Krieg«.

Die unmittelbare politische Streitfrage war, ob die Provinz Kosovo weiterhin zu Serbien gehören sollte. Der serbische Diktator Slobodan Milošević ging mit harter Hand gegen separatistische Kosovoalbaner vor. Clark ließ sich indes von weiter gehenden Erwägungen leiten: Hier konnte er unter Beweis stellen, dass nach dem Ende des Kalten Krieges weiterhin mit der NATO gerechnet werden musste. Außerdem war dies ein willkommener Test für seine Lieblingstheorie, »die Streitkräfte zu benutzen, ohne Gewalt anzuwenden« – also durch bloße Androhung militärischer Gewalt politische Ziele zu erreichen.[31] Clark rechnete damit, dass Drohungen genügen würden: Wenn er seine militärische Überlegenheit nur deutlich genug zur Schau stellte, würde sich der Gegner kampflos fügen. Clark begann also, eine Kraftprobe mit Milošević zu inszenieren, überzeugt davon, dass er damit ein sauberes, unblutiges Ergebnis erzielen würde. »Ich kenne Milošević«, versicherte Clark den Verantwortlichen in Washington, »er möchte nicht bombardiert werden.«[32]

Milošević ließ sich jedoch von Clarks Schau nicht beeindrucken, und auf einmal befand sich die NATO im Krieg. Clark erwartete, dass Luftangriffe die Serben in drei bis vier Tagen in die Knie zwingen würden. Auch darin irrte er. Milošević wartete seinerseits mit einer Überraschung auf: Er verschärfte die ethnische Säuberung im Kosovo und erzeugte damit eine riesige Flüchtlingswelle, worauf Clark nicht vorbereitet war. Der Bombenkrieg der NATO zog sich derweil in die Länge, und als er nach 78 Tagen zu Ende ging, hatte eine Armada von 829 Kampfflugzeugen rund 38 000 Einsätze geflogen und dabei über 28 000 Bomben abgeworfen. Rund fünfhundert Zivilisten fielen den NATO-Bomben zum Opfer. Clarks Konzept, »die Streitkräfte zu benutzen, ohne Gewalt anzuwenden«, hatte nicht funktioniert. Bald darauf sah sich der General eilends in den vorzeitigen Ruhestand versetzt.[33]

Wenn wir hier noch einmal die Chronik der Irrtümer und Fehleinschätzungen aufschlagen, so nur um zu zeigen, dass General Tommy Franks mit der mangelhaften Planung und Durchführung seiner beiden Kriege kein Einzelfall war. Die Mängel waren Teil des Systems. Von den höheren Offizieren, die seit dem

Ende des Kalten Krieges die Aufgabe übernahmen, einen Kriegseinsatz zu befehligen, zeigte keiner sich den Anforderungen gewachsen.

Nachdem Franks das Kommando im Irak abgegeben hatte, wurde dieses System weitergeführt. Als Generalleutnant Ricardo Sanchez im Jahr 2003 seinen Posten in Bagdad antrat, deutete bereits alles auf einen bevorstehenden Aufstand hin. Sein Versuch, diesen Aufstand zu unterdrücken, erzeugte genau den gegenteiligen Effekt: Die Lage verschlimmerte sich. Dazu trug auch der Skandal von Abu Ghraib bei, der während seiner Amtszeit aufflog. Unter General George Casey, der Sanchez im Jahr 2004 ablöste, schlitterte der Irak zusehends in einen regelrechten Bürgerkrieg hinein. Nicht nur, dass Sanchez und Casey die ihnen übertragene Aufgabe nicht erfüllten – durch alles, was sie taten, rückte die Bewältigung der Aufgabe in noch weitere Ferne.

Als General David Petraeus Casey im Februar 2007 ablöste, brachte er eine frisch aktualisierte Doktrin der Aufstandsbekämpfung und das Versprechen mit, die Truppe vorübergehend um 30 000 Mann zu verstärken. Während seiner Amtszeit ließ die Gewalt im Irak nach – nicht zuletzt deshalb, weil die Koalitionsmächte mehr und mehr den sunnitischen Stammesführern entgegenkamen, die zu den glühendsten Gegnern der von den USA installierten irakischen Regierung gehörten. Mit Schmiergeld und Waffen bewog man die Sunniten, sich gegen ihre vormaligen Verbündeten von al-Qaida zu wenden. Es war, als ob die Polizei eine bewaffnete Bande bezahlt, damit sie die andere erledigt.

Beobachter begrüßten die Fortschritte, die Petraeus erreichte. 2008, als die »Operation Iraqi Freedom« in ihr sechstes Jahr ging, verschwand der Krieg von den Titelseiten der großen amerikanischen Zeitungen. Aber so sehr dies auch der Regierung Bush politisch willkommen war, blieben die substanziellen Verbesserungen doch begrenzt. Noch immer war die Befriedung des Irak nicht mehr als eine ferne Hoffnung. Der »Erfolg« bestand in einer stabilisierten Pattsituation, die wohl noch auf Jahre hinaus die Anwesenheit der US-Truppen nötig machen würde.

Unter dem Strich lässt sich sagen: Die Einmischung von Zivilisten, so unangenehm sie auch ist, vermag nicht restlos die enttäuschenden Ergebnisse zu erklären, welche die US-Truppen in den zwanzig Jahren seit dem Ende des Kalten Krieges erzielten. Behauptungen, die Kommandeure von Schwarzkopf bis Petraeus hätten mit unzumutbaren Einschränkungen zu kämpfen gehabt, entbehren jeder Grundlage. Die Generäle, mit reichlichen Mitteln und beträchtlicher Autonomie ausgestattet, haben ganz einfach ihre Arbeit nicht erledigt. Der Krieg ist ein schwieriges Geschäft, und es wäre ungerecht, an den guten Absichten eines dieser Offiziere zu zweifeln. Bestimmt hat jeder sein Äußerstes getan. Dennoch hat keiner von ihnen so viel geleistet wie die ihnen unterstellten Soldaten.

»An der Spitze«, hat Winston Churchill einmal bemerkt, »bilden Politik und Strategie eine Einheit.«[34] Die wichtigste Aufgabe des Oberbefehlshabers ist es, diese Einheit zu bewahren und Siege zu erringen, welche die höheren Ziele des Staates befördern – mögen diese von den zivilen Behörden auch noch so unvollkommen formuliert sein. Große Feldherren setzen der Waffengewalt ein Ziel. Sie bringen Krieg und Politik in Einklang.

Die militärische Tradition Amerikas kennt solche Gestalten. Zu ihnen gehört George Washington während seiner Zeit als Kommandeur der Kontinentalarmee. Desgleichen Ulysses S. Grant während des Bürgerkrieges, geschickt unterstützt von seinem Stellvertreter William T. Sherman. Das Gespann aus George C. Marshall, dem Stabschef der Armee, und Dwight D. Eisenhower, dem alliierten Oberbefehlshaber im Krieg gegen Nazideutschland, kann man wohl auch zu ihren Reihen zählen.

Die Zeit nach dem Kalten Krieg ist vielleicht der ereignisreichste Abschnitt der gesamten amerikanischen Militärgeschichte. Und doch findet man hier nicht einen Vier-Sterne-General, der auch nur entfernt an dieses Kaliber heranreicht. Den höheren Offizieren, die in dieser Zeit einen Kriegseinsatz befehligten, mangelte es nicht an Befugnissen. Was ihnen fehlte, war die Kompetenz.

Warum die Wehrpflicht keine gute Idee ist und warum sie nicht kommen wird

Damit kommen wir zu der dritten Lehre, die aus dem Irakkrieg gezogen wurde: der Forderung, die Kluft zwischen Armee und Gesellschaft durch Abschaffung des Berufsheeres und die Wiedereinführung der Wehrpflicht zu schließen.

Aus mehreren Gründen ist dies keine gute Idee. Erstens ist eine große Wehrpflichtarmee zu teuer. 2008 plante das Pentagon, die Bodentruppen im Laufe der nächsten Jahre um 92 000 Mann aufzustocken. Das Congressional Budget Office schätzte die Kosten dieser bescheidenen Verstärkung auf 108 Milliarden Dollar.[35] Für Ausbildung, Ausrüstung und Unterhalt der gegenwärtig aktiv dienenden Truppe und die Kosten laufender Operationen gab das Pentagon zuletzt rund 700 Milliarden Dollar pro Jahr aus. Würde man die Größe dieser Truppe auf drei Millionen verdoppeln – weniger als ein Prozent der Gesamtbevölkerung, aber genug, um eine imperiale Strategie der »kleinen Kriege« durchzuhalten –, müsste man jährlich mehr als eine Billion Dollar für die Verteidigung aufwenden. Selbst wenn man genug Wehrpflichtige hätte – so viel Geld ist einfach nicht da.

Im Übrigen braucht das Militär nicht so viele Soldaten, außer unter ganz bestimmten Bedingungen. Als Richard Nixon gegen Ende des Vietnamkrieges zum ersten Mal vorschlug, die Wehrpflicht abzuschaffen, war der Generalstab dagegen. Mittlerweile schwärmen alle Teilstreitkräfte, das Marinekorps vielleicht teilweise ausgenommen, von einer Truppe, die aus hochqualifizierten, lang dienenden »Kriegern« besteht. Als Verteidigungsminister Donald Rumsfeld von den Wehrpflichtigen früherer Kriege sagte, sie hätten »wirklich keinen Wert, keinen Vorteil« gebracht, verstieß er möglicherweise gegen die politische Korrektheit, aber er gab exakt die im Pentagon herrschende Meinung wieder.[36] Tatsächlich bringen Bürger-Soldaten in den Augen der Vier-Sterne-Generäle und -Admiräle mehr Scherereien als Vorteile.

Die Hoffnung, durch Rückkehr zur Wehrpflicht das demokratische System wiederzubeleben, erinnert an die Idee, dass die Amerikaner frömmer würden, wenn an Weihnachten wieder Christus im Mittelpunkt stünde. Gewiss eine sympathische Vorstellung, nur ignoriert sie völlig, welche Kräfte einen religiösen Feiertag überhaupt erst zur Konsumorgie gemacht haben.

So wenig, wie man Macy's für die Kommerzialisierung der Geburt Jesu verantwortlich machen kann, kann man Präsident Nixon das Verdienst für die Abschaffung der Wehrpflicht zuerkennen, denn damit würde man die Vorgeschichte übergehen. Als Nixon sich zu diesem Schritt entschloss, befand sich das System bereits in Agonie. Es war das amerikanische Volk, das die Wehrpflicht beseitigte: Mitten in einem scheußlichen Krieg entzog es der Bundesregierung die bis dahin allgemein akzeptierte Befugnis, Bürger zum Dienst an der Waffe einzuberufen. Als Nixon sich dem Willen großer Teile der Bevölkerung fügte, hatte er seine eigenen, zynischen Gründe – er hoffte, damit der Antikriegsbewegung den Wind aus den Segeln zu nehmen. Diese keineswegs von langer Hand geplante Maßnahme sollte die Grundlage für einen neuen Konsens bilden, der den Militärdienst künftig zu einer Sache der persönlichen Entscheidung machte. Binnen kurzer Zeit stimmten Liberale, Konservative und Zentristen zu, und damit war der Handel perfekt.

Unmittelbar nach dem 11. September hätte Präsident Bush Gelegenheit gehabt, diesen Konsens noch einmal zu überdenken. Er hätte eine neue Übereinkunft zwischen ziviler Gesellschaft und Militär vorschlagen können, um die Lasten des Kriegsdienstes innerhalb der amerikanischen Gesellschaft auf mehr Schultern zu verteilen. Doch vermutlich ahnte er, dass eine »Armee des Volkes« seine Handlungsfreiheit einengen könnte, und hielt daher am Status quo fest. Angesichts der verheerenden Fehler, die seine Regierung danach besonders im Irak begangen hat, ist an dieser Übereinkunft praktisch nicht mehr zu rütteln. Der Globale Krieg gegen den Terror hat nämlich die während des Vietnamkrieges verbreitete Meinung wiederaufleben lassen, dass Politiker entweder hartherzig oder dumm sind und lieber das Leben junger Amerikaner opfern werden, als sich zu den Folgen ihrer Fehleinschätzungen zu bekennen. Mag die von al-Qaida ausgehende Gefahr auch noch so groß sein – die meisten Eltern mit Nachwuchs im wehrfähigen Alter werden die Aussicht, dass ihr Kind eingezogen werden könnte, als bedrohlicher für sein Wohl empfinden.

Die Vorstellung, durch Wiedereinführung der Wehrpflicht die Amerikaner aus ihrer Lethargie zu reißen und den Kongress anzustupsen, damit er seine Pflicht tut, mag theoretisch noch so reizvoll sein – sie lässt sich politisch nicht umsetzen. Von den konservativen Evangelikalen vielleicht abgesehen, gibt es heute keinen nennenswerten Teil der Wählerschaft, der der Bundesregierung das Recht zugestehen würde, ihre Söhne und Töchter in Uniform zu stecken. Die gesetzliche Einführung der Wehrpflicht würde heute mit Sicherheit die gleiche Reaktion hervorrufen wie die Prohibition in den zwanziger Jahren des vorigen Jahrhunderts – nur rascher und in breiterem Maßstab. Das Gesetz wäre nicht durchsetzbar.

Gewiss hat das Argument, mit der Wehrpflicht könnten die Ungerechtigkeiten unseres derzeitigen Militärsystems behoben werden, einiges für sich. Für Menschen, die ein Gewissen haben, ist es schwerlich hinnehmbar, dass die Soldaten zu wiederholten Kampfeinsätzen in den Irak oder nach Afghanistan geschickt werden, während die übrigen Bürger sich entspannt zurücklehnen. Das ist ungerecht und schadet der Moral.

Doch Fragen der Fairness haben in der amerikanischen Geschichte nur selten eine politisch entscheidende Rolle gespielt. Dies gilt auch für die Gegenwart, denn sonst würden wir die krasse Ungleichheit zwischen Arm und Reich nicht hinnehmen. Es mag den Amerikanern Unbehagen bereiten, dass eine kleine Zahl von Freiwilligen die Last trägt, einen unbefristeten globalen Krieg zu führen, aber dieses Unwohlsein wird nicht genügen, um etwas zu ändern. Um das Gewissen der Nation zu entlasten, könnte die Regierung zur Verstärkung unserer bedrängten Soldaten teure Söldner von privaten Firmen anheuern, aber die Bürger selbst wird sie nicht mit der Forderung behelligen, sich zu engagieren. Man denke an die faktische Privatisierung des Krieges, bekannt geworden durch die berüchtigte Firma Blackwater, bei der man eine ganze Armee mieten kann. Offensichtlich ist man stillschweigend bereit, den Militärdienst aus einer Aufgabe des Bürgers in ein Wirtschaftsunternehmen zu verwandeln, bei dem es nicht mehr um Patriotismus, sondern um Profit geht. Es mag sein, dass die Amerikaner Söldner nicht lieben, aber noch mehr widerstrebt es ihnen, ihre eigenen Kinder als Soldaten in ein gottverlassenes Land am anderen Ende der Welt zu schicken.

Kurz, die Wehrpflicht wird weiterhin ein nettes Thema für erboste Kommentare und engagierte Leserbriefe sein, aber die Chancen, dass der Kongress ihre Wiedereinführung beschließt, sind gleich null. In diesem Fall ist die Haltung des Kongresses ein Spiegelbild der Ansicht des amerikanischen Volkes. Die nach Vietnam geschaffene Berufsarmee wird ungeachtet ihrer Mängel beibehalten werden.

Die Unberechenbarkeit des Krieges

Wenn Vorkehrungen für das Führen »kleiner Kriege«, Ehrfurcht vor den Militärs und die Abschaffung des Berufsheeres die falschen Lehren sind, die wir aus unserer jüngsten militärischen Erfahrung zu ziehen haben, welches sind dann die richtigen Lektionen?

Hinter dieser einfachen Frage verbergen sich mehrere komplizierte Fragen. Wie kommt es, dass unsere vielgepriesene militärische Überlegenheit nach dem Ende des Kalten Krieges nicht zu mehr Sicherheit geführt hat, sondern zu der Aussicht auf Konflikte ohne Ende? Woran liegt es, dass die Welt in dem Maße, wie wir unsere Muskeln für Frieden und Freiheit spielen lassen, kriegerischer und unübersichtlicher wird? Um die berühmte Frage von Madeleine Albright an Colin Powell umzudrehen: Welchen Sinn hat es, unsere großartige Armee einzusetzen, wenn das Ergebnis solche Debakel wie im Irak und in Afghanistan sind?

Die Ereignisse der jüngsten Vergangenheit enthalten mehrere Lehren, die ein Licht auf diese Fragen werfen. Die erste und vielleicht wichtigste betrifft das Wesen des Krieges. Die bewaffneten Konflikte im Irak und in Afghanistan erinnern uns daran, dass der Krieg »nicht neu erfunden werden kann« – gleichgültig, was die Pentagon-Verfechter der sogenannten »Revolution der militärischen Angelegenheiten« oder Befürworter von »Schock und Einschüchterung« behaupten mögen.

Das Wesen des Krieges ist unveränderlich, unerbittlich und unkontrollierbar. Die ständigen Begleiter des Krieges sind Ungewissheit und Gefahr. »Der Krieg ist das Gebiet des Zufalls«, schrieb der Militärtheoretiker Carl von Clausewitz vor fast zweihundert Jahren. »In keiner menschlichen Tätigkeit muss für diesen Fremdling ein solcher Spielraum gelassen werden, weil keine so nach allen Seiten hin in beständigem Kontakt mit ihm ist.« An diesem Urteil hat sich durch die Erfindung des Computers, des

Internet oder der Präzisionslenkwaffen nichts geändert.[37] »Der Staatsmann, der dem Kriegsgeschrei nachgibt, muss wissen, dass er nicht mehr Herr der Politik, sondern Sklave unvorhergesehener und unberechenbarer Geschehnisse ist, sobald er das Signal gegeben hat«, bemerkte Churchill richtig.[38] Es ist einfach schrullig zu glauben, innovative Verfahren und neue Technologien würden den Krieg endgültig der menschlichen Regie unterwerfen.

Diese uralten, im Laufe der Jahrhunderte immer wieder bestätigten Wahrheiten sind allgemein bekannt. Doch seit dem Ende des Kalten Krieges und besonders während der ersten Jahre des Globalen Krieges gegen den Terror haben amerikanische Politiker und nicht wenige hohe Offiziere sich so verhalten, als wären sie obsolet geworden und hätten zumindest für die Vereinigten Staaten keine Geltung mehr.

Um zu ermessen, welcher Torheit solche militärischen Denker anheimfallen, braucht man nur an die einfache USBV zu denken: die unkonventionelle Spreng- und Brandvorrichtung, auch als »Bombe am Straßenrand« bekannt, die unter den US-Truppen im Irak und in geringerem Ausmaß in Afghanistan zahlreiche Opfer gefordert hat.

Die Hightechtruppen, die in diese beiden Länder einmarschierten, übersahen, welche Gefahr von diesen selbst gebastelten Bomben ausgehen kann. Das Tempo der Operationen sollte den Feind derart lähmen, dass er nicht mehr in der Lage sein würde, sich zu rühren oder auch nur zu denken, geschweige denn tödliche neue Waffen herzustellen. Eine kleine, mit Hightechwaffen ausgerüstete Truppe, die alle Vorteile der Informationsüberlegenheit genoss und mit halsbrecherischem Tempo zu ihrem Ziel vordrang, sollte die Gefechtsbedingungen diktieren. Der Vormarsch auf Bagdad im April 2003 schien dieses Konzept zu bestätigen. »Die Schnelligkeit des Vormarschs war so dramatisch, dass der Feind völlig verstört war«, jubelte General Jack Keane, der stellvertretende Stabschef der Armee.[39]

Die elektronisch verstärkte Fähigkeit, zu sehen, zu analysieren, zu entscheiden und rasch zu agieren, hatte den US-Truppen einen scheinbar unüberwindlichen Vorteil verschafft. Kurz nach dem Fall der irakischen Hauptstadt fasste Vizeadmiral Arthur Cebrowski das Argument in die knappe Formel: »Auf Schnelligkeit kommt es an. Schnelligkeit tötet. Sie führt zu weniger Kollateralschäden und weniger US-Verlusten.« Schnelligkeit befähigte die US-Truppen, mehr mit weniger zu erreichen. »Schnelligkeit bedeutet höhere Wirkung«, bestätigte Peter Pace, General des Marinekorps und seinerzeit stellvertretender Vorsitzender des Generalstabs. »Wenn man in der Lage ist, fünf Divisionen innerhalb von neunzig Tagen an jeden Ort der Welt zu bringen, könnte man dann nicht die gleiche Wirkung erzielen, indem man drei Divisionen innerhalb von dreißig Tagen dorthin bringt?«[40]

Eine kleinere, beweglichere Truppe könnte außerdem eine breitere Palette von Aufgaben erfüllen. Der Grund, die »Operation Iraqi Freedom« im Jahr 2003 mit weniger Truppen zu starten, als 1991 bei der »Operation Desert Storm« eingesetzt wurden, war laut Douglas Feith »strategischer Natur und reicht weit über den Irak hinaus«. Die höheren Ränge im Verteidigungsministerium hofften, mit der kleineren Invasionstruppe die Vorstellung zu widerlegen, dass »die Vereinigten Staaten in keinem Fall mit weniger als 100 000 Mann antreten sollten«. Das Problem an dieser »alten Denkweise« war Feith zufolge, dass sie »die Einsatzfähigkeit unseres Militärs verringert«.[41] Das Pentagon glaubte in den ersten Jahren des 21. Jahrhunderts, ein Rezept – technologisch erhöhte Geschwindigkeit, die sowohl operative als auch politische Klarheit schafft – entdeckt zu haben, welches die Truppe so »schlagkräftig« machte wie nie zuvor.

Die USBV, die man zum Preis einer Pizza herstellen kann, brachte den amerikanischen Siegeslauf abrupt zum Stehen.[42] Die bevorzugte Waffe der Aufständischen brachte die US-Truppen um das entscheidende Ergebnis, das sie mit dem Sturz Saddam

Husseins erreicht zu haben glaubten. Hineingekommen waren sie schnell, doch nun merkten die Amerikaner, dass sie nicht mehr herauskamen. Aus der Befreiung wurde die Besatzung. Schnelligkeit war nicht mehr entscheidend, um einen Krieg zu gewinnen. Anhaltende Präsenz lautete das neue Gebot. Was zuvor die Deutschen in Jugoslawien, die Sowjets in Afghanistan und die Israelis im Westjordanland entdecken mussten, erkannten jetzt die Amerikaner im Irak: Scheinbare Stärken enthüllten nur neue Schwächen.

Truppen, die auf Mobilität hin optimiert worden waren, sahen sich an ein Straßennetz und an feste Stützpunkte gebunden. Kennzeichnend für die US-Operationen war jetzt nicht mehr das rasante Tempo, sondern der Checkpoint, die Verkehrskontrolle und der Streifengang. Für die Aufständischen war es ein Leichtes, die Amerikaner aufs Korn zu nehmen. Für die Amerikaner war es sehr viel schwerer, die Aufständischen zu identifizieren oder gar zu lokalisieren.

In entscheidender Hinsicht erwiesen sich die US-Truppen trotz ihrer Schnelligkeit als sehr viel weniger wendig als ihre Gegner. Die Einführung der USBV löste einen hektischen Wettlauf aus. Um diese unvorhergesehene Bedrohung auszuschalten, hat das Verteidigungsministerium bisher weit mehr als zehn Milliarden Dollar investiert (und es wird noch mehr werden), um seine Soldaten besser zu schützen und ihre Fähigkeit, Bomben zu erkennen und zu entschärfen, zu verbessern.[43] Die aufständischen Bombenbastler haben derweil, obwohl ihre Mittel relativ knapp sind, die tödliche Wirkung der USBV kontinuierlich erhöht und zugleich immer bessere Möglichkeiten gefunden, die immer tödlicher wirkenden Vorrichtungen zu verbergen und zu zünden. Legt man die Zahl der Verluste zugrunde, welche die US-Truppen durch solche Sprengsätze fortlaufend erleiden, haben die Aufständischen das Pentagon in diesem Wettlauf regelmäßig besiegt.[44]

Die Folgen sind sowohl strategischer als auch taktischer Natur. Durch die Aufständischen mit ihren USBV gebunden, konnten die US-Truppen sich nicht um andere heraufziehende Gefahren kümmern. Der Schauplatz von Präsident Bushs »Globalem Krieg« verengte sich und ist jetzt weitgehend auf den Irak und Afghanistan beschränkt. Die übrigen Mitglieder seiner »Achse des Bösen« kamen ungeschoren davon. Der Iran, der auch zu dieser Achse gehört, hat sogar an Einfluss und Statur gewonnen.

Die erste Lehre, die man aus den beiden militärischen Abenteuern der Regierung Bush ziehen kann, lautet also schlicht: Der Krieg ist auch heute, was er immer war – schwer zu fassen, unberechenbar, teuer, voller Überraschungen und unerwarteter Konsequenzen.

Der begrenzte Nutzen der Gewalt

Die zweite Lehre aus den Konflikten im Irak und in Afghanistan leitet sich von der ersten ab. Wie schon im ganzen bisherigen Verlauf der Geschichte sichtbar, ist der Nutzen der bewaffneten Gewalt auch heute begrenzt. Auch im Informationszeitalter bleibt die Wirkung von Gewalt – sofern sie überhaupt etwas »bewirkt« – auf eine begrenzte Reihe von Möglichkeiten beschränkt.

Diese Lehre hat unmittelbare Folgen für die amerikanische Außenpolitik.

Während des Kalten Krieges erwies sich die Gewalt als ein bevorzugtes Instrument der amerikanischen Politik. Niebuhr hatte 1958 besorgt festgestellt, dass die Amerikaner »eine seltsame Liebe zur militärischen Macht« entwickeln. Diese Liebe hat mit dem Ende des Kalten Krieges nicht nachgelassen. Nach dem 11. September hat Washingtons Neigung zur Gewalt neue Höhepunkte erreicht. Für Präsident Bush war die »militärische Option« immer »auf dem Tisch« geblieben. Seine Regierung betrachtete militärische Gewalt als ein Allzweckmittel, das nicht mehr nur als letztes Mittel oder ausschließlich für Zwecke der Verteidigung eingesetzt werden sollte. Die bewaffnete Gewalt schien vielmehr das Mittel, alle Dinge in Ordnung zu bringen.

So hat Präsident Bush immer wieder betont, dass die Vereinigten Staaten im Irak nicht nur für den eigenen Schutz oder die eigenen Interessen kämpfen, sondern auch für die Verbreitung der Demokratie und der Menschenrechte. Diese sogenannte Freiheitsagenda ließ sich zweifach interpretieren. Bei der ersten Interpretation wurden die Worte des Präsidenten für bare Münze genommen: Der Krieg wurde als Mittel zur Errettung und Befreiung betrachtet. Die Vereinigten Staaten wollten durch angedrohte oder angewandte Gewalt ganze Nationen zur Übernahme der westlichen liberalen Werte bewegen. Es war Woodrow Wilson, interpretiert von Wolfowitz, der sich hier mit der Stimme von George Bush aus dem Totenreich meldete.

Die andere Deutung verstand die Freiheitsagenda als puren Zynismus, als Bemäntelung einer Strategie der nackten Aggression mit moralischer Legitimität. Hier diente die Gewalt der Errichtung einer Hegemonie. Militärische Macht würde es den Vereinigten Staaten ermöglichen, die erweiterte Nahostregion zu unterjochen. Der Krieg im Irak war nur der Anfang. Es war Theodore Roosevelt, interpretiert von Dick Cheney, der sich hier mit der Stimme von George Bush aus dem Totenreich meldete.

Die Frage, ob Bush selbst eher zu dem militanten Idealismus von Wilson und Wolfowitz oder zu dem militanten Nationalismus von Theodore Roosevelt und Cheney neigte, ist im Grunde irrelevant. Er sah sehr wahrscheinlich keinen Widerspruch zwischen beiden Tendenzen. Bush wäre nicht der erste Präsident gewesen, für den das Axiom »Amerika kämpft für die Freiheit« zugleich innere Überzeugung und bequeme Ausrede war.

Unabhängig davon, ob es den Vereinigten Staaten um Befreiung oder um Vorherrschaft geht: Das eigentliche Problem besteht darin, dass – wie die Ereignisse im Irak und in Afghanistan zeigen – beides nicht funktioniert. Mit bewaffneter Gewalt werden die Vereinigten Staaten weder die Völker der erweiterten Nahostregion befreien noch die Kontrolle über die Region erlangen. Wir haben einfach schlechte Karten.

Der Irak unter der Vorherrschaft der Regierung Bush war ein marodes, unregierbares und apathisches Protektorat. Und auch sechs Jahre nach dem Sturz Saddam Husseins ist es noch immer nicht in der Lage, seine Grenzen zu sichern und seine inneren Angelegenheiten zu regeln. Ein Projekt der Nationenbildung, von dem man zuversichtlich erhoffte, die nach 1945 in Deutschland und Japan erreichten Erfolge wiederholen zu können, wurde zu einem Desaster, gegen das sich sogar die Reaktion der Bundesregierung auf den Hurrikan Katrina vorteilhaft abhebt. Der Strombedarf des Landes konnte Ende 2007 nur knapp zur Hälfte befriedigt werden. Die Haushalte von Bagdad wurden im Schnitt nur zwölf Stunden pro Tag mit Strom versorgt – sechs Stunden weniger als unter dem Baath-Regime.[45] Die Ölförderung hatte noch immer nicht den Stand vor der Invasion erreicht.[46] Korruption, Verschwendung und schiere Unfähigkeit bei der Verteilung amerikanischer Hilfslieferungen hatten ein solches Ausmaß angenommen, dass entsprechende Meldungen schon am nächsten Tag überholt waren.[47]

Vertreter der Regierung Bush beklagten immer wieder – ohne großen Erfolg – das lähmende Gezänk im irakischen Parlament und ungezügelte Korruption in den irakischen Ministerien. Wenn die Hauptaufgabe einer Regierung in der Bereitstellung von Dienstleistungen besteht, gab es praktisch keine Regierung des Irak. Verglichen damit hatten Nicaragua unter den Somozas und die Philippinen unter Ferdinand Marcos geradezu vorbildliche Regierungen.

In Afghanistan verhielt es sich nicht viel anders. Nach der Befreiung machte das Land rasch wieder seine führende Stellung als Lieferant illegaler Drogen geltend; im Jahr 2007 betrug sein Marktanteil am weltweiten Absatz von Heroin, Morphin und anderen Opiaten 93 Prozent.[48] Die von den USA eingesetzte Regierung Afghanistans erwies sich als schwach und unfähig. Die Macht von Präsident Hamid Karzai reichte gerade einmal so weit, dass man ihn spöttisch als »Bürgermeister von Kabul« betitelte. Die Taliban leisteten derweil hartnäckigen Widerstand. Aus der »Operation Enduring Freedom« wurde ohne offizielle Namensänderung eine »Operation Enduring Obligation« – aus der »dauerhaften Freiheit« eine »dauerhafte Verpflichtung«. Die wichtigste gute Nachricht aus Afghanistan bestand für Washington darin, dass die Vereinigten Staaten wenigstens in diesem Land nicht allein waren: Die NATO beteiligte sich an der schweren Aufgabe, die neue Ordnung, wie sie nun einmal war, zu stützen. Doch selbst unter den günstigsten Annahmen werden die westlichen Mächte noch viele Jahre, wenn nicht gar Jahrzehnte in Afghanistan bleiben müssen.

Entgegen der Ansicht von fanatischen Befürwortern des Globalen Krieges gegen den Terror haben die Ereignisse im Irak und in Afghanistan eindeutig bewiesen, dass die Vereinigten Staaten ihre Ziele mit Gewalt nicht erreichen werden. Ob man die islamische Welt nun demokratisieren oder unterwerfen will – die militärische »Option« ist jedenfalls keine Lösung.

Es gab einmal eine Zeit, in der man die Lehre aus den beiden Weltkriegen intuitiv erfasste. Der Schriftsteller Norman Mailer, der am Zweiten Weltkrieg teilgenommen hatte, drückte es so aus: »Einen Krieg anzufangen, um irgendetwas in Ordnung zu bringen, das ist, als ginge man in den Puff, um einen Tripper loszuwerden.«[49] Als Problemlöser lässt der Krieg viel zu wünschen übrig.

Die Torheit des Präventivkrieges

Die Bush-Doktrin selbst liefert die Grundlage für eine dritte Lehre. In der moralischen Tradition des Westens wurde die Idee des Präventivkrieges jahrhundertelang verworfen. Nach den Ereignissen vom 11. September wollten manche diese Tradition nicht mehr gelten lassen. Aus übergeordneten Sicherheitsbedenken ergab sich angeblich eine höhere moralische Pflicht zum Handeln. Traditionelle Beschränkungen hatten zurückzustehen. Doch wie unsere aktuelle Erfahrung mit dem Präventivkrieg zeigt, ist es – von moralischen Erwägungen ganz abgesehen – einfach töricht, heute einen Krieg anzufangen, um eine Gefahr auszuschalten, die irgendwann einmal zu einer Bedrohung werden *könnte*. Es funktioniert nicht.

Die Regierung Bush vertrat eine andere Sicht. Nach der »Ein-Prozent-Doktrin«, die eine Wiederholung des 11. September verhindern soll, muss selbst die geringste Wahrscheinlichkeit eines Angriffs unverzüglich mit einer präventiven Aktion beantwortet werden.[50] In einer Rede vor den Absolventen der Militärakademie West Point erläuterte Präsident Bush den Grund dafür: Die aus dem Kalten Krieg stammenden Konzepte der *Eindämmung* und der *Abschreckung* seien durch die Ereignisse vom 11. September gründlich diskreditiert. Künftig müssten die Vereinigten Staaten Bedrohungen auslöschen, bevor sie Gestalt annehmen könnten. »In der Welt, in die wir jetzt eingetreten sind, ist der einzige Weg zur Sicherheit der Weg des Handelns«, schloss der Präsident.[51] Er gelobte zu handeln. Vereinfacht gesagt, beanspruchten die Vereinigten Staaten damit für sich – und nur für sich allein – ein uneingeschränktes Recht zum Erstschlag.

Auch hier verdient der Ratschlag von Reinhold Niebuhr sorgfältige Beachtung. Die Anfänge des Kalten Krieges hatten ihre eigene Version der »Ein-Prozent-Doktrin« hervorgebracht. Als die Sowjetunion 1949 das Atomwaffenmonopol der USA brach, schien es für manche Kreise nur noch eine Frage der Zeit zu sein, bis die Amerikaner vor die Alternative »entweder rot oder tot« gestellt würden. Wenn das Land dies vermeiden wollte, musste es seine schwer errungene strategische Überlegenheit sofort einsetzen, bevor sie dahin war. Das war die Rechtfertigung eines Erstschlages gegen die UdSSR: Indem sie die Sowjets angriffen, bevor diese ein großes Atomarsenal aufbauen konnten, würden die Vereinigten Staaten ihren Rivalen auf einen Schlag unschädlich machen und auf Dauer Frieden und Sicherheit erlangen.

Diese Argumentation fand Niebuhr erschreckend. »Die Idee eines Präventivkrieges«, schrieb er, sei verlockend für jene, die unbedingt »den günstigsten Moment nutzen wollen, um mit den aus ihrer Sicht unausweichlichen Feindseligkeiten zu beginnen«. Doch »gegen solche Ideen müssen wir uns mit allen erlaubten Mitteln wehren«, fuhr er fort. Nach Niebuhrs Verständnis konnte die Idee des Präventivkrieges weder normativ noch pragmatisch bestehen. Sie war nicht nur moralisch falsch, sie war auch verrückt. »Es gibt in der Geschichte nichts, das unausweichlich wäre«, bemerkte er, »nicht einmal das Wahrscheinliche. Solange der Krieg nicht ausgebrochen ist, haben wir immer noch die Möglichkeit, ihn zu vermeiden. Wer meint, der Unterschied zwischen einem kalten und einem heißen Krieg sei gering, ist entweder ein Schurke oder ein Narr.«[52]

Die hier formulierte besonnene Haltung wurde von den amerikanischen Präsidenten übernommen und trug dazu bei, dass es in der zweiten Hälfte des 20. Jahrhunderts nicht zu einem nuklearen Weltbrand kam. Zwischen 2002 und 2003 konnte sie sich jedoch nicht mehr durchsetzen. Im Irak bekamen die Schurken und die Narren ihren Krieg.

Doch eine Militäroperation, von der man erwartete, dass sie die Wirksamkeit des Präventivkrieges demonstrieren werde, erreichte das genaue Gegenteil. Die drohende Gefahr, deretwegen der Angriff auf den Irak angeblich dringend geboten war – Saddams Massenvernichtungswaffen –, existierte gar nicht. Es zeigte sich, dass das versprochene Ergebnis des Krieges schwer zu erreichen war. Die Kosten des Krieges waren weit höher, als irgendjemand in der Regierung Bush erwartet hatte.

Dass ein Präventivkrieg absurd ist, hat die Geschichte wieder und wieder bewiesen. Wenn die Welt noch eines weiteren Beweises bedurfte, so hat Präsident Bush ihn geliefert. Der Irakkrieg zeigt uns, dass die Bush-Doktrin von Anfang an eine schlechte Idee war und dass sie unbedingt außer Kraft gesetzt werden muss. Damit unser Land nach klaren Prinzipien entscheiden kann, wann Gewaltanwendung erlaubt ist, muss es sich an die Tradition des gerechten Krieges halten – nicht nur weil diese Tradition mit den moralischen Werten übereinstimmt, zu denen wir uns bekennen, sondern auch, weil ihre Regeln ein ungemein hilfreicher Ratgeber für eine von der Vernunft geleitete Staatskunst sind.

Die vergessene Kunst der Strategie

Es gibt schließlich noch eine vierte Lehre, und sie bezieht sich auf die Formulierung der Strategie. Nach den Ergebnissen der amerikanischen Politik im Irak und in Afghanistan zu schließen, scheint diese Kunst in den höheren Rängen der Regierung und bei führenden Mitgliedern des Offizierskorps in Vergessenheit geraten zu sein.

Seit dem Ende des Kalten Krieges neigten Zivilisten dazu, Strategie mit Ideologie zu verwechseln. Ein Paradebeispiel dafür ist Präsident Bush. Die Freiheitsagenda des Präsidenten, die angeblich ein Konzept für die Durchführung des Globalen Krieges gegen den Terror enthielt, formulierte grandiose Ziele, ohne ernsthaft auf die Mittel einzugehen, mit denen sie erreicht werden sollten.

Seit dem Ende des Vietnamkrieges neigten Offiziere dazu,

Strategie mit Operationen zu verwechseln. Niemand verdeutlicht diese Neigung eindrücklicher als Tommy Franks, wie vor allem seine aufschlussreichen Memoiren zeigen.

Nach außen hin kultivierte Franks das Image des einfachen Jungen vom Lande, des Burschen aus West-Texas, der sich erstaunt darüber gibt, wie weit er es gebracht hat. Doch in Wirklichkeit hielt er sich für einen gebildeten Kenner seines Faches und einen originellen Denker. Während seines Aufstiegs hatte er Bücher »über Krieg und Frieden gelesen: die gesammelte Weisheit von Sun Tzu und Clausewitz, Bertram [*sic*] Russell und Gandhi«.[53]

Wohl flicht Franks in seine Geschichte hier und da Zitate von längst verstorbenen chinesischen und deutschen Philosophen ein, doch seinen eigenen Ausführungen mangelt es durchweg an Originalität. Als er den Auftrag erhielt, die Invasion des Irak zu planen, setzte er sich hin, nahm einen Notizblock zur Hand und skizzierte grob sein »Muster« für den entscheidenden Sieg. Die Matrix, die dabei herauskam und die in den Memoiren stolz in ihrer originalen handschriftlichen Form abgedruckt ist, besteht aus sieben horizontalen »Operationslinien« – sie spezifizieren das Leistungsvermögen der US-Truppen –, die sich mit neun vertikalen »Scheiben« schneiden, welche jeweils eine von Saddam Husseins Machtzentren bezeichnen. An bestimmten Schnittpunkten, insgesamt 36, zeichnet Franks einen »Strahlenkranz«. Für Franks stellten diese »Linien und Scheiben« ein hervorragend gestaltetes Beispiel einer, wie er sich ausdrückt, »umfassenden *Großstrategie*« dar.[54]

Dabei zeigt schon eine flüchtige Prüfung von Franks' Matrix, dass sie mit einer Strategie nicht das Geringste gemein hat. Der politische Kontext fehlt zum Beispiel ganz. Ganz auf den bevorstehenden Kampf konzentriert, schenkt er den Nachwirkungen keinerlei Beachtung. Da einzig der Irak als zu lösendes Problem definiert ist, lässt er die Beziehungen zu anderen regionalen

Mächten außer Acht und trifft keine Vorkehrungen dafür, dass der Krieg diese Beziehungen positiv oder negativ verändern könnte. Seine Matrix ist gänzlich ahistorisch und nimmt keinerlei Bezug auf Kultur, Religion oder ethnische Identität. Sie enthält keine moralische Dimension und nicht einmal eine Erklärung über den angestrebten Zweck der Operation.

Hier werden wir mit dem eigentlichen Dilemma konfrontiert, mit dem die Vereinigten Staaten erfolglos gerungen haben, seit sie durch das Verschwinden der Sowjetunion eines stabilisierenden Gegners beraubt wurden. Dieses Dilemma wurde durch die Ereignisse vom 11. September nur verschärft. Die politische Elite, deren Aufgabe es sein sollte, eine Großstrategie zu entwerfen, ergeht sich stattdessen in Phantasievorstellungen über die Errichtung einer permanenten globalen Hegemonie oder die Umgestaltung der Welt nach dem Bilde Amerikas. Die militärische Elite, die diese Hirngespinste zerstören und dazu beitragen könnte, der Politik der Vereinigten Staaten wieder zu einem Mindestmaß an Realismus zu verhelfen, fixiert sich derweil auf Feldzüge und Schlachten – wobei der Generalität vor allem die Aufgabe zufällt, das Rüstungsmaterial zu organisieren und zu koordinieren.

Entschlossen, jede Einmischung von unerträglichen Zivilisten wie Douglas Feith zu verhindern und den Krieg wieder zur ausschließlichen Domäne von Berufssoldaten zu machen, lassen selbsternannte Krieger wie Tommy Franks sowohl den politischen Zweck als auch potenzielle politische Komplikationen bewusst außer Acht. Franks und andere Soldaten seiner Generation, die Verteidigungsminister Robert McNamara Vietnam nie verziehen haben, betrachten Zivilisten instinktiv als Störenfriede, die ihnen ständig dazwischenfunken. Solche unerwünschten Übergriffe zu verhindern ist für sie ein kategorischer Imperativ.

Um ein Monopol der militärischen Fachleute über die Kriegsführung wiederzuerlangen, muss zwischen Politik und Krieg möglichst klar getrennt werden, damit zivile und militärische

Erwägungen sich nicht gegenseitig ins Gehege kommen. Deshalb bezeichnet sich der Befehlshaber, der (wie Franks) das Gefecht nur indirekt in der komfortablen Atmosphäre eines klimatisierten Hauptquartiers erlebt, als »Kriegführer«. Und zwar nicht nur aus symbolischen Gründen: Indem er diese Identität annimmt, kann er Befugnisse geltend machen, auf die das Offizierskorps mittlerweile nachdrücklich uneingeschränkten Anspruch erhebt.

In dieser Situation wird es zum primären, wenn nicht gar einzigen Kriegsziel, nach Bagdad (oder Kabul) zu kommen. Die Folge ist, dass bei der Planung eines Krieges eine Atmosphäre erstaunlicher strategischer Naivität herrscht, die Soldaten wie Franks und Zivilisten wie Feith zu der Annahme verleitet, man bräuchte bloß ein paar schnelle Siege auf dem Schlachtfeld, dann werde sich alles andere schon von selbst ergeben.

Kampfhandlungen sind natürlich ein integraler Bestandteil des Krieges. Der Krieg ist aber zugleich immer ein wesentlich politisches Phänomen, was von denen, die tatsächlich auf den Abzug drücken oder Bomben abwerfen, nicht immer geschätzt oder gar als angenehm empfunden wird. Wenn der Krieg überhaupt eine denkbare Rechtfertigung oder einen Nutzen haben soll, dann muss er der Politik untergeordnet bleiben. Diese Unterordnung herbeizuführen ist ein Kernelement der Strategie.

Zu der militärischen Krise, in der sich die Vereinigten Staaten heute befinden, haben viele Faktoren beigetragen: Gier, Neid, Fehleinschätzung, ideologische Scheuklappen, das Wesen des internationalen Systems, die Sünden früherer Generationen, die Hybris militarisierter Zivilisten, das eherne Gesetz der unbeabsichtigten Folgen. Sie alle verdienten erwähnt zu werden. Was uns aber stattdessen in Tommy Franks' *American Soldier* anschaulich vorgeführt wird, ist ein weiterer Faktor: eine Haltung zur Kriegsführung, die den Sinn des Krieges verkennt.

Die vier Lehren aus dem Irak und Afghanistan laufen auf Folgendes hinaus: Die Anmaßung der Amerikaner, sie hätten den Krieg unter ihre Kontrolle gebracht, ist durch die Ereignisse als Illusion entlarvt worden. Auch heute ist der Krieg der menschlichen Kontrolle ebenso entzogen wie die Gezeiten oder das Wetter. Auch wenn sie sich noch mehr anstrengen – wenn sie noch größere Summen in noch fortschrittlichere Technologien investieren, neue Verfahren ersinnen oder gar die Kompetenz der amerikanischen Generalität verbessern –, werden die Vereinigten Staaten an dieser Realität nicht vorbeikommen.

Die Anmaßung einer militärischen Vormachtstellung der Vereinigten Staaten, die nach dem Ende des Kalten Krieges so zahlreiche Anhänger gefunden hat, ist daher vollkommen ungerechtfertigt. Die Anwendung militärischer Gewalt wird den Vereinigten Staaten nicht helfen, sich aus der misslichen Lage zu befreien, in die sie durch die Krise der Verschwendungssucht geraten sind. Wenn sie diesen Weg fortsetzen, steuern sie unausweichlich auf Überschuldung, Bankrott und Ruin zu.

Gemessen an den erreichten Resultaten war die Leistung des Militärs seit dem Ende des Kalten Krieges und besonders seit dem 11. September nicht beeindruckend. Diese mittelmäßige Erfolgsbilanz verleitet manche Beobachter, vor allem Neokonservative, zu der Forderung nach einer größeren oder einer anderen Armee, was zwangsläufig eine weitere kräftige Erhöhung der Verteidigungsausgaben nach sich zöge.

Das Problem liegt jedoch weniger bei der Armee, die wir haben – eine sehr gute Armee, deren Erhalt jeder Bürger wünschen sollte –, als vielmehr bei den Forderungen, die wir unseren Soldaten aufgebürdet haben. Statt diese Armee zu vergrößern oder zu reformieren, müssen wir sie mit dem Respekt behandeln, den sie verdient. Das bedeutet, sie vor weiterem Missbrauch zu bewahren, wie sie ihn seit 2001 ertragen musste.

Amerika braucht keine größere Armee. Was unser Land braucht, ist eine kleinere, das heißt bescheidenere Außenpolitik, die den Soldaten Aufgaben zuweist, die ihren Fähigkeiten entsprechen. Bescheidenheit bedeutet, Abschied zu nehmen von jenen grandiosen Illusionen, zu denen das Ende des Kalten Krieges und danach der 11. September Anlass gaben. Sie bedeutet zugleich, imperiale Präsidenten zu zügeln, die von der Armee erwarten, dass sie diese Illusionen verwirklicht. Das ist die eigentliche Pflicht des Bürgers, wenn es darum geht, die Truppe zu unterstützen.

Schluss

Die Grenzen der Macht

Nach dem Sieg im verschneiten Iowa erklärte der Kandidat unter stürmischem Beifall: »Für uns ist die Zeit des Wandels gekommen.« Er gelobte, sollte er zum Präsidenten gewählt werden, die Macht der Lobbyisten zu brechen, eine bezahlbare Krankenversicherung für alle zu schaffen, die Steuern für die Mittelschicht zu senken, den Krieg im Irak und die Abhängigkeit Amerikas von ausländischem Öl zu beenden sowie »Amerika und die Welt gegen die gemeinsamen Bedrohungen des 21. Jahrhunderts zu einen«. Einst hatten Bewerber um das höchste Amt im Staat gewagt, ein Huhn in jedem Topf zu versprechen. Jetzt setzten sich Kandidaten wie der damalige Senator Barack Obama zum Ziel, gegen »Terrorismus und Atomwaffen, Klimawandel und Armut, Genozid und Krankheit« anzugehen.

Ein bewundernswertes Programm. Es ist jedoch eine Illusion zu glauben, man bräuchte nur eine bestimmte Person in das Oval Office zu bringen, und schon würde auf den genannten Feldern Entscheidendes geschehen. Bei dem alle vier Jahre stattfindenden Ritual der Wahl (oder Wiederwahl) eines Präsidenten geht es nicht um die Förderung des Wandels, gleichgültig, was die Kandidaten versprechen oder die Wähler glauben. In Wirklichkeit geht es darum, für Kontinuität zu sorgen sowie die Institutionen und Absprachen, die das Washington von heute prägen, intakt zu halten. Von den Mitgliedern früherer Regierungen, die als Wahlkampfberater anmustern, ist keiner daran interessiert, die aufgeblähten Vollmachten des Präsidenten zu beschneiden. Sie möchten vielmehr an der Ausübung dieser Vollmachten teilhaben. Die Generäle und Admiräle außer Dienst, die sich hinter ihren bevorzugten Kandidaten stellen, wollen nicht den Nationalen Sicherheitsstaat demontieren. Sie möchten ihn erhalten und nach Möglichkeit ausbauen. Die Kandidaten verurteilen zwar den Einfluss des Geldes auf die Politik, aber zugleich verstehen sie es meisterhaft, bei den Wohlhabenden um Wahlkampfspenden in Millionenhöhe zu buhlen.

Der Kampf um die Präsidentschaft ist sicher eine wichtige Sache. Nur ist er nicht annähernd so wichtig, wie es die Medien mit ihrer obsessiven Berichterstattung suggerieren. Der Glaube, dass alles (oder auch nur vieles) gut wird, wenn nur der richtige Mann als Präsident und Oberbefehlshaber die Zügel in die Hand nimmt, festigt paradoxerweise den Status quo. Die Hoffnung, der nächste Präsident werde schon alles in Ordnung bringen, nährt die Erwartung einer einfachen, kostenlosen Heilung und befreit den Normalbürger von der Verantwortung für die missliche Lage des Landes. Dieselben Amerikaner, die für Washington nur Verachtung übrighaben, erwarten, dass – je nach politischer Orientierung – ein neuer John F. Kennedy oder ein neuer Ronald Reagan die Sache wieder geradebiegt. Statt die imperiale Präsidentschaft als Teil des Problems zu sehen, klammern sie sich an die Vorstellung, ein neuer Präsident mit einem klaren Mandat werde an der Art, wie Washington funktioniert, etwas »ändern« und das Land wieder gesund machen. Betrachtet man jedoch, was Präsidenten in den letzten fünfzig Jahren geleistet haben – und das gilt auch für Kennedy und Reagan, deren Vermächtnis sehr viel uneinheitlicher ist, als ihre Anhänger zugeben mögen –, so werden jene Bürger, die sich die Rettung vom Weißen Haus erhoffen, mit Sicherheit eine Enttäuschung erleben.

»In der Politik lügen alle, aber das Beunruhigende ist, dass sie es mit solcher Unverfrorenheit tun.«[1] Als der Hollywood-Mogul David Geffen zu Beginn des Präsidentschaftswahlkampfes 2008 dieses verletzende Urteil über Bill und Hillary Clinton abgab, machte er Schlagzeilen. Manche fanden dieses Urteil zynisch. Dabei hatte er eine wichtige Wahrheit ausgesprochen.

Ohne listige Täuschung kommt man in der Politik nicht aus. Wer die Präsidentschaft anstrebt, macht große Versprechungen und umgeht behutsam alle Komplikationen, die seine Fähigkeit, das Versprochene in die Tat umzusetzen, fraglich erscheinen lassen. Zu den großen Lügen gehören nicht die Versprechungen, die Steuern zu senken, eine allgemeine Krankversicherung einzuführen, die Familienwerte wiederherzustellen oder durch machtvolle Demonstrationen amerikanischer Führungsstärke Frieden in der Welt zu schaffen. Die großen Lügen, das sind die Wahrheiten, die unausgesprochen bleiben: dass die Freiheit ihre Schattenseiten hat, dass Länder ebenso wie Haushalte auf Dauer nicht über ihre Verhältnisse leben können und dass das Ziel der Geschichte, das viele zu kennen behaupten, unerforschlich bleibt. Zu diesen Wahrheiten gehört vor allem, dass die Macht endlich ist. Über solche Dinge schweigen Politiker sich aus. Das trägt zu dem Mangel an Selbsterkenntnis bei, der den amerikanischen Charakter seit jeher prägt.

Im vierjährigen Abstand bestätigen die Feierlichkeiten zur Amtseinführung eines Präsidenten diese Neigung. In der weihevollen Stunde bricht auf den Stufen des Kapitols jedes Mal »der Morgen in Amerika« an. Die Tafel wird sauber gewischt. Der soeben eingeführte Präsident tritt sein Amt an, getragen von Erwartungen, dass die Geschichte bald wieder in ihre richtige Bahn gelenkt und die Nation wieder auf Kurs gebracht wird. Diese Erwartungen wirken rührend, aber auch erbarmungwürdig – wie die geprügelte Frau, die glaubt, dass ihr Mann diesmal seinen oft gebrochenen Schwur einhalten wird, nie wieder seine Hand gegen sie zu erheben.

Was die misshandelte Frau zu fortgesetzten Qualen verurteilt, ist ihr Abhängigkeitsverhältnis. Die Rettung beginnt, wenn sie diesen Zustand überwindet und ihr Leben selbst in die Hand nimmt. Dies lässt sich auf das amerikanische Volk übertragen.

Die Vereinigten Staaten sind durch das Streben nach Freiheit, wie es in einer Zeit des Konsumdenkens verstanden wurde, in ein Verhältnis der Abhängigkeit geraten – der Abhängigkeit von importierten Waren, von importiertem Öl und von Kredit. Der größte Wunsch des amerikanischen Volkes ist, ob man es zugibt oder nicht, dass nichts seinen Zugang zu diesen Waren, diesem Öl und diesem Kredit stören sollte. Das oberste Ziel der amerikanischen Regierung ist, diesen Wunsch zu befriedigen – teils durch die Verteilung großzügiger Gaben im Inneren (hier spielt der Kongress eine führende Rolle), teils durch die Verfolgung imperialer Ambitionen im Äußeren (dies ist vor allem Sache der Exekutive).

Von Zeit zu Zeit weisen Persönlichkeiten des öffentlichen Lebens – darunter sogar Präsidenten – darauf hin, dass Abhängigkeit keine gute Sache ist. Doch an sinnvollen Aktionen zur Verringerung der Abhängigkeit mangelt es. Der Grund ist nicht schwer zu erkennen. Die Machtzentren in Washington, vor allem das Weiße Haus und die höheren Ränge des Nationalen Sicherheitsstaates, profitieren nämlich von dieser Abhängigkeit: Sie ist die Quelle von Status und Macht. Man stelle sich vor, wie es sich allein auf das Pentagon auswirken würde, wenn dieses Land tatsächlich so etwas wie Energieunabhängigkeit erreichen würde. Das Zentralkommando (Central Command) könnte einpacken. Im Nahen Osten und rundherum würden Dutzende von Stützpunkten geschlossen. Die Fünfte Flotte der US-Marine würde abgezogen werden. Rüstungsaufträge im Wert von zig Milliarden Dollar würden möglicherweise gekündigt.

Statt das Problem der Abhängigkeit zu beheben, wirkten die Mitglieder unserer politischen Klasse bislang wild entschlossen, es zu verschärfen. Statt anzuerkennen, dass die Macht Amerikas nicht unbegrenzt ist, betreiben sie eine Politik, die diese Macht immer schneller schwinden lässt. Das gilt mit Sicherheit für die Zeit nach dem 11. September.

Grenzen anzuerkennen bedeutet für knallharte Nationalisten und Neokonservative Schrumpfung oder unumkehrbaren Niedergang. In Wirklichkeit ist es genau umgekehrt: Nur durch eine Anerkennung der Grenzen amerikanischer Macht können die Verluste der letzten Jahrzehnte ausgeglichen und die Gewinne, die frühere Generationen seit der Gründung der Republik mühsam errungen haben, bewahrt werden. Wenn man weiterhin so tut, als seien die Vereinigten Staaten allmächtig, verschärft man nur die Probleme, vor denen wir stehen. Je länger die Amerikaner die Folgen der Abhängigkeit ignorieren und je länger die politischen Entscheidungsträger dem Irrglauben anhängen, dieses Land könne die Welt nach seinem Geschmack gestalten, desto tiefer wird es fallen, wenn am Ende die Rechnungen fällig werden.

Umgekehrt verschafft uns eine realistische Einschätzung der Grenzen die Möglichkeit, unsere Politik zu korrigieren und die Ressourcen wieder aufzufüllen, vielleicht sogar die Institutionen zu erneuern. Einschränkungen zwingen zur Überprüfung alter Wahrheiten, fördern neues Denken und setzen Kreativität frei.

Betrachten wir zum Beispiel die Außenpolitik. Reinhold Niebuhr hat das Wesen der Staatskunst definiert als Bestimmung des »Punktes, in dem das lokale und das allgemeine Interesse, das nationale und das internationale Gemeinwohl übereinstimmen«.[2] Diese Formel ist die Quintessenz des aufgeklärten Realismus. Niebuhr hatte begriffen, dass die Staatspolitik vom Eigeninteresse bestimmt ist. Das Gebot der Nächstenliebe gilt für die persönlichen Beziehungen, nicht aber für die internationale Politik. »Es liegt außerhalb des moralisch Möglichen, von einer Nation zu fordern, ›sich selbst aufzuopfern‹«, schrieb Niebuhr.[3] Er hatte aber auch begriffen, dass eine Nation ihre Interessen leichter befriedigt, wenn diese Interessen sich mit denen anderer vereinbaren lassen.

Während des Kalten Krieges waren die USA diesem Konzept zumindest in ihren Beziehungen zu wichtigen Verbündeten weitgehend gefolgt. Unter amerikanischer Führung erreichte der Westen eine zwar beschränkte und bedingte, aber auch reale und unschätzbare Solidarität. Zwar traten mit einer gewissen Regelmäßigkeit Risse in der Einigkeit der Verbündeten auf, aber die Vereinigten Staaten und ihre Partner legten ihre Meinungsverschiedenheiten bei (oder akzeptierten, dass es unterschiedliche Ansichten gab). Niemals ließen sie zu, dass es wegen solcher Streitigkeiten zu völliger Entfremdung kam. Zu der bemerkenswerten Dauerhaftigkeit des westlichen Bündnisses von den späten vierziger Jahren bis in die achtziger Jahre haben viele Faktoren beigetragen. Ein wichtiger Faktor war die Bereitschaft amerikanischer Staatsmänner, die Bedenken ihrer Amtskollegen in Ländern wie Deutschland, Japan und Großbritannien ernst zu nehmen. Es war zwingend geboten, der sowjetischen Bedrohung entgegenzutreten, aber zugleich galt es, das Risiko eines umfassenden Krieges zu minimieren – dies war der Konsens, auf dem die Einigkeit der Verbündeten beruhte. Washington erteilte seinen Partnern nicht einfach Befehle, es verhandelte. Kurz, die Vereinigten Staaten konnten den Westen führen, weil sie es unterließen, die Vorrechte der Führungsrolle zu missbrauchen.

Diese Haltung gab Bush nach dem 11. September auf. In der Gewissheit, dass der Macht Amerikas niemand mehr widerstehen konnte, zeigte er wenig Interesse daran, sich um Übereinstimmung zu bemühen. Stattdessen stellte er Forderungen. Kein Präsident hatte jemals so vielen anderen Regierungen derart unverblümt gesagt, was sie »zu tun haben«. Er stellte sie vor die Wahl, sich entweder den Vereinigten Staaten anzuschließen oder von der einzigen Supermacht der Welt hinfort als Gegner behandelt zu werden. In seiner Freiheitsagenda gelobte der Präsident sogar, »die Welt vom Bösen zu befreien«, wobei er sich das Recht vorbehielt, die Schafe von den Böcken zu trennen.[4]

Amerika verfügt ohne Zweifel über erhebliche wirtschaftliche und militärische Macht. Betrachtet man jedoch die Ereignisse der letzten Jahre, vor allem den Irakkrieg, so war das Ultimatum des ehemaligen Präsidenten – »entweder für uns oder gegen uns« – ganz und gar vermessen; und sein Versprechen, das Böse zu vernichten, wirkte geradezu lächerlich. Der Schaden, den er mit seiner Politik angerichtet hat, ist unermesslich. Stattdessen gilt es, strategischen Ansätzen zu folgen, die dem Niebuhr'schen Konzept der Übereinstimmung entsprechen.

Nehmen wir zum Beispiel die durchaus reale, wenn auch nicht existenzielle Bedrohung, die vom gewalttätigen islamischen Extremismus ausgeht. Durch Aufbauschung der islamistischen Gefahr gelang es Präsident Bush, die Vereinigten Staaten auf eine zum Scheitern verurteilte Strategie des unbefristeten globalen Krieges festzulegen. Bush und seine Anhänger wollten uns zwar glauben machen, dass es zum Globalen Krieg gegen den Terror keine Alternative gebe, aber das ist Unsinn. Die Regierung Obama hat beschlossen, diesen Begriff nicht mehr zu verwenden.

Eine denkbare Alternative ist eine Strategie der Eindämmung. Diese Strategie hat sich schon gegen einen sehr viel ernster zu nehmenden Gegner bewährt. Sie kann auch heute wieder funktionieren, als Rahmen für die Schaffung effektiver Abwehrmaßnahmen. Während des Kalten Krieges bestand das Hauptziel der Eindämmung darin, die Versuche des Kreml, den sowjetischen Einflussbereich zu vergrößern, zu vereiteln. Heute sollte es das Ziel der Eindämmung sein, die Förderer des radikalen Islam an der Erweiterung ihres Einflussbereichs zu hindern.[5]

Die grundlegende Ausrichtung dieser Strategie ist defensiv, doch letztlich zielt sie darauf, sich dem Gegner nicht zu fügen, sondern ihn zu überwinden. Die Eindämmung während des Kalten Krieges führte zu einem Wettbewerb, den die Sowjets nicht gewinnen konnten. Die kommunistische Alternative zur liberalen Demokratie verlor mit der Zeit ihren Reiz, und so schwand die Bedrohung mehr und mehr, bis sie kollabierte. Eine neue Strategie der Eindämmung sollte ein ähnliches Ziel haben: die Unzulänglichkeiten des islamischen Extremismus sichtbar werden zu lassen, bis auch diese Bedrohung über kurz oder lang verschwindet.

Eine neue Eindämmungspolitik bedeutet nicht, eine neue NATO zu schaffen oder einen neuen Marshallplan zu finanzieren. Sie erfordert eine verstärkte Überwachung islamistischer Aktivitäten sowie nachhaltige, multilaterale polizeiliche Bemühungen, Terroranschläge zu verhindern und terroristische Netzwerke auszuschalten. Außerdem sollte sie den Islamisten ihre Rückzugsgebiete nehmen und ihnen die Hilfsquellen, besonders die finanziellen, abschneiden.

Die Eindämmung während des Kalten Krieges hat ein punktuelles Engagement nicht ausgeschlossen. So sollte es auch heute sein. Ein geistiger Austausch und eine Kooperation im Bereich von Bildung und Kultur sollten nicht nur zugelassen, sondern gefördert werden. Ausgewählte Studenten aus der islamischen Welt sollten Gelegenheit erhalten, im Westen zu studieren. Public Diplomacy, also das Werben für die eigenen Positionen in den fraglichen Ländern, sollte ebenfalls ein Element der Eindämmungspolitik sein. Doch solche Initiativen, so wertvoll sie auch sind, werden bestenfalls einen marginalen Effekt haben. Auf Wahrnehmungen und Einstellungen in der islamischen Welt werden wir auch weiterhin nur begrenzten Einfluss haben.

Daher sollten die Amerikaner die anmaßende Vorstellung aufgeben, sie seien dazu berufen, die Muslime über Freiheit und das richtige Verhältnis zwischen Politik und Religion zu belehren. Der Grundsatz unserer Politik müsste lauten: Lassen wir den Islam den Islam sein. Die Muslime werden die Mängel des Islamismus am Ende selbst erkennen müssen, so wie die Russen die Defizite des Marxismus-Leninismus erkannt haben und die

Chinesen schließlich die Schwächen des Maoismus entdeckten. Eines Tages werden vielleicht auch wir selbst erkennen, welche Fallstricke der amerikanische Exzeptionalismus enthält.

Im Ausland hat die Freiheitsagenda von Präsident Bush so gut wie keine Unterstützung gefunden. Deshalb stehen die Vereinigten Staaten mit ihrem Projekt, die erweiterte Nahostregion zu befreien, fast allein. Eine auf die Eindämmung gewalttätiger Extremisten zielende Strategie würden die Verbündeten Amerikas wahrscheinlich sehr viel eher akzeptieren, und sie wären eher bereit, einen größeren Teil der Lasten zu übernehmen.

Doch Präsident Bush beharrte darauf, dass der Krieg das beste Mittel gegen den Terror sei. Damit wurde es schwerer, einen Punkt der Übereinstimmung zwischen uns und anderen zu finden, die zwar in dem islamischen Extremismus ebenfalls ein Problem sehen, aber andere Lösungen befürworten. Außerdem war der Präsident nicht bereit, auch nur die Existenz anderer, ebenso wichtiger Probleme anzuerkennen, bei denen möglicherweise »das lokale und das allgemeine Interesse« zusammengetroffen wären. Dies hat die Schaffung einer Basis der Zusammenarbeit zusätzlich erschwert. Bei der Aufarbeitung der Hinterlassenschaft der Bush-Jahre muss man sich nun erneut solchen Problemen zuwenden, unter denen zwei von besonderer Bedeutung sind: die Atomwaffen und der Klimawandel.

Für die Vereinigten Staaten sollte die Abschaffung der Atomwaffen als Problem der nationalen Sicherheit höchste Priorität besitzen. Dies gilt auch für die Erhaltung unseres Planeten. Dies sind die wichtigsten Herausforderungen unserer Zeit. Ihre Bewältigung wird Jahrzehnte in Anspruch nehmen. Dabei wird sich vermutlich zeigen, dass es sehr viel leichter erreichbar ist, die Welt von Atomwaffen zu befreien, als sie vom Bösen zu erlösen. Das Verhältnis der gesamten Menschheit zur Umwelt zu verändern – eine Aufgabe, die sich auf die Lebensweise der Menschen auswirken wird –, kann kaum schwieriger sein, als die erweiterte Nahostregion zu verändern – eine Aufgabe, die verlangt, dass sich die zahlreichen Anhänger der Islamisten in ihrer Denkweise neu orientieren.

Anders als Präsident Bushs törichter Globaler Krieg gegen den Terror bieten diese beiden Probleme Punkte der Übereinstimmung, die zur Grundlage einer vernünftigen Strategie werden können. Der Anstoß zum Handeln geht in beiden Fällen nicht vom Idealismus, sondern vom Realismus aus, nicht vom »Gutmenschentum«, sondern vom Eigennutz. Der entscheidende Vorsatz ist nicht, die Welt zu retten, sondern für das Wohl des amerikanischen Volkes zu sorgen. Natürlich könnten andere es den Vereinigten Staaten zugutehalten, dass sie das Gemeinwohl fördern – was nebenbei dem amerikanischen Anspruch auf globale Führung Auftrieb geben mag. Doch dies kann allenfalls als ein sekundärer, wenn auch keineswegs unwichtiger potenzieller Nutzen gelten.

Atomwaffen sind nicht benutzbar. Ihr Einsatz, in welchem Szenario auch immer, wäre eine politische und moralische Katastrophe. Für die Vereinigten Staaten werden sie unnötig, selbst als Abschreckungsmittel. Jedenfalls werden sie nicht jene Gegner abschrecken, bei denen die Wahrscheinlichkeit, dass sie solche Waffen gegen uns einsetzen, am größten ist: die islamischen Extremisten, die entschlossen sind, sich selbst Atomwaffen zu beschaffen.

Eher trifft das Gegenteil zu. Indem die USA ein strategisches Arsenal parat halten (und kategorisch darauf beharren, dass der Abwurf von Atombomben auf zwei japanische Städte im Jahr 1945 gerechtfertigt war), stützen sie weiterhin stillschweigend die Ansicht, dass Atomwaffen eine legitime Rolle in der internationalen Politik spielen – und das in einer Zeit, in der es in unserem wohlverstandenen Interesse liegt, mit allen Mitteln das bestehende Tabu gegen ihren nochmaligen Einsatz zu verstärken.

Im Übrigen rückt der Tag näher, an dem die Vereinigten Staaten in der Lage sein werden, andere Atommächte wie Russland und China abzuschrecken, ohne selbst auf Atomwaffen zurückzugreifen. Moderne konventionelle Waffen bieten eine sehr viel effektivere Grundlage für die Abschreckung. Als präzise Lenkwaffen mit hochgradig letaler Wirkung eignen sie sich für einen Zweitschlag (oder auch einen Erstschlag).

Als der Kalte Krieg endete, besaßen die Vereinigten Staaten ein Arsenal von rund 23000 Atomwaffen. Im Jahr 2007 bestand ihr Arsenal aus geschätzten 5736 Sprengköpfen unterschiedlicher Bauart.[6] Die Verringerung wirkt beeindruckend, aber das ist weniger eine Leistung als vielmehr eine Geste – wie bei dem chronischen Raucher, der von drei Päckchen am Tag auf zwei heruntergeht und sich einbildet, er habe seine Sucht unter Kontrolle. Selbst wenn man unterstellt, dass Atomwaffen tatsächlich einsetzbar sind, erhebt sich die Frage, ob es eine denkbare Anzahl von Zielen gibt, für deren Zerstörung man mehr als hundert Sprengköpfe braucht. Man sollte das amerikanische Arsenal weit stärker reduzieren.

Hinsichtlich der Atomwaffen scheint der Punkt der Übereinstimmung zwischen dem lokalen und dem allgemeinen Interesse klar zu sein: Solche Waffen sollten gänzlich beseitigt werden. Seit Harry Truman haben Präsidenten bis in die Gegenwart immer wieder ihre Existenz beklagt, und sie haben immer wieder versprochen, sich um ihre Abschaffung zu bemühen. Jetzt könnte der Moment gekommen sein, dieses Versprechen zu erfüllen.

Auch der Klimawandel bedroht das Wohlergehen Amerikas und der ganzen Welt. Hier scheint der Punkt der Übereinstimmung zwischen dem nationalen und dem internationalen Gemeinwohl auf der Hand zu liegen: Es bedarf energischer Schritte, um die Emissionen, die zur globalen Erwärmung beitragen, zu senken.

Die Vereinigten Staaten gehören zu den schlimmsten Umweltverschmutzern der Welt – ein leidiges Nebenprodukt der amerikanischen Freiheit, wie sie heute praktiziert wird. Allein können die Amerikaner den Klimawandel nicht bremsen. Doch ohne die Mitwirkung der USA sind die Chancen, dieser globalen Bedrohung wirksam entgegenzutreten, gleich null.

Die Erhaltung der Umwelt verlangt, den globalen Verbrauch fossiler Brennstoffe zu senken und gleichzeitig alternative Energiequellen zu entwickeln. Würde man auf diesem Gebiet die Führung übernehmen, würde dies nicht nur zur Rettung des Planeten beitragen, sondern auch die nationale Sicherheit fördern. Mit einer Senkung der Erdölimporte ließe sich unter anderem der Abfluss von Dollars zu den Islamisten verringern, die uns übelwollen – dies sollte der Grundpfeiler einer Strategie der Eindämmung sein. Vollkommene Sicherheit ist eine Illusion. Will man aber die Sicherheitsprobleme in erträglichen Grenzen halten, muss man beachten, dass die Unabhängigkeit von ausländischen Importen einen größeren Wert hat als selbst die stärkste Armee.

Eine ernsthafte, langfristige nationale Bemühung um den Übergang zu einer postfossilen Wirtschaft wird sicher kostspielig werden. Doch während die Billionen, die wir ausgeben, um die islamische Welt mit Gewalt zu demokratisieren, wenig ausrichten werden, könnten Billionen, die wir in die Energieforschung stecken, wirklich etwas Nützliches bewirken. Großprojekte der technischen Innovation – vom Manhattan-Projekt über den Wettlauf zum Mond bis zur Entwicklung des Internet – waren seit jeher eine Stärke der Amerikaner. Geht es dagegen um den großangelegten Versuch, in anderen Ländern politische, gesellschaftliche und kulturelle Veränderungen zu bewirken, so sieht die Erfolgsbilanz der Amerikaner im besten Fall mittelmäßig aus. Seit September 2001 ist sie ins Bodenlose gesunken.

Ein konzertiertes Bemühen um die Abschaffung der Atomwaffen wird mit einem gewissen Risiko verbunden sein. Ein konzertiertes Bemühen um die Dämpfung der Folgen des Klimawandels wird beträchtliche Unannehmlichkeiten mit sich bringen, ja sogar Opfer verlangen, zumindest auf kürzere Sicht. Ein Volk, für das Freiheit gleichbedeutend geworden ist mit Konsum und Selbstverwirklichung, verspürt jedoch wenig Lust auf Risiko oder Opfer – selbst wenn mit der Untätigkeit heute die Wahrscheinlichkeit wächst, dass es morgen größere Risiken und schmerzhaftere Opfer zu tragen haben wird.

Solange die Amerikaner die Realität leugnen und darauf beharren, dass die Macht der Vereinigten Staaten grenzenlos sei, werden sie zu keinem der hier geforderten Schritte bereit sein. Angestiftet von ihren politischen Führern, werden sie weiterhin glauben, ein globaler Krieg in dieser oder jener Form sei ein Mittel gegen den islamischen Radikalismus. Die Vereinigten Staaten werden ihr Atomwaffenarsenal modernisieren und vergrößern, sich gleichzeitig aber darüber empören, dass andere sich um ähnliche Waffen bemühen. Die Amerikaner werden den Klimawandel als ein Problem betrachten, dessen Lösung sie nichts kosten darf. Sie werden weiterhin Benzinfresser fahren, die auf Importöl angewiesen sind, sie werden von importierten Waren abhängig sein und sich imperialen Träumen hingeben. Washington wird derweil hochtönende Proklamationen abgeben, dass die Demokratie in Kürze überall und für immer triumphieren wird.

Gleichzeitig wird das amerikanische Volk sich darum drücken, endlich klare Verhältnisse zu schaffen, also ausgeglichene Haushalte vorzulegen, den Konsum zu drosseln und Schulden abzutragen. Es wird untätig bleiben, während die Politiker die militärische Macht der Vereinigten Staaten in unnötigen Kriegen vergeuden. Den Regierenden, die für eine gescheiterte Politik verantwortlich sind, wird es gestatten, sich der Rechenschaft zu entziehen. Es wird das unglaubliche Maß an Unfähigkeit, das in den Ämtern der Hauptstadt herrscht, hinnehmen und darauf hoffen, dass der nächste Präsident all das, was der letzte vermasselt hat, in Ordnung bringen wird. Es wird, um Niebuhr zu zitieren, an »einer Kultur festhalten, die den ›Lebensstandard‹ zur endgültigen Norm des guten Lebens macht und in der Perfektion der Methoden den Garanten aller kulturellen und sozialmoralischen Werte sieht«.[7] Vor allem aber wird es die Freiheit verehren und dabei geflissentlich unterlassen, über ihren Inhalt nachzudenken oder ihre Kosten zu bemessen.

»Die gutgläubige Billigung falscher Lösungen für unsere verwirrenden Probleme«, schrieb Niebuhr vor einem halben Jahrhundert, »verleiht der Tragödie unserer Zeit eine erschütternde Note.«[8] Dieses Urteil hat seine Geltung bis heute bewahrt. Es sieht ganz danach aus, als würden die Vereinigten Staaten, hartnäckig auf ihrer Einzigartigkeit unter den Großmächten der Geschichte beharrend, dem ausgetretenen Pfad folgen, den andere gegangen sind – blind für die Gefahren, die sie durch ihr eigenes törichtes Verhalten herausfordern.

Für alle Nationen gilt, was Niebuhr einst schrieb: »Der Wunsch, einen unmittelbaren eigensüchtigen Vorteil zu erlangen, gefährdet seit jeher ihre höchsten Interessen. Wenn sie dies erkennen, ist es gewöhnlich zu spät.«[9] Beide Teile dieses Diktums gelten für die Vereinigten Staaten von heute, und zwar in höchstem Maße. Um das Hier und Jetzt auch nur geringfügig zu verlängern, sind die Amerikaner zunehmend bereit, die Zukunft abzuschreiben. Deshalb machen sie weiter, ohne Rücksicht auf die Folgen, die das für sie selbst nicht weniger als für ihre Kinder oder Enkelkinder haben wird.

So strebt die Tragödie unserer Zeit unaufhaltsam ihrem Ende entgegen. »Am Ende der Geschichte«, schrieb einst unser Prophet, »werden Gesellschaftsordnungen sich wahrscheinlich selbst zerstören, in dem Bestreben, ihre Unzerstörbarkeit zu beweisen.«[10] Hartnäckig an der Überzeugung festhaltend, dass die Regeln, denen andere Nationen sich fügen müssen, für sie nicht gelten, scheinen die Amerikaner entschlossen zu sein, Niebuhrs Axiom von der mutwilligen Selbstzerstörung zu bestätigen.

Anmerkungen

Einführung: Krieg ohne Auswege

1 John Lewis Gaddis, *The Long Peace: Inquiries into the History of the Cold War*, New York 1989.

2 Als Bezeichnung des Konflikts nach dem 11. September wird der Ausdruck »langer Krieg« General John Abizaid zugeschrieben, Kommandeur des U.S. Central Command von 2003 bis 2007. Bradley Graham und Josh White, »Abizaid Credited with Popularizing the Term ›Long War‹«, *Washington Post*, 3. Februar 2006.

3 Die Annahme einer permanenten amerikanischen Überlegenheit wurde in der Regel von Nicht-Amerikanern infrage gestellt, die man leichter ignorieren kann. Siehe zum Beispiel Emmanuel Todd, *Weltmacht USA: Ein Nachruf*, München 2004.

4 Bill Gertz, »General Foresees ›Generational War‹ against Terrorism«, *Washington Times*, 13. Dezember 2006.

5 Donald Rumsfeld, »A New Kind of War«, *New York Times*, 27. September 2001.

6 Reinhold Niebuhr, *The Irony of American History*, New York 1952, S. 91.

7 Ebd., S. 3.

8 D.B. Robertson, *Love and Justice: Selections from the Shorter Writings of Reinhold Niebuhr*, Cleveland, Ohio, 1957, S. 97.

9 Reinhold Niebuhr, *The World Crisis and American Responsibility*, New York 1958, S. 125.

10 Zitiert in Ron Suskind, *The Price of Loyalty: George W. Bush, the White House, and the Education of Paul O'Neill*, New York 2004, S. 291.

11 Robert Kagan, »Power and Weakness«, *Policy Review*, Juni – Juli 2002.

12 Reinhold Niebuhr, *Beyond Tragedy*, New York 1937, S. 39.

1. Die Krise der Verschwendungssucht

1 Ein älteres, aber immer noch wichtiges Werk zu diesem Thema ist Christopher Lasch, *Das Zeitalter des Narzissmus*, Hamburg 1995.

2 Alexis de Tocqueville, *Über die Demokratie in Amerika*, Stuttgart 1962, Bd. 2, Zweiter Teil, Kap. 13, S. 153.

3 Woodrow Wilson, »Campaign Address«, Jersey City, N. J., 25. Mai 1912.

4 Frederick Jackson Turner, *The Frontier in American History* (1893), New York 1921, Kap. 11.

5 David M. Potter, *People of Plenty*, Chicago 1954, S. 126.

6 William A. Williams, *Empire as a Way of Life*, New York 1980, S. ix.

7 Niebuhr, *Irony of American History*, S. 59 – 60.

8 Paul Kennedy, *Aufstieg und Fall der großen Mächte: Ökonomischer Wandel und militärischer Konflikt von 1500 bis 2000*, Frankfurt am Main 1989, S. 534.

9 Thomas G. Paterson und J. Garry Clifford, *America Ascendant*, Lexington, Mass. 1995, S. 87.

10 U.S. Department of Commerce, *Statistical Abstract of the United States, 1950*, Tabelle 998, S. 839.

11 Kennedy, *Aufstieg und Fall*, S. 534.

12 Williamson Murray und Alan R. Millett, *A War to Be Won*, Cambridge, Mass. 2000, S. 564.

13 Wie Michael C. C. Adams schreibt: »Es schrumpfte sogar der Abstand zwischen den obersten und den untersten 20 Prozent der Einkommen, das einzige Mal im 20. Jahrhundert.« Adams, *The Best War Ever*, Baltimore, Md. 1994, S. 114, 131.

14 Charles S. Maier, *Among Empires: American Ascendancy and Its Predecessors*, Cambridge, Mass. 2006, Kap. 5.

15 Ebd., S. 225.

16 U.S. Department of Commerce, *Statistical Abstract of the United States, 2007*, Tabelle 895.

17 WTRG Economics, »Oil Price History and Analysis«, http://www.wtrg.com/prices.htm.

18 U.S. Department of Commerce, *Statistical Abstract of the United States, 2007*, Tabelle 1283.

19 Francis X. Clines, »About Chautauqua«, *New York Times*, 2. August 1979.

20 Eugene Kennedy, »Carter Agonistes«, *New York Times Magazine*, 5. August 1979.

21 Congressional Budget Office, »Revenues, Outlays, Surpluses, Deficits, and Debt Held by the Public, 1968 – 2007«, http:// www.cbo.gov/budget/data/historical.pdf.

22 U.S. Department of Commerce, *Statistical Abstract of the United States, 2007*, Tabelle 280.

23 Reinhold Niebuhr, *Moral Man and Immoral Society*, New York 1932, S. 95.

24 U.S. Department of Commerce, Bureau of Economic Analysis, »International Investment Position of the United States at Yearend, 1976 – 2006«, http://www.bea.gov/international/index.htm, aufgerufen am 21. Juli 2007.

25 Federal Reserve Bank of St. Louis, »Personal Saving Rate«, http://research.stlouisfed.org/fred2/data/PSAVERT.txt, aufgerufen am 21. Juli 2007.

26 Michael Calabrese und Maya MacGuineas, »Spendthrift Nation«, *Atlantic*, Januar/Februar 2003, S. 102 – 6.

27 National Commission on Terrorist Attacks Upon the United States, *The 9/11 Commission Report*, Washington, D. C. 2004, Abschn. 2.3, S. 55.

28 Ronald Reagan, »Proclamation 4908 – Afghanistan Day«, 10. März 1982, http://www.reagan.utexas.edu/archives/speeches/1982/31082c.htm, aufgerufen am 27. Juli 2007.

29 Olga Oliker und David A. Shlapak, U.S. *Interests in Central Asia: Policy Priorities and Military Roles*, Santa Monica, Calif. 2005, S. v. Diese Monographie wurde von der RAND Corporation für die U.S. Air Force erstellt.

30 Beth Jones, stellvertretende Außenministerin für europäische und eurasische Angelegenheiten, »U.S. Relations with Central Asia«, 11. Februar 2002.

31 Niebuhr, *Irony of American History*, S. 78.

32 Marc J. O'Reilly, *Unexceptional: America's Empire in the Persian Gulf, 1941 to 2007*, Lanham, Md., 2008, S. 154.

33 U.S. Department of Commerce, *Statistical Abstract of the United States, 2007*, Tabelle 905.

34 Ebd., Tabelle 1283.

35 Ebd., Tabelle 459.

36 Robert Kagan, »Saddam's Impending Victory«, *Weekly Standard*, 2. Februar 1998.

37 Donald Rumsfeld, »Address to the Men and Women of Whiteman Air Force Base«, 19. Oktober 2001.

38 Eine Hand voll zweitrangiger Politiker äußerte Zweifel an der Linie der amerikanischen Politik nach dem 11. September. Hier ist besonders der demokratische Senator Robert Byrd (West Virginia) zu nennen. Byrd besaß jedoch wenig Einfluss, und sein Widerspruch blieb so gut wie unbeachtet. Dennoch schlug er sich ehrenhaft.

39 Bill Keller, »The Sunshine Warrior«, *New York Times Magazine*, 22. September 2002.

40 Mark Danner, »The Struggles of Democracy and Empire«, *New York Times*, 9. Oktober 2002.

41 Franklin D. Roosevelt, »State of the Union Address«, 6. Januar 1942.

42 Institute for the Analysis of Global Security, »Energy Security«, http://www.iags.org/energysecurity.html, aufgerufen am 16. Juli 2007.

43 U.S. Department of Commerce, Bureau of Economic Analysis, »National Economic Accounts: Personal Savings Rate,« http://www.bea.gov/briefrm/saving.htm, aufgerufen am 16. Juli 2007.

44 U.S. Census Bureau, »Annual Trade Highlights, 2006«, http://www.census.gov/foreign-trade/statistics/highlights/annual.html#notes, aufgerufen am 16. Juli 2007.

45 »The Debt to the Penny and Who Holds It«, www.TreasuryDirect.gov/NP/BPDlogin?application=np, aufgerufen am 16. Juli 2007.

46 Barry Schwartz, Hazel Rose Markus und Alana Conner Snibbe, »Is Freedom Just Another Word for Many Things to Buy?« *New York Times Magazine*, 26. Februar 2006.

47 Max Boot, »Uncle Sam Wants Tu«, *Los Angeles Times*, 24. Februar 2005.

48 Tom Regan, »Report: Iraq War Costs Could Top $2 Trillion«, *Christian Science Monitor*, 10. Januar 2006.

49 The Concord Coalition, »Relevant Numbers on Federal Debt«, 6. Juli 2006, http://www.concordcoalition.org/issues/feddebt/debt-facts.html, aufgerufen am 7. August 2007.

50 Ein repräsentatives Beispiel ist Peter G. Peterson, *Running on Empty: How the Democratic and Republican Parties Are Bankrupting Our Future and What Americans Can Do About It*, New York 2004. Eine anschauliche Darstellung desselben Gedankens liefert James Fallows, »Countdown to a Meltdown«, *Atlantic*, Juli/August 2005, S. 51–64.

2. Die politische Krise

1 Reinhold Niebuhr, *The Children of Light and the Children of Darkness*, New York 1944, S. xiv.

2 Die Praxis, einen nationalen Notstand als Begründung für eine Erweiterung der Exekutivbefugnisse anzuführen, begann am 6. März 1933. An diesem Datum, zwei Tage nachdem er Präsident geworden war, rief Franklin D. Roosevelt den nationalen Notstand aus und ordnete einen Bankfeiertag an; es war der Beginn des New Deal. Seitdem arbeitet die amerikanische Regierung in einer Situation, die durch den Notstand definiert ist.

3 Zitiert in Jack Goldsmith, *The Terror Presidency*, New York 2007, S. 126.

4 Im Repräsentantenhaus bewarben sich 391 Amtsinhaber um die Wiederwahl, und alle bis auf 22 gewannen. Im Senat gewannen 27 der 33 Amtsinhaber, die sich zur Wiederwahl stellten.

5 »Pelosi Statement on the Fourth Anniversary of the Iraq War«, 16. März 2007, http://www.house.gov/pelosi/press/releases/March07/Iraq.html, aufgerufen am 9. Oktober 2007.

6 Dean Acheson, *Present at the Creation*, New York 1969, S. 376.

7 Bill Clinton, »A New Covenant for America«, Georgetown University, 12. Dezember 1991.

8 Barack Obama, »Renewing American Leadership«, *Foreign Affairs*, Juli bis August 2007.

9 Niebuhr, *Beyond Tragedy*, S. 145–46.

10 C. Wright Mills, *Die amerikanische Elite. Gesellschaft und Macht in den Vereinigten Staaten*, Hamburg 1962.

11 Ebd., S. 232.

12 James Chace und Caleb Carr, *America Invulnerable*, New York 1988, S. 13.

13 Zitiert in Ron Suskind, *The One Percent Doctrine*, New York 2006, S. 62.

14 »The Pentagon – Facts & Figures«, http://pentagon.afis.osd.mil/facts.html.

15 Lewis Mumford, *Die Stadt*, München 1979, Bd. 2, S. 774.

16 U.S. Supreme Court, United States v. Reynolds, 345 U.S. 1 (1953), http://caselaw.lp.findlaw.com/scripts/getcase.pl?navby=CASE&court=US&vol=345&page=1, aufgerufen am 16. September 2007.

17 Barry Siegel, »State-Secret Overreach«, *Los Angeles Times*, 16. September 2007.

18 Paul Yingling, »A Failure in Generalship«, *Armed Forces Journal*, Mai 2007.

19 »Rice: ›Slam Dunk‹ Comment Didn't Lead to War«, *CNN.com* (29. April 2007), http://www.cnn.com/2007/POLITICS/04/29/rice.tenet/index.html? iref–ewssearch, aufgerufen am 25. September, 2007.

20 Eisenhower leitete persönlich 329 von den 366 NSC-Sitzungen während seiner acht Jahre als Präsident. Fred Greenstein und Richard H. Immerman, »Effective National Security Advising: Recovering the Eisenhower Legacy«, *Political Science Quarterly* 115 (Herbst 2000), S. 341.

21 Andrew J. Bacevich, »The Paradox of Professionalism: Eisenhower, Ridgway, and the Challenge to Civilian Control, 1953–1955«, *Journal of Military History* 61 (April 1997), S. 303–34; David Alan Rosenberg, »The Origins of Overkill: Nuclear Weapons and American Strategy, 1946–1960«, *International Security* 7 (Frühjahr 1983), S. 3–71.

22 Tim Weiner, *CIA : Die ganze Geschichte*, Frankfurt, M. 2008, S. 113–233. Eisenhower sagte über seine Bemühungen, die Nachrichtendienste zu einem effektiven Instrument zu machen, das seinem Willen gehorcht: »Acht Jahre habe ich hier eine Niederlage nach der anderen einstecken müssen.« Weiner, S. 233.

23 Der 1962 abgeschlossene Bericht des Generalinspekteurs wurde im Februar 1998 endlich freigegeben. Er erschien unter dem Titel Peter Kornbluh, Hrsg., *Bay of Pigs Declassified: The Secret CIA Report on the Invasion of Cuba*, New York 1998.

24 Richard Reeves, *President Kennedy: Profile of Power*, New York 1993, S. 97, 103.

25 Ernest R. May und Philip D. Zelikow, Hrsg., *The Kennedy Tapes: Inside the White House During the Cuban Missile Crisis*, Cambridge, Mass. 1997, S. 28.

26 Maxwell D. Taylor, *Swords and Plowshares*, New York 1972, S. 252.

27 Bob Woodward, *Der Angriff*, München 2004, S. 1–8.

28 Ein aktuelles Beispiel: Ein Projekt mit dem Namen »Beyond Goldwater-Nichols«, gefördert vom Center for Strategic and International Studies in Washington, befürwortet neuerliche Reformen, welche der nationalen Sicherheitsbürokratie jene »Geschlossenheit und Flexibilität« verleihen sollen, die für ein »Zeitalter der fortwährenden Bedrohung« erforderlich sind. *Beyond Goldwater-Nichols: U.S. Government and Defense Reform for a New Strategic Era*, Washington, D.C. 2005, S. 13.

29 *Reorganization of the Department of Defense: Hearings Before the Armed Services Committee, United States Senate*, 99th Congress, First Session, Washington, D.C. 1987, S. 28.

30 Zitiert in Charles A. Stevenson, *Warriors and Politicians: U.S. Civil-Military Relations Under Stress*, New York 2006, S. 183.

31 Zitiert in Michael H. Hunt, *The American Ascendancy: How the United States Gained and Wielded Global Dominance*, Chapel Hill, N.C. 2007, S. 149.

32 Acheson, *Present at the Creation*, S. 375.

33 Das Zitat gibt das zusammenfassende Urteil von Stimsons offiziellem Biographen wieder. Elting E. Morison, *Turmoil and Tradition: A Study of the Life and Times of Henry L. Stimson*, Boston 1960, S. 654.

34 Hier eine hervorragende Biographie: Townsend Hoopes und Douglas Brinkley, *Driven Patriot: The Life and Times of James Forrestal*, New York 1992.

35 Ebd., S. 262, 265.

36 Alle Zitate stammen aus dem Originaltext, der abrufbar ist unter »NSC 68: United States Programs and Objective for National Security«, 14. April 1950, http://www.fas.org/irp/offdocs/nsc-hst/nsc-68.htm, aufgerufen am 22. Oktober 2007.

37 Max Boot, »What Next? The Foreign Policy Agenda Beyond Iraq«, *Weekly Standard*, 5. Mai 2003; Thomas Donnelly, »The Underpinnings of the Bush Doctrine«, *AEI National Security Outlook*, 31. Januar 2003; Frederick W. Kagan, »The Korean Parallel: Is It June 1950 All Over Again?« *Weekly Standard*, 8. Oktober 2001. Das Zitat stammt von Kagan.

38 Frederick W. Kagan, »Back to the Future: NSC-68 and the Right Course for America Today«, *SAIS Review* 19, 1999, S. 55.

39 Robin Wright, »From the Desk of Donald Rumsfeld …«, *Washington Post*, 1. November 2007.

40 Eine ironische Illustration dieser Praxis ist der Name des Nixon Center for Peace and Freedom, einer Washingtoner Denkfabrik, benannt nach dem in Ungnade gefallenen 37. Präsidenten. Nixon selbst bezeichnete Frieden und Freiheit ständig als grundlegende Ziele der amerikanischen Außenpolitik und als seine kühnsten Hoffnungen für die Welt. Doch niemand außer vielleicht Henry Kissinger verstand es besser als Nixon, diesen Wörtern Bedeutungen unterzuschieben, die ihrem gängigen Verständnis widersprechen.

41 »The Secret Downing Street Memo«, *Sunday Times*, London, 1. Mai 2005.

42 Paul Wolfowitz, »Statesmanship in the New Century«, in Robert Kagan und William Kristol, Hrsg., *Present Dangers: Crisis and Opportunity in American Foreign and Defense Policy*, San Francisco, Calif. 2000, S. 314.

43 Ebd., S. 334.

44 »Deputy Secretary Wolfowitz Interview with Sam Tannenhaus, Vanity Fair«, 9. Mai 2003, http://www.defenselink.mil/transcripts/transcript.aspx?transcriptid=2594, aufgerufen am 6. Dezember 2007.

45 Paul Wolfowitz, »Iraq: What Does Disarmament Look Like?« Vortrag vor dem Council on Foreign Relations, New York, 23. Januar 2003, http://www.cfr.org/publication/5454/iraq.html?breadcrumb=%2F.

46 Paul Wolfowitz, »United on the Risks of a War with Iraq«, *Washington Post*, 23. Dezember 2002.

47 Niebuhr, *Beyond Tragedy*, S. 98.

48 Zalmay M. Khalilzad und Paul Wolfowitz, »Overthrow Him«, *Weekly Standard*, 1. Dezember 1997.

49 Zitiert in Ron Suskind, »Faith, Certainty, and the Presidency of George W. Bush«, *New York Times Magazine*, 17. Oktober 2004.

50 Niebuhr, *Irony of American History*, S. 88.

51 Wolfowitz, »Statesmanship in the New Century«, S. 335.

3. Die militärische Krise

1 Corelli Barnett, *The Swordbearers*, New York 1964, S. 11.

2 »President Bush Delivers Graduation Speech at West Point«, 1. Juni 2002, http://www.whitehouse.gov/news/releases/2002/06/20020601-3.html, aufgerufen am 19. November 2007.

3 David Frum und Richard Perle, *An End to Evil*, New York 2003, S. 33.

4 Tommy Franks, *American Soldier*, New York 2004, S. 546.

5 Max Boot, »Doctrine of the Big Enchilada,« *Washington Post*, 14. Oktober 2002.

6 Max Boot, »The New American Way of War«, *Foreign Affairs*, Juli/August 2003.

7 »President Bush Outlines Progress in Operation Iraqi Freedom«, St. Louis, Mo., 16. April 2004, http://www.whitehouse.gov/news/releases/2003/04/20030416-9.html, aufgerufen am 10. Dezember, 2007.

8 Joint Vision 2010, http://www.dtic.mil/jv2010/jv2010.pdf, aufgerufen am 21. November 2007; General Henry H. Shelton, »Visualizing Joint Vision 2010«, *Air Force Journal*, Herbst 1998.

9 Colin Powell, *Mein Weg*, München 1997, S. 557.

10 Ebd., S. 603.

11 Robert Kaplan, *Imperial Grunts*, New York 2005, S. 3, 31.

12 Michael Barone, »Surge 101«, *National Review Online*, 29. Dezember 2007.

13 Für eine Beschreibung dieser Zukunft aus der Sicht eines höheren Offiziers siehe Generalleutnant Peter Chiarelli, »Learning from Our Modern Wars«, *Military Review*, September/Oktober 2007.

14 Robert M. Gates, »Remarks to the Association of the United States Army«, 10. Oktober 2007, http://www.defenselink.mil/speeches/speech.aspx?speechid=1181, aufgerufen am 24. Dezember 2007.

15 Der Inhalt des Feldhandbuchs »Aufstandsbekämpfung« der US-Armee (U.S. Army Field Manual 3-24 *Counterinsurgency*) und das Aufsehen, das seine Veröffentlichung im Jahr 2006 erregte, belegen, wie stark diese erste Lehre aus dem Irakkrieg nicht nur das Offizierskorps, sondern auch die informierte Öffentlichkeit beschäftigt hat. Die University of Chicago Press veröffentlichte im Jahr 2007 ihre eigene, wortgetreue Ausgabe von FM 3-24 und vermarktet dieses Feldhandbuch als Lehrbuch.

16 »Republican General: Rummy Responsible for Deaths, Failure, Abu Ghraib …«, 25. September 2006, http://alternet.org/blogs/video/42137/, aufgerufen am 23. Dezember 2007.

17 Adrian R. Lewis, *The American Culture of War*, New York 2007, S. 377. Hervorhebung im Original.

18 David Corn, »McCain in NH: Would Be ›Fine‹ to Keep Troops in Iraq for ›a Hundred Years‹«, *MoJo Blog*, 3. Januar 2008, www.motherjones.com/mojoblog/archives/2008/01/6735_mccain_in_nh_wo.html, aufgerufen am 24. Januar 2008.

19 Das U.S. Army Command and Staff College hat das Buch von Roger Trinquier neu veröffentlicht. Siehe http://www-cgsc.army.mil/carl/resources/csi/trinquier/trinquier.asp. Das Air War College hat das Small Wars Manual im Internet zugänglich gemacht unter http://www.au.af.mil/au/awc/awcgate/swm/index.htm. Galulas Buch ist 2006 bei Praeger in Neuauflage erschienen.

20 Vielleicht sollte man genauer sagen, dass die Vereinigten Staaten, nachdem sie Puerto Rico, die Panamakanalzone und die Jungferninseln erworben hatten, kein Interesse an weiteren karibischen Kolonien hatten.

21 Siehe zum Beispiel Clarks Darstellung des Kosovokrieges, *Waging Modern War*, New York 2001.

22 »Secretary Rumsfeld Interview with Barry Schweid, Associated Press«, 3. August 2004, http://www.defenselink.mil/transcripts/transcriptaspx?transcriptid=2490, aufgerufen am 24. Januar 2008.

23 Zitiert in Woodward, *Der Angriff*, S. 320. In seinen Memoiren, die kurz nach Woodwards Buch erschienen, wählte Franks eine etwas andere Formulierung; er nannte Feith »den größten Schwachkopf auf Erden«. Siehe Franks, *American Soldier*, S. 362.

24 »President Presents Medal of Freedom«, 14. Dezember 2004, http://www.whitehouse.gov/news/releases/2004/12/20041214-3.html, aufgerufen am 26. Dezember 2007.

25 Franks, *American Soldier*, S. 276–77, 373, 545.

26 Ebd., S. 313.

27 Ebd., S. 295.

28 Ebd., S. 338, 377.

29 Michael R. Gordon und Bernard E. Trainor, *The Generals' War*, Boston 1995, S. 443–50.

30 Aspin wurde vorgeworfen, er habe die von General Montgomery angeforderten Verstärkungen abgelehnt: AC-130 Gunships und M1 Abrams-Panzer. Doch in der späteren Untersuchung erklärte General Garrison, Kommandeur der Rangers, die in die »Schlacht von Mogadischu« verwickelt wurden, ausdrücklich, dass weder die größere Feuerkraft noch die gepanzerten Fahrzeuge etwas an dem Ergebnis geändert hätten. »Es ist äußerst fraglich, ob die AC-130s etwas bewirkt hätten«, sagte er vor dem Streitkräfteausschuss des Senats. »Was die Feuerkraft angeht, also die Menge Blei, die man in das Ziel pumpt, weiß ich nicht, ob man da noch mehr Blei hätte hineinpumpen können.« Bezüglich der Abrams-Panzer äußerte Garrison: »Den Einsatz von Panzern bei einem Kommandounternehmen habe ich nie für sinnvoll gehalten.« Er fuhr fort: »Hätte ich Panzer gehabt, weiß ich nicht, ob ich sie eingesetzt hätte. An die Möglichkeit, notfalls Gerät wie Panzer und Mannschaftstransportwagen zur Unterstützung einzusetzen, habe ich nie gedacht.« Senator John Warner und Senator Carl Levin, »Review of the Circumstances Surrounding the Ranger Raid on October 3–4, 1993, in Mogadishu, Somalia«, 29. September 1995, S. 30, 33. Dieses Dokument, das man gemeinhin Warner-Levin-Bericht nennt, enthält die Ergebnisse der Untersuchung des Vorfalls durch den Streitkräfteausschuss des Senats.

31 Clark, *Waging Modern War*, S. 86.

32 Ebd., S. 119.

33 William M. Arkin, »Operation Allied Force: ›The Most Precise Application of Air Power in History‹«, in Andrew J. Bacevich und Eliot A. Cohen, Hrsg., *War Over Kosovo*, New York 2001, S. 21–22.

34 Winston S. Churchill, *The World Crisis, 1911–1918*, London 1931, S. 298.

35 Congressional Budget Office, »Estimated Cost of the Administration's Proposal to Increase the Army's and the Marine Corps's Personnel Levels«, 16. April 2007, S. 2.

36 »DoD News Briefing – Secretary Rumsfeld and Gen. Myers«, 7. Januar, 2003, http://www.globalsecurity.org/military/library/news/2003/01/mil-030107-dod02.htm, aufgerufen am 29. Dezember 2007.

37 Carl von Clausewitz, *Vom Kriege*, Hamburg 2008, S. 72.

38 Winston S. Churchill, *Weltabenteuer im Dienst*, Hamburg 1951, S. 148.

39 Zitiert in Greg Jaffe, »Rumsfeld's Vindication Promises a Change in Tactics, Deployment«, *Wall Street Journal*, 10. April 2003.

40 Ebd.

41 Barbara Slavin und Dave Moniz, »War in Iraq's Aftermath Hits Troops Hard«, *USA Today*, 21. Juli 2003.

42 Evan Thomas und John Barry, »A New Way of War«, *Newsweek*, 20. August 2007.

43 Clay Wilson, »Improvised Explosive Devices in Iraq and Afghanistan: Effects and Countermeasures«, CRS Report for Congress, Congressional Research Service, 28. August 2007, S. 6.

44 Bis Ende 2007 wurden rund 40 Prozent aller Todesfälle von US-Soldaten im Irak durch USBV verursacht. Brookings Institution, »Iraq Index«, 29. November 2007.

45 Eli Lake, »Electricity Minister: Baghdad Power at Pre-War Level by 2011«, *New York Sun*, 10. Dezember 2007.

46 October 2007 quarterly report of the Special Inspector General for Iraq Reconstruction, S. 115, S. 121.

47 Government Accountability Office, *DoD Cannot Ensure That U.S.-Funded Equipment Has Reached Iraqi Security Forces*, Juli 2007.

48 Colum Lynch und Griff Witte, »Afghan Opium Trade Hits New Peak«, *Washington Post*, 28. August 2007.

49 Norman Mailer, *Die Nackten und die Toten*, Bertelsmann Lesering o. J., S. 566.

50 Ron Suskind, *The One Percent Doctrine*, New York 2006.

51 »President Bush Delivers Graduation Speech at West Point«, 1. Juni 2002, http://www.whitehouse.gov/news/releases/2002/06/20020601-3.html, aufgerufen am 1. Januar 2008.

52 Niebuhr, *World Crisis and American Responsibility*, S. 76.

53 Franks, *American Soldier*, S. 203.

54 Ebd., S. 341. Hervorhebung im Original.

Schluss: Die Grenzen der Macht

1 David Carr, »Someone Give Geffen a Day Job«, *New York Times*, 26. Februar 2007.

2 Niebuhr, *World Crisis and American Responsibility*, S. 41.

3 Ebd.

4 »President's Remarks at National Day of Prayer and Remembrance«, 14. September 2001.

5 Eine eingehendere und aufschlussreiche Darstellung dieser alternativen Strategie liefert Ian Shapiro, *Containment: Rebuilding a Strategy against Global Terror*, Princeton, N. J. 2007.

6 »U.S. Nuclear Weapon Enduring Stockpile«, 31. August 2007, http://nuclearweaponarchive.org/Usa/Weapons/Wpngall.html, aufgerufen am 31. Januar 2008.

7 Niebuhr, *Irony of American History*, S. 57.

8 Niebuhr, *World Crisis and American Responsibility*, S. 85.

9 Niebuhr, *Moral Man and Immoral Society*, S. 83.

10 Niebuhr, *Beyond Tragedy*, S. 224.

Nachwort

Dieses Buch, dessen Kernbotschaft lautet: »Amerika muss sein Haus in Ordnung bringen«, kam Mitte August 2008 in die Buchhandlungen. Seine Einführung enthielt die Warnung: »Der Tag der Abrechnung rückt näher.«

Nur wenige Wochen später war dieser Tag gekommen, in Gestalt der schwersten Wirtschaftskrise seit der Großen Depression. An der Wall Street brachen die Aktienkurse ein. Altehrwürdige Bankunternehmen verschwanden. Pensionsfonds erlitten Verluste in Billionenhöhe. Hunderttausende von Arbeitnehmern verloren ihre Stelle – allein in den letzten zwei Monaten des Jahres 2008 waren es über eine Million. Unternehmensvorstände strömten nach Washington, hielten den Hut hin und erflehten Almosen vom Kongress. Begriffe wie »eingefrorene Märkte«, »Kreditklemme«, »toxische Papiere« und »verbriefte Derivate« schwirrten durch die Medien und gingen in die Umgangssprache ein.

In der Hoffnung, die Wirtschaft vor einem unkontrollierbaren Absturz zu bewahren, beschloss die aus dem Amt scheidende Regierung von George W. Bush ein massives Ausgabenprogramm. Dieses sogenannte Konjunkturpaket versagte. Unbeeindruckt von diesem Versagen oder von der Aussicht, ein auf Billionen von Dollars veranschlagtes Haushaltsdefizit zu übernehmen, versprach der damals designierte Präsident Barack Obama, die Bemühungen um eine Ankurbelung der Wirtschaft zu verdoppeln. Es sollte eine Neuauflage von 1933 werden: der New Deal 2.0. Um die Arbeiter wieder in die Arbeit und die Konsumenten zum Konsumieren zu bringen, versprach die neue Regierung noch vor ihrem Amtsantritt, im Laufe von zwei Jahren bis zu 850 Milliarden Dollar auszugeben. Wo sollte dieses Geld herkommen? Nur wenige hielten es für nötig, überhaupt danach zu fragen.

Noch geringer war die Zahl derer, die einen Zusammenhang zwischen der wirtschaftlichen Notlage im Inland und der misslichen Lage herstellten, in die sich die Vereinigten Staaten im Ausland gebracht hatten. Für Washington (sowohl unter George W. Bush als auch unter Barack Obama) waren Innen- und Außenpolitik nach wie vor zwei völlig verschiedene Welten, die kaum etwas miteinander zu tun hatten. In den acht Jahren der zweiten Bush-Ära war anscheinend nichts geschehen, was dieser Überzeugung etwas anhaben konnte.

Dass Präsident Bush an dieser Ansicht festhielt, war nicht erstaunlich. Als er aus dem Amt schied, war die Liste der bemerkenswerten Leistungen seiner Regierung auf einen einzigen Punkt zusammengeschrumpft: die Verhinderung einer exakten Wiederholung des 11. September. Durch die Kriege im Irak und in Afghanistan hatte er für die »Sicherheit« der Amerikaner gesorgt – so zumindest die Version, die seine devotesten Gefolgsleute hinausposaunten. Das Eingeständnis, dass die wirtschaftliche Katastrophe von 2008 möglicherweise ursächlich mit den ungezählten Milliarden zusammenhing, die Bush für seinen globalen Krieg gegen den Terror verausgabt hatte, hätte Bush unweigerlich um diesen letzten noch verbliebenen Glanzpunkt gebracht.

Noch verwirrender wäre es allerdings, wenn auch Präsident Obama jeden Zusammenhang zwischen den wirtschaftlichen Problemen des Landes und der von ihm vorgefundenen verfehlten nationalen Sicherheitspolitik verkennen würde. Denn sobald man den Zusammenhang zwischen Bushs unüberlegtem globalem Krieg und unserem derzeitigen wirtschaftlichen Chaos anerkennt, tun sich für die Analyse ganz neue Wege auf. Plötzlich wird es möglich, zu den eigentlichen Ursachen vorzudringen. Es ist ähnlich wie mit dem Einverständnis, dass Rauchen Krebs verursacht und dauerhafter Alkoholmissbrauch Leberschäden hervorrufen kann: Man muss nur den Zusammenhang herstellen, und schon ist das Problem neu definiert. Neue Strategien der Vorbeugung bieten sich an, darunter die wichtigste: Meide ein offenkundig selbstzerstörerisches Verhalten.

Die außergewöhnliche Begeisterung, die Barack Obama mit seinem erfolgreichen Kampf um das Weiße Haus ausgelöst hat, kann nicht auf einen einzigen Faktor zurückgeführt werden. Dazu hat vielerlei beigetragen: die Intelligenz des Kandidaten, sein Elan, seine Eloquenz, sein gelassenes Auftreten und seine fesselnde Lebensgeschichte. Auch seine Selbstdisziplin, seine beeindruckenden organisatorischen Fähigkeiten und ein ausgesprochenes Talent für die Beschaffung von Geld waren sicherlich von Nutzen. Doch entscheidend für Obamas Sieg war das vielfach wiederholte Versprechen, »die Art, wie Washington funktioniert, zu ändern«. Aus Obamas Wahl sprach ein ebenso tiefsitzender wie weitverbreiteter Wunsch, mit allem, wofür Washington in der Ära von George W. Bush gestanden hatte, zu brechen.

Diese Sehnsucht nach einem Wandel kann jedoch nicht durch ein bloßes Lavieren von Steuerbord nach Backbord befriedigt werden. Als Obama am 4. November 2008 im Chicagoer Grant Park mit den Worten »Durch das, was wir getan haben, ist heute der Wandel nach Amerika gekommen« den Sieg für sich beanspruchte, erwarteten die Millionen von Zuschauern von dem neuen Kapitän des Landes, dass er die Vereinigten Staaten auf einen ganz anderen Azimut ausrichten und das Land einem neuen, besseren Ziel entgegenführen werde.

Doch ein substanzieller Wandel wird eine leere Parole bleiben, wenn es an der Bereitschaft fehlt, die Behauptung zu prüfen, dass bezüglich der nationalen Sicherheit die Navigationskarten, mit deren Hilfe das Staatsschiff bisher gesteuert wurde, veraltet sind. Die Annahmen, Doktrinen, Gewohnheiten und Routinen, die unter die Rubrik »nationale Sicherheitspolitik« fallen, haben ihre Brauchbarkeitsdauer überschritten.

Gegen die Enttäuschungen und Fehlschläge der Bush-Jahre, deren eindringlichstes Beispiel die nicht enden wollenden Kriege im Irak und in Afghanistan sind, hilft es nicht, den alten Weg mit vermehrten Anstrengungen fortzusetzen – gefordert ist ein Umdenken. Nur dann wird es möglich sein, das offenkundig selbstzerstörerische Verhalten aufzugeben, das den Amerikanern die Aussicht auf einen permanenten Konflikt beschert hat, den weder die Armee noch die Wirtschaft der Nation durchhalten kann.

Dass Präsident Obama einen Weg aus dieser misslichen Lage finden und sein Versprechen eines Wandels einlösen wird, muss die sehnliche Hoffnung aller Menschen guten Willens sein. Dazu sind nicht nur Ideen notwendig, sondern auch die Leute, die diese Ideen umsetzen werden.

Für sein Kabinett und den Stab des Weißen Hauses hat Obama ein beeindruckendes Aufgebot von Talenten gewonnen. Es bleibt jedoch abzuwarten, ob sich seine führenden Mitarbeiter als Akteure eines echten Wandels erweisen oder ob sie sich, wie es in Washington schon so oft der Fall war, mit einer maßvollen Aktualisierung begnügen werden.

Betrachten wir Obamas nationales Sicherheitsteam, angeführt von Außenministerin Hillary Clinton, Verteidigungsminister Robert Gates, General James Jones als nationaler Sicherheitsberater und Admiral Dennis Blair als Direktor Nationale Nachrichtendienste. Sie alle sind erfahrene Profis: kompetent, wohlinformiert, pragmatisch und mit den Gebräuchen von Washington vertraut. Ihre Lebensläufe sind beeindruckend, aber dennoch sind sie Gestalten des Establishments mit absolut konventionellen Ansichten. Dass ein Karriere-Geheimdienstler wie Gates oder ein Vier-Sterne-General der Marines a. D. wie Jones die Grundannahmen der gängigen Praktiken hinsichtlich der nationalen Sicherheit infrage stellen werden, lässt sich keineswegs ausschließen. Es ist nur nicht besonders wahrscheinlich. Ebenso gut könnte man von den Chefs der großen drei von Detroit erwarten, dass sie für Massenverkehrsmittel als bevorzugte Alternative zum Automobil eintreten.

Schon vor Obamas Amtseinführung beklagten Beobachter, die mit wachem Auge auch noch den geringsten Hinweis auf einen Rückfall registrieren, dass von dem neuen nationalen Sicherheitsteam nicht so sehr eine Infragestellung als vielmehr die Erhaltung des Status quo zu erwarten sei. Obama trat diesem Vorwurf umgehend entgegen: Er selbst werde der Motor des Wandels sein. »Begreifen Sie, woher die Vision des Wandels zuallererst kommt«, sagte er. »Sie kommt von mir. Das ist meine Sache …«

Damit übernimmt ein Einzelner eine sehr große Verantwortung. Angesichts der mangelnden Erfahrung Obamas in Sachen nationale Sicherheit hat er sich eine geradezu beängstigende Aufgabe gestellt.

Im Wahlkampf auf Fragen der nationalen Sicherheit angesprochen, vertrat Obama Ansichten, die nicht gerade neu, dafür aber sorgfältig zusammengestellt waren. Einerseits prangerte er die schlimmsten Auswüchse der Bush-Ära an. Den Irakkrieg beenden, Guantanamo schließen und jede weitere Nutzung von »verstärkten Verhörtechniken« verbieten – das waren die unverkennbaren Themen seiner Kandidatur. Obama sprach auch davon, eine beträchtliche »Resttruppe« im Irak zu belassen, er versprach, mehr Truppen nach Afghanistan zu schicken, und er deutete die Bereitschaft an, die militärischen Operationen der US-Armee in Pakistan auszuweiten, auch wenn das bedeutete, pakistanische Souveränitätsansprüche zu missachten.

Wenn Obama sich in diesen Fragen vor dem 4. November als Falke gerierte, mochte das Ausfluss einer gezielten Bemühung sein, sich vor regelmäßig gegen die Demokraten erhobenen Vorwürfen zu schützen, sie seien in Fragen der nationalen Sicherheit unzuverlässig. Zumindest stillschweigend schien er jedoch auch anzudeuten, dass er persönlich am »globalen Krieg gegen den Terror« festhalten werde. Wenn der Kandidat Barack Obama von Präsident George W. Bush (und von seinem Rivalen Senator John McCain) abwich, dann nicht in den Grundsätzen, sondern nur in operativen Prioritäten. Nie stellte Obama die Klugheit einer Fortsetzung des von Bush ersonnenen globalen Krieges offen infrage; er vermittelte nur den Eindruck, dass er diesen Krieg effizienter führen werde.

Sollte Präsident Obama durch sein Wirken im Amt den unbefristeten bewaffneten Konflikt als sein bevorzugtes Mittel gegen den gewalttätigen islamischen Radikalismus bestätigen, werden Bush und die schwindende Schar seiner Anhänger sicherlich jubeln. In dem Fall muss Obama jedoch damit rechnen, dass ihm seine Präsidentschaft aus der Hand genommen wird. So wie Richard Nixon vor vierzig Jahren rasch entdeckte, dass der Krieg von Lyndon Johnson zu seinem Krieg geworden war, so wird auch Obama mit der Aussicht konfrontiert sein, dass Bushs Kriege, speziell der in Afghanistan, zu seinen Kriegen werden. Dementsprechend wird die Wahrscheinlichkeit schwinden, dass er sein Versprechen eines Wandels erfüllt.

Am 4. November erklärte Obama im Grant Park, dass für die Amerikaner die Zeit gekommen sei, »Hand an den Bogen der Geschichte zu legen und ihn noch einmal in Richtung der Hoffnung auf eine bessere Zukunft zu biegen«. Der Ansicht, dass unsere Geschichte erkennbar ein Bogen ist und dass die Amerikaner die Fähigkeit besitzen, ihn nach ihrem Willen zu biegen, haben etliche frühere Präsidenten, darunter nicht zuletzt Obamas unmittelbarer Vorgänger, leidenschaftlich gehuldigt.

Vielleicht war dieser feierliche Kniefall vor dem Altar des amerikanischen Exzeptionalismus nicht mehr als ein rhetorischer Schnörkel, der einer Nacht der ausgelassenen Siegesfeier einen

Glanzpunkt aufsetzen sollte. Das müssen wir hoffen. So viel können wir mit Gewissheit sagen: Falls Obamas Vision des Wandels wirklich auf die Erwartung zielt, die Geschichte irgendwie zu bändigen, dann steht ihm und seinen Anhängern eine Enttäuschung bevor.

Vor über fünfzig Jahren warnte Reinhold Niebuhr die Amerikaner vor, wie er sagte, »unseren Träumen, zu Herren der Geschichte zu werden«. Als jemand, der behauptet, den großen protestantischen Theologen zu bewundern, sollte Präsident Obama Niebuhrs Warnung beachten.

Lebte er noch, würde Niebuhr Obama wahrscheinlich auffordern, die heuchlerischen Klischees fahren zu lassen, die schon viel zu lange den ernsthaften politischen Diskurs ersetzt haben. Er würde den Präsidenten auffordern, nicht wie Bush einer illusonären und irreführenden Version der amerikanischen Geschichte zu erliegen. Er würde auf das Gebot pochen, die Welt zu sehen, wie sie ist, und uns selbst so, wie wir wirklich sind – wie es dieses Buch hoffentlich tut. Er würde Obama auffordern, die Möglichkeit in Betracht zu ziehen, dass für die Klemme, in der sich das Land heute befindet, vor allem unsere Torheit verantwortlich ist.

Präsident Bush interpretierte den 9. September als einen Aufruf: Um den *American way of life* zu bewahren, ging er daran, die islamische Welt zu verändern. Das hat sich als ein kostspieliges Fehlurteil erwiesen, das dem amerikanischen Volk kaum einen Vorteil gebracht hat, sondern vor allem einen ungeheuren Aufwand an Blut und Geld. Es gilt, Bushs Hinterlassenschaft nüchtern zu prüfen, denn sie bietet einen Vorgeschmack der Konsequenzen, mit denen ein Land zu rechnen hat, das sich von den Regeln, denen alle anderen gehorchen müssen, beharrlich freistellt.

Denn die Welt, die gegenüber der amerikanischen Verschwendungssucht bisher nachsichtig war, ist dazu nicht länger bereit.

Und die Vereinigten Staaten besitzen nicht genügend Reserven an harter Macht, um die Welt zur Anpassung an ihre Wünsche zu zwingen. Wir haben nicht das Geld, und wir haben nicht die Truppen; unter den vielen Lehren, die aus der Bush-Ära zu ziehen sind, ist dies die wichtigste. Um das zu bewahren, was wir am *American way of life* am meisten schätzen, müssen wir diese Lebensweise verändern und dabei zwischen Wichtigem und Unwichtigem unterscheiden.

Wenn Obama diesen entscheidenden Punkt begreift und danach handelt, könnte es ihm gelingen, die Erwartungen derer zu erfüllen, denen er als ein Symbol der Hoffnung gilt. Wenn er jedoch dem Irrglauben erliegt, dass unsere Lebensweise sakrosankt und unsere Macht unbegrenzt sei, wird die Hoffnung mit Sicherheit in Enttäuschung umschlagen.

Boston, Massachusetts
25. Januar 2009

Dank

Das Erscheinen dieses Buches fällt mit dem zwanzigsten Jahrestag meines Dienstantritts an der Boston University zusammen. Dank wunderbarer Studenten und anregender Kollegen wurde die Lehrtätigkeit zu einer Erfahrung, die mein Leben verändert hat. Besonderen Dank möchte ich Charles Dellheim und Erik Goldstein aussprechen, die mich als Vorsitzende meines Departements großzügig unterstützt haben.

Bei der Realisierung dieses Projekts bin ich viele weitere Verbindlichkeiten eingegangen. Ich danke Sara Bershtel von Metropolitan Books für ihr Vertrauen und ihre Zuversicht. Mein Lektor Tom Englehardt sprudelte nur so vor guten Ideen. Ich zehrte nicht nur von seinen Ideen, sondern auch von der nie versiegenden Kraft und Bravour, die er ausstrahlt. Bei der Redaktion des Manuskripts hat Vicki Haire Herausragendes geleistet.

Meinen alten Freunden Bill Arkin, Chris Gray, Lawrence Kaplan und David Warsh danke ich dafür, dass sie mich an ihrem Fachwissen teilhaben ließen. Dank schulde ich auch für die rechtzeitigen Beiträge mehrerer wissenschaftlicher Mitarbeiter: Joe Brown, Zack Matusheski und vor allem dem geschätzten Conor Savoy. Gut gemacht, Kollegen.

Ich sollte dies vielleicht nicht sagen, aber ich betrachte John Wright nicht mehr als meinen Agenten. Er ist für mich zu einem teuren Freund geworden, einer Quelle von Weisheit und Rat und dieses Mal auch von Trost.

Meine geliebte Nancy war meine Partnerin auf einer, wie es heute aussieht, langen Reise. Das letzte Jahr war nicht einfach. Sie hat bei alldem Mut, Anstand und Würde bewiesen. Sie bleibt für mich eine Quelle ständiger Inspiration.

Ich habe dieses Buch unserem Sohn gewidmet, der am 13. Mai 2007 im Irak gefallen ist, als einer von rund viertausend amerikanischen Soldaten, die in diesem Krieg ihr Leben verloren haben. Sein Andenken wird seinen Freunden und allen Mitgliedern seiner Familie heilig bleiben. Seine Mutter und sein Vater werden sein Ableben bis an ihr Lebensende betrauern.